修訂二版

社會福利服務
——理論與實踐

萬育維 著

三民書局

Social Work

國家圖書館出版品預行編目資料

社會福利服務：理論與實踐／萬育維著.－－修訂二
版八刷.－－臺北市：三民，2022
　　面；　公分
　參考書目：面
　ISBN 978-957-14-4855-8　（平裝）
　1. 社會福利 2. 社會工作

547.1   96015725

社會福利服務──理論與實踐

作　　者	萬育維
發 行 人	劉振強
出 版 者	三民書局股份有限公司
地　　址	臺北市復興北路 386 號 (復北門市)
	臺北市重慶南路一段 61 號 (重南門市)
電　　話	(02)25006600
網　　址	三民網路書店 https://www.sanmin.com.tw
出版日期	初版一刷 1996 年 10 月
	修訂二版一刷 2007 年 9 月
	修訂二版八刷 2022 年 1 月
書籍編號	S541020
ＩＳＢＮ	978-957-14-4855-8

修訂二版序

距離第一版民國 85 年至今整整 11 年，身為四年級生的我，又一次見證臺灣社會福利發展如何在本土的需求下求變，在全球化的影響下求新。如果說民國 70-80 年代中期的社會福利發展是建置階段，那麼 80 年代中期到 90 年代是更細緻、更完整、更專業的階段。特別在觀念的推動上，例如：公民社會、兩性平權、多元文化與權益保障，相較於前一個階段，可以說是好一片繁花似錦，但是仔細分析，仍有些根本的矛盾與問題是社會福利持續面對的挑戰：⑴意識型態的爭論；⑵結構面的動盪；⑶作法上的衝突。意識型態的爭論是指社會控制與自由平等之間、慈善關懷與福利產業之間的爭論，例如：外勞的基本工資與居住環境之保障、新移民女性的移民法規和工作機會的均等、家庭外籍幫傭或監護工勞動條件的建構，都是各方壓力團體的競技場。所謂結構面的動盪指的是政策、制度與行政面的延宕和斷層，使得福利成為畫餅充飢的想像，例如：國民年金的規劃、衛生福利部的建置、「福利基本法」的訂定。所謂作法上的衝突，指的是執行政策的方法，也就是將福利變成是看得到、用得到的實質東西，例如：特殊境遇婦女家庭扶助的各項措施、中低收入身心障礙者租屋補助、原鄉地區家庭及婦女福利服務中心的設立等。這些作法解決了多少原本的問題？帶來了哪些新的問題？又衍生出哪些額外的行政成本？真正得到好處的又是哪些階級？只要有福利制度的存在，上述的問題也一定會持續下去，如同泰勒 (David Taylor, 2005: 43) 所言：差異即政治 (difference as politics)，不論這種差異是意識型態上還是作法上，本身就是權力分配與資源分配的問題。

第一版的書完成之後，我結束 40 年來的臺北都市生活，到花蓮任教，才深刻體會什麼叫做都市盲、中央盲和文化盲。以臺北為主軸、以中央為導向、以漢人文化為思維是過去學習和生活的重心，到了花蓮才知道專業作為不一定能解決問題，多元文化原來是生活的一部分，而不只是

口號。40 歲的人才有這種領悟和體驗的確是太遲。福利服務強調多元與尊重，如果僅止於理念而沒有實踐就太可惜了。如同第一章所言，福利起源於宗教，於是我到家附近的玉山神學院兼課，認識了教會與原住民朋友，我也與天主教的修女們一起在部落工作，瞭解修女資源結合的超人氣。我開始重新思考，什麼是福利服務的本質？什麼是助人的力量？什麼是有效的方法？什麼是人類的幸福？政策制度和專業是一種解決問題的方法，但不是唯一的方法，因為問題是多元的，人也是多樣的，所以應該接納、接受不同的方法，只要是給人力量 (empower)、滋養心靈 (nurture) 的都是好方法，至於這個方法有沒有被認可，有沒有證照就不是那麼重要了。

感謝讀者對這本書的厚愛，三民書局才會通知我再版的修改，很希望這本書的用途不僅止於教課用書或考試用書，而是能透過對日常生活的反省和理論知識的思索，超越原本有形或無形的物理或心靈限制，做一些思考上和行動上的突破來提升生活品質。

如果說福利二字等於福祉與幸福，我們離幸福還有一段很長的追尋道路。

除了感謝三民書局之外，謝謝何承謙先生的資料蒐集以及兩位助理的協助，沒有他們這本書無法如期完成。

育維於花蓮
2007 年 7 月

序

在臺灣，社會福利成為顯學不過是近十年的事。從善行義舉到成為一門學科，到受到大家的重視，是一個相當複雜的過程，有許多直接與間接的因素形成現在福利服務的內容，並影響到它的未來發展，例如歷史脈絡、文化價值、專業理論的成熟和社會結構的變遷。長久以來，社會福利常被人質疑：「它到底是一門科學或藝術？」許多學者為了證明它是一門科學，以各種不同驗證方法，證明它科學上的有效性，60 年代的慈善科學運動即是一例。事實上，任何一門學科都有存在的意義和價值，它也許是科學、哲學、美學或是其他。學科幫助我們看清真相，瞭解原因與預測未來，而社會福利這門學科就是幫助我們看清社會問題的真實面，探討問題的形成因素，以及指出未來努力和發展的方向。

就社會福利的本質而言，比科學更重要的是價值判斷和觀念的釐清。「誰的福利？」「為什麼要給它福利？」「在資源有限的情況下，去犧牲誰的福利？」「給它什麼形式的福利？」……等問題比成本效益分析更耐人尋味，也更難以找到答案和共識，經濟學家認為人是理性的動物，A 大於 B，一定會選擇 A，但事實證明，社會福利的判斷雖然 A 大於 B，基於特別的考量，仍選擇 B。政府 85 年度 1,000 萬元的預算補助 45 家私立托兒所和 10 位指導老師開辦發展遲緩兒童的收托，結果只服務到 60 名小朋友。就成本分析而言，這種服務不做也罷，但若就需求的迫切性和缺乏市場誘因提供來看，這種服務必須做下去。相較之下，成本效益的判斷比價值抉擇簡單得多。難怪有人說「科學沒辦法解決的問題，就還給哲學」，似乎不無道理。價值抉擇並非全憑自由心證、全憑直覺，而是由理論基礎出發，經驗實踐而反省，最後再回到價值抉擇上的判斷。

本書的重點就是希望經由實務面的反省和分析，為未來理論修正和建構做準備。畢竟，目前社會福利服務最大的盲點是理論範疇 (paradigm) 界定不清，實務經驗累積和反省的不足，以及研究發展不受到重視，這

三項缺點對於一個專業成長來說是致命傷。目前，實務界的朋友在第一線辛苦工作，但往往士氣不佳，甚至事倍功半，面對層出不窮的社會問題，疲於奔波之餘，倍感無助與無望。主要的原因不外乎知識面的缺乏，經驗面的不夠，以及前瞻性、發展性工作訓練的不足。

　　有鑑於此，想要寫一本以反省與再出發為主的書，重新思考福利服務未來該努力的方向。本書共分三篇，先從基礎篇介紹，福利的歷史脈絡，以及與其他制度之間的動態關係，其次談到方法與目的之間的判斷與抉擇，最後再談到在各種不同領域的運作困境與未來。希望讀者在閱讀之餘能思索以下的問題：

⑴福利服務存在真正的目的為何？

⑵如何脫離拼盤式理論基礎，進入真正的整合型理論？

⑶在服務過程中，價值抉擇、判斷的適當性，以及

⑷面對未來的挑戰，知識、技能、心態是否準備妥當？

　　經由上述的反省和討論才有可能將社會福利服務帶往一個更理性、更寬廣的發展空間。

育維於陽明

1996 年 7 月

社會福利服務
——理論與實踐
目　次

·第二篇· 策略篇：方法與目的之間的抉擇

第三篇 實務篇：現況與反省

第一篇　基礎篇：

人、社會福利與社會

在福利國家還沒有建置之前，慈善和醫療是不分家的，不論是國外修會、傳教士來臺設立醫院和收容安置機構、義診或是臺灣本地人的關懷，大多依循著這個原則。貧與病似乎是人類最不友善的朋友，但卻又是良師益友，透過這兩位朋友看到人性的基本面，包括了善與惡、美與醜、是與非，在歷史的見證下，一次又一次的呈現在我們的眼前。如果沒有災難，呈現不出慈善的可貴，而大部分的苦難不外乎是天災與人禍，前者如水災、旱災和大規模的疾病感染，後者如戰爭、暴政和無能的政府。無論醫療科技、衛星氣象偵測系統有多麼先進，自然對人類的威脅不曾減少，甚至有過之而無不及，不論開發中國家或已開發國家都面臨到地震、海嘯、颶風以及新型流行傳染疫情的衝擊，這是與人類歷史同時存在的命運。然而，有另一部歷史也跟隨著命運的腳步自古至今不曾消失，讓苦難的人得以喘息，驚恐的心得以平安，那就是慈善義舉。從早期的施棺、施粥、收容照顧，到現在的機構安置、濟貧脫貧，這部慈善福利史在未來仍會與人類的發展共同走下去。

百年來，慈善的心念與多元且豐富的行動滋潤著困苦失依的人，從歷史的軌跡中一再地見證跨越文化、宗教、膚色的慈善組織，社會福利透過不同的策略將傳統慈善帶往民主法治和專業思維，將個人行善轉為集體努力，透過政策或民間的力量，有組織、有系統、有規劃的達到福利的目的。

社會發展在不同的階段，影響著社會福利的發展。當發展進入某一水平之後，福利轉為慈善事業，有了事業就有了市場概念，這意味著三件事：

(1)**成本、效益**：慈善事業的成本是志工與捐款。效益指的是「是否幫助到真正需要的人？結果如何？」

(2)**市場競爭**：民間團體如雨後春筍，大家都需要人力和資本，競爭激烈可見一斑，所謂的競爭優勢在哪裡？

(3)**社會行銷**：行銷的不是「商品」，而是一個概念，例如保育、禁煙、喝

酒不開車等。

福利服務對社會是否有貢獻，可以由以下三點作為指標：

⑴福利的**為**與**不為**是否跟得上新時代的需求和新興的社會問題？

⑵福利的運作、管理和決策是否立基於資訊為基礎的理性判斷？

⑶如何能給得更精緻、更柔軟？受得更自在、更實用？

一個社會可能沒有福利制度形式，但是有福利的實質，相反的，一個社會可能有社會制度的形式，但是沒有福利的實質。福利源於人道關懷，按常理而言，並不需要透過制度，我們生活周遭就有可能發生與福利有關的事情。福利學者相信互通有無、資源共享的行為隱含著資源再分配的概念。所謂的制度化就是將隨機式、方便式和個人式的慈善關懷變成一種行為模式、做事規則，建立給與拿之間的權利義務的遊戲規則。從某些方面來講是多了一層保障，從另一個角度來講任何一種外來的干預機制對雙方都是一種自由上的限制。例如以往一個人吃不飽要去行乞，多多少少總可以活下去，但是現在需要有申請程序，要有審查過程，而且如果被發現有矇騙作假情事還要追回所有救助金，因此給與拿之間的關係多了一些程序、規定，不如以往的直接。

制度化之後需要有人去運作上述的行政庶務，不僅創造了新的工作類別和行政成本，例如社會福利的行政人員，更刺激了學者對於理論知識的追尋和實務經驗的反省與整合。不可否認的，社會福利是由做中學習，由經驗中累積知識，相較於其他專業，其理論的完整性、適用性和本土性都在持續發展當中。這樣的努力是相當重要而且必要的。若只憑經驗和直覺只能解決福利中技術性的問題，無法釐清根本倫理哲學上的問題。所謂技術性的問題是怎麼做，而根本的問題是為什麼要做。這樣的反省在目前社會福利實務界並不普及。

本篇試由下列兩個角度提供福利實務界朋友一個較寬廣的反省空間：先由歷史脈絡和發展的角度去看社會福利的基本概念，再由制度的互動面探討福利制度與其他制度之間的關係，最後再介紹社會福利實務

應具備的知識基礎。有歷史和發展的思維才能知道現階段社會福利的角色與定位，有互動面的探討才能瞭解福利制度可能引起非預期的正負面影響，有理論面的回顧才能領悟到實務上的盲點。希望經由歷史、互動和理論面的反省，將社會福利的實務工作者引導向「知其然，更知其所以然」的境界。

第一章　互助的制度化
——社會福利的緣起與發展

 楔　子

　　「社會工作師法」從民國 86 年後，至民國 96 年已經歷經四次修正通過。以往凡是有耐心、善心的人都可以從事社會福利工作，每一年度的好人好事代表似乎就是「熱心公益，服務人群」的福利化身。政府在凍結人事經費之後，喊出的口號是「福利事業大家做，從事志工最快樂」，希望以志願工作人員的人力補足社會工作人員的不足，以滿足日益增加的福利需求。事實上，這些認知本身並沒有錯，沒有人能否認社會福利早期的發展源自於慈善與人文關懷，以及人類間互助的情操。但是福利發展到今天已不再是血緣、地緣的施與取的互助，而是制度化的一種「申請與給付」的關係，如果仍再一味的強調福利的利他與道德情操，以「多做善事」直接或間接的鼓勵方式誘發百姓助人動機，以為這就是社會福利，不但無法解決社會問題，更是扼殺了福利發展的生機。「社會工作師法」的貢獻在於肯定社會工作的專業，區別了什麼資格可以從事社會工作，需要什麼訓練，釐清了社會工作的範圍，以及規範社會工作的權利與義務。

　　這些努力都有助於國內的社會福利往一個正確、積極、健康的方向去發展，在崔特納 (Walter I. Trattner, 1989) 所著《從濟貧法到福利國家》(*From Poor Law to Welfare State*) 一書中曾提到：「社會福利發展的歷史就是從慈悲到正義之路 (from charity to justice)，慈悲是

善心是情操，正義是制度化的公理，前者無法持久，而後者卻可以長久運行」，我們無法強迫一個人行善，但是卻可以透過納稅義務的強制執行，達到福利強調的重分配意義，這就是制度化的好處，但是制度化並不是解決了所有的問題，它會帶來另一些新的問題，例如過度追尋專業化和證照認可的同時，社會工作可能喪失了原本的精神和價值。本章試圖以歷史脈絡為主軸介紹福利的過去、發展與未來。

♥ 一、宗教、儒家思想與外來思潮對社會福利緣起的影響

不論中、外社會福利的緣起皆與人文關懷、宗教信仰、文化價值觀有關。以中國社會為例，傳統慈善觀念建立的團體如東華三院等，是社會上一切貧苦人士最後的「避難所」，代表著社會上博愛和普渡眾生的精神。傳統慈善觀念曾長時間發揮著救苦安危的作用，過去不少人因此在危難中得到幫助，患病的得到醫治，貧苦人家的子弟也可接受教育，這樣的發展在書中也有清楚的歷史記載。當然，時移勢易，傳統的慈善觀念近日已逐漸失去影響力，但這個社會變遷帶來的變化，並非慈善觀念失去本身的意義，只可以說是環境變了，一些以傳統觀念為基礎的組織不再發揮過往的作用。但宗教團體卻是個例外，以佛教為例，大乘佛教在中國發揮作用，是因佛教救人救世的思想與儒家傳統思想相當的吻合，間接的對社會福利工作有直接和間接的影響。佛教的社會福利思想，散佈在經律論之中，但提綱挈領不外乎佈施、福田、無盡、慈悲、放生、報恩等這些重要的思想，其中又以福田的影響最大，《梵網經菩薩戒本疏》列有八種具體的福田工作：曠陸義井、建造橋樑、平治險隘、孝養父母、恭敬三寶、給事病人、救濟貧窮、設無遮會等八種。福田觀念是大乘佛

法最具影響力的思想,中國古代不少社會福利事業就是按此列舉而完成,導致社會福利事業及日後社會安全制度之實踐。

社會福利在近半世紀以來,已逐漸脫離原本的血緣、地緣的慈善主義色彩,朝向客觀資料蒐集、科學助人方法,以及資源管理的運作模式。再加上受到西方專業化的意識型態的影響,在許多助人方法的策略上,更強調精準和確實,不僅在實施的過程中要求標準化,更希望對前來尋求幫助的人能顯現出前後明顯的差別,以證明社會工作方法的有效性。上述的社會福利科學化與其本質相較之下是不會有所衝突的,然而在實踐的過程中卻產生一些值得思索的問題,這些問題不僅牽涉到科學與人文慈善之間,也牽涉到外來與本土價值觀之間。事實上,社會福利有其悠久的歷史性與文化性。所謂的「歷史性」是它不可能真空存在,是受到自發或外來歷史衝擊的影響;所謂的「文化性」是指實踐過程中的價值判斷衡量會直接或間接的受到本土文化的影響。

事實上,國內社會福利的發展亦在很大程度上受到西方宗教思想的影響。今天仍有眾多教育、醫療和福利機構與天主教和基督教有密切的關係。回顧過去百多年,社會服務的發展,教會團體應是最重要的推動力量。教會團體在社會服務方面占據的優勢,除來自西方各國的龐大捐款外,更重要的是以當時的時代背景而言,曾接受高深

圖 1-1　臺南長榮中學,為英國基督長老教會於 1885 年所創立之全臺第一所西式中學。

教育的傳教士帶來新觀念,遂在臺灣建立了新制度和服務,例如學校、醫院和許多早期的收容教養機構。

例如在同治四年(西元 1865 年)英國長老教會宣教牧師馬雅各(James Laidlaw Maxwell, 1836–1921) 在臺灣府開始傳教,此後有加拿大

長老教會在淡水傳教，此為基督教第二次傳入臺灣，在宣教同時他們也提供新式醫療服務，以利傳教工作之進行，如馬偕 (George Leslie Mackay, 1844–1901) 所稱：「醫療佈道之重要已毋需再強調」（黃彥宜，1988）。再者，如臺灣基督教福利會 (Taiwan Christian Service) 為因應當時 1960 年代的社會變遷，亦由大量濟貧式的物資救助，改以積極的聘用專業人員投入社會福利工作的行列，並試圖培養本土社會工作專業人力，以協助臺灣社會脫離貧困，進而達到自立自主的終極目標（李雲裳，2005: 246）。

　　除了西方宗教以外，對臺灣社會福利發展有深遠影響的還包括日據時代的社會事業。據《臺灣省通志》(1972) 及《臺灣年鑑》(1947) 之記載，日本人據臺初期，臺灣各地之養濟院一時俱廢，至光緒二十四年，日人兒玉源太郎 (1898–1906) 任臺灣總督乃集清代各慈善機構之財產、日方給金及地方捐款等設臺北仁濟院，並先後於各縣廳置慈惠院，大體承襲清代遺制。各院性質多為綜合性之慈善機構，依「慈惠規則」訂定收容對象為獨身無靠者、殘疾者、病傷者、老衰者、幼弱、寡婦之守節者。服務項目包括收容、施醫、巡迴義診、結核病患與精神病患之收容、盲啞教育等。直到現在位於臺北市大理街的愛愛院仍是承襲傳統由日人擔任院長。雖然有學者認為日本經營臺灣社會福利動機表面上是仁政慈善，實則為安撫控制之內涵。官辦的新式服務實際對象大都以來臺日本人為主，無關臺籍人民福祉。不過，日據時代社會福利和中國清朝時期最大不同在於「制度化」，日治時代時（1922 年），已有社會福利預算制度的建立（陳燕禎，2005: 237–238）。

　　其實若要溯至更早的福利根源，在黃進豐先生的〈先秦社會福利思想的起源與發展〉一文中曾明確指出我國社會福利思想的起源，可溯至殷末周初「民本思想」之萌芽。因為當時社會福利既由政府興辦，其對象必為人民；惟當人民之價值獲得肯定，人民之福祉受到重視時，社會福利思想始有可能發生。因此，我國的社會福利思想乃是人文思想中以人民為政治主體的「民本思想」興起後才產生的。中國人文思想，是古

代中國人對原始宗教作一轉化，解決了天人關係問題，所發展出之一套以人為本的思想。至於民本思想則孕育於殷商，萌芽於周初，勃興於春秋，春秋時代不但有了豐富的社會福利思想，同時各國也開始推行各種社會福利措施，且不乏成功的例子。從《春秋左傳》與《國語》二書中可以發現很多此類例子。

當時所推行的社會福利措施，內容十分豐富，並不亞於福利國家施行之社會福利措施，如災害救助、公共扶助、以工代賑、農業或創業貸款、就業服務、醫療保健、公醫制度、老人福利、兒童福利、婦女福利、傷殘福利等。同時政府也知道運用社會資源（如勸分、勸貸）來協助辦理社會福利；再從許多社會福利措施由專人辦理來看，春秋時代已有社會福利行政的雛形存在，同時社會福利已逐漸醞釀成一種制度，且有漸趨一致的內涵。這一脈傳承可謂中國「民粹主義」的根源。國內某位政治人物喊出「民之所欲，常在我心」的口號，事實上仍不超出民本思想的福利觀。

♥ 二、實證主義和科學對社會福利的衝擊

若說民本思想是東方社會福利發展的根源，西方重實證講科學的精神，將人文宗教的關懷加入了科學調查的重要，早在十八世紀末，英國的湯瑪斯・查墨斯 (Thomas Chalmers, 1780–1847) 在格拉斯哥 (Glasgow) 所進行的濟貧工作，強調四個濟貧的工作原則：(1)仔細調查每一個案的致貧原因與自我維持能力；(2)不能自我維持的貧困者，鼓勵親戚、朋友、鄰里支持孤兒、老人、病人與殘障的救濟工作；(3)家庭不能自我支持者，才由地方上有錢的市民負起責任；(4)如果仍然不足以維持，則才由教區負起責任，請求公眾協助。

同樣的時間在美國的麻州也成立了麻省慈善委員會 (Massachusetts Board of Charities)，主要是協助該州的救濟院、醫院與其他社會機構進行

調查工作。此後，1870 年代，其他
州也成立了類似的機構。而這些委
員會的工作主要是處理行政與貧
窮調查的工作。以當時麻省慈善委
員會的調查報告為例，他們認為貧
窮的起因不外乎：(1)生理殘缺；(2)
道德敗壞；(3)心智不足；(4)意外事
件與虛弱。

　　同時從十九世紀中葉開始，各
種慈善機構以驚人的速度成長；理
論上，政府應在各協會和機構間扮
演監督、協調的功能。但是由於過
去政府在貧窮政策上一貫處於消
極被動的立場，再加上行政人員沒
有餘力和知識處理這一類的問題，
政府對於機構間功能重複、資源浪

圖 1-2　查墨斯 (Thomas Chalmers,
1780–1847)，蘇格蘭基督長老教會牧
師、神學家、作家和改革家。

費的情形並沒有重視，於是再一次地，由民間強調「協調、統整慈善機
構」的「慈善聯合委員會」(Joint Standing Committee on Charitable
Institutions) 的組織紛紛成立，就是日後慈善組織會社 (Charity
Organization Society, COS) 的前身。到了二十世紀初，這種慈善聯合委員
會雖然以不同的名稱出現在各州，但是它們所發揮的功能是被肯定的。
在整個福利發展史上被認為是追尋理性、效率、避免資源浪費的慈善科
學運動的開端。

　　慈善組織會社的興起，不僅是反映當時社會上強調科學、理性的觀
念，更希望對濟貧措施中發生的矇騙、浪費提出一套改革的方針。瑪琍‧
李查蒙 (Mary Richmond, 1861–1921) 提出的經由個別調查、診斷，瞭解
貧民致貧的原因之後，再決定提供精神支持 (spiritual relief) 或物質補助

(material relief)，這一套作法在早期社會工作教育中被奉為圭臬。起初，慈善會社的訪問員受到「貧窮是因為個人的不道德行為如酗酒、懶惰⋯⋯等所致」，社會對於貧民認知的影響，對於窮人的協助仍不出十九世紀中葉脫貧協會 (Association for Improving the Condition of the Poor, AICP) 那一套宗教教義宣導的模式。然而當訪員接觸到成千上萬的貧困家庭後，發現致貧的經濟與社會因素遠較個人的道德等因素來得重要，尤其是紐約市的慈善組織會社與哥倫比亞大學將 1890 到 1897 年之間的個案記錄作成簡單的研究，發現貧窮家庭中主要原因是沒有工作，其次是意外事件和疾病，因為懶惰、酗酒而貧困的家庭不超過 10%。由於這個發現，不僅改變了慈善組織會社訪員對貧困家庭的看法，扭轉了過去一兩百年來對貧窮的認知，更影響到未來以社會改革 (social reform) 為主的睦鄰運動 (Settlement House Movement) 和政府對於貧窮政策的訂定。

♥ 三、工業革命、貧窮問題與社會改革將慈善互助轉為福利制度

「科學性的慈善運動」(scientific charity) 對於十九世紀末期慈善機構的影響，不僅是慈善會社的成立，更促使睦鄰運動的發展，而後者對於美國貧窮政策有更深遠的貢獻。睦鄰運動的起源與一般慈善組織強調宗教精神是不一樣的，它是為了解決社會普遍存在的貧窮問題，從社會環境的角度採行社會改革。同時，他們也強調以 Three R's 解決貧窮：(1) Research：要以研究支持行動；(2) Residence：和窮人住在一起體驗生活，瞭解真正問題所在；(3) Reform：從事社會改革。他們認為讓社會上一部分受高等教育的人和貧民共同生活，不但可以舒緩階級劃分，實現政治上之平等與民主，並可使貧民獲得接受教育和文化生活之機會；同時，知識分子深入貧民區與貧民共同生活可以促進對貧窮問題之深切瞭解，有助於問題之合理解決。綜合來看，睦鄰運動將社會工作對於問題的處

理態度和方法帶往一個新的方向：

(1)對貧窮問題的看法已由宗教和非經濟的歸因，轉化到社會環境的歸因；

(2)窮人不再被視為是社會的負擔，而是社會制度中不公義的犧牲者；

(3)解決貧窮不能只靠慈善和宗教的力量，必須先實地瞭解狀況，並動員當地居民形成社會力量共同工作；

(4)將公共救濟帶往「科學性」的研究、設計、組織的取向。

　　1904 年第一本關於貧窮的書《貧困與機會》(*Poverty and the Links*) 問世，由社會學者羅勃・亨特爾 (Wiles Robert Hunter, 1874–1942) 所著，引用他的話正說明了社會對於貧窮問題的觀感正逐漸的改變中：「貧窮是社會不公義產生的悲劇，社會環境必須要有改革。」

　　上述的發展隨著工業革命帶來的社會問題，為社會福利的制度化催生。工業革命開始後，傳統的救貧措施無法應付日趨複雜的社會狀況，隨著人口大量移居城市，過往的鄰里組織隨之解體，而轉往城市謀生的工人，亦未能在短時間內建立互助的團體。此外，城市居民遭遇的問題日益增加，工業意外和傷亡經常出現，加上週期性失業和不合理的工資，工人面對的是無法只經由慈善組織的救助就能解決的貧困。

　　另一方面，十九世紀中開始興起的社會主義思潮，對社會工作的發展也產生了積極的推動作用。社會主義與福利思潮關係密切，社會主義的基本信念是從平等，即社會資源必須由大眾擁有，而不應落在少數人的手上。為了達到這個目的，政府有責任代表人民控制社會資源的分配，並讓人民平均地享用。因此，在二十世紀的 20–30 年代之間紛紛制定相關的法規條文，成立專責的局處，由中央或聯邦政府負起社會福利統籌規劃的責任，這一連串的措施將私人的互助導向以政府為主體的福利制度。詳細分析其轉變的過程可分成下列八個面向來看：

(1)慈善到專業；

(2)由消極的濟貧到積極的福利措施；

(3)由地方性工作發展到全國性措施；

⑷由事後的補救、治療發展到事先的預防；

⑸由少數人參與工作發展到大眾的參與；

⑹以傳統個案工作為主發展到整體性、綜融性的社會工作；

⑺從描述性的訪問調查發展到數量化的研究分析；

⑻從不強調成本的工作發展到方案評估及成本效益的分析。

四、福利制度化之後的發展與反省

1992 年在英國社會福利發展史上是一個具有特殊意義的一年；因為它是《貝佛里奇報告書》(*The Beveridge Report*) 在 1942 年發表後的 50 週年。二次大戰後英國福利國家的建構與發展，可說是以《貝佛里奇報告書》中所規劃的社會保險制度及其相關福利服務（此以社會救助制度為主）為主要的架構和基礎。更具體言之，長久以來英國的福利國家概念根本上是築基於《貝佛里奇報告書》的理念與制度。

英國是世界上最早實施「福利國家」(Welfare State) 理念的國度之一。1601 年的「濟貧法」雖然是英國社會救助措施發展過程中最早的立法，而且英國社會安全集中化的措施，通常亦可溯至 1834 年濟貧法委員會 (The Poor Law Commission) 的報告以及相隨而生之各有關立法。尤其，十九世紀英國社會有關社會安全的討論，基本上是環繞著「自助與互助」的概念打轉。二十世紀初期英人逐漸認清，在協助不幸者這方面，政府應該負起某些責任。1906 年自由黨執政時所提「在追求社會福利方面中央政府應該採取更主動積極態度」的主張，即是英國政府初步嘗試干預社會福利的起步。

十九世紀在自由放任主義思潮的衝擊下，社會保險並沒有受到太多的重視。在社會福利提供對象上，主要是以「值得」(deserving) 救助者為範圍，含有相當濃厚的價值規範評價。是以，對哪些人「值得」政府為之提供福利服務，哪些人「不值得」(undeserving) 政府為之提供福利

服務，兩者間之差別，就產生不同的衡量基礎。因此，二十世紀初始，在參考德國俾斯麥 (Otto von Bismarck, 1815–1898) 的社會保險制度後，透過個人繳付保險費用，英國中央政府設計了若干保險福利的方案。1911年英國「國民保險法」(The 1911 National Insurance Act) 之頒佈，雖使英國成為世界上第一個實施失業保險制度的國家，但由於同法也仿效德國引進了健康保險的措施，與現行英國獨特的公醫制度有別，因之，英國社會安全制度可說是直至 1942 年 12 月《貝佛里奇報告書》問世後，才有了革命性的改變。

　　依據貝佛里奇 (William Henry Beveridge, 1st Baron Beveridge, 1879–1942) 的構想，透過其所設計的社會安全體系以及制度化的福利措施，不但可一舉解決市場經濟社會中的「貧窮」與「疾病」兩大弊病，同時間亦可解決「愚昧」、「骯髒」與「怠惰」等三大社會弊害。這種社會安全制度典範的奠定在個人方面，可使每個人基本生活獲得保障，免於疾病與窮困之威脅，同時在社會整體方面，亦可說是社會朝向公平正義路途的初步實踐。

　　《貝佛里奇報告書》之後的五十年來由於諸多主客觀因素的變化，其中如人口結構的快速老化、

圖 1-3　貝佛里奇 (William Henry Beveridge, 1st Baron Beveridge, 1879–1942)，英國經濟學家，曾於第二次大戰期間制定英國戰後福利國家藍圖。

女性角色的改變、經濟發展的受挫等等，在在都對福利國家社會安全制度的發展，產生了直接或間接的影響，因而在相當程度上各國社會安全制度的發展，多數已偏離了《貝佛里奇報告書》中所規劃社會安全制度

的理想。回顧福利先進國家這五十年來的發展經驗，我們可以很清楚地看出，任何福利理念的出現，福利政策的形成，和福利制度的建構，都有它特殊的時空因素。此外，各國政黨對社會福利的價值和意識型態不盡相同，是以，各國所模塑設計出來的福利制度，自然有內容上的不同與程度上的差異。不過，總的來說，《貝佛里奇報告書》對歐、美、澳、紐等大多數工業化國家都有直接或間接的影響，這也是不爭的事實。

　　然而社會安全制度帶來的擴張並沒有維持太久。自 1970 年代中期以來，由於石油危機阻滯了西方工業國家的經濟成長，使得政府的稅收短少，也連帶影響其執行福利政策的能力。在此情境下，政府保障全民基本生活安全的承諾倍受考驗。此外，詹遜 (Paul Johnson) 也指出社會安全制度的設計不良，亦會引發福利成本的上升，例如美國社會安全制度所採用的「隨收隨付」(Pay-As-You-Go) 原則只適用於依賴人口（如老人）不多的時期，而隨著制度的擴張，逐步納入了起初所未設想的功能，均可能造成福利支出的不斷升高。這些現象顯示出政府行政能力的薄弱，難以有效遏阻福利成本的持續上揚。「經濟合作暨開發組織」更以此為主題於巴黎召開一次學術研討會，對於福利國家的危機存在四種質疑：㈠意識型態和價值觀的衝突；㈡經濟衰退的危機；㈢合法性危機；以及㈣財務危機。

㈠意識型態和價值觀的衝突

　　福利意識與價值衝突的焦點在於福利國家標榜的「平等與正義」最終理念，當以不同的主義或政治意識型態來談平等這兩個概念時，在運作上會出現非常大的差異，例如在新右派眼中，「自由」的價值更高於「平等」之上，由於「平等」容易導致政府的干預，進而殘害了個人的自由，因而不被新右派所接受，除非此種「平等」是追求「自由」所必須的，例如「平等的自由權」。反映在福利國家上，新右派強烈抨擊政府對福利服務的諸多干預，特別是透過政府的力量來提供普遍性的免費社會服務

（如醫療和個人性社會服務），以及所得再分配（如所得維持、福利稅），他們認為政府福利干預不但減少了個人的自由與責任，也降低了個人的經濟誘因，導致社會的衰退、破壞市場的健全體質，使政府得以無所不在地控制個人的行為，如同海耶克 (Friedrich August von Hayek, 1899–1992) 所說的，這是《到奴役之路》(*The Road to Serfdom*)。

正與此相反，不論新或舊馬克斯主義 (Marxism) 則相當強調「平等」的重要性，更視之為基本人權之一，其具體的展現即在平等分享社會文化遺業與生活資源，亦即是「社會權」(social right)。因此，個人需求的滿足不再完全由市場的購買力來決定，而成為政治決策領域的一部分，市場的資源分配功能乃部分地轉移到政府手中。

但是馬克斯主義的「平等」概念並非單指生活資源的平等分享，而包括經濟權力的一致，它更以此來區分新右派的「自由」(freedom) 與「解放」(liberty) 意義的不同。它認為新右派將二者混為一談了，忽略了「解放」當中所隱含的權力分配意涵。在資本主義的市場經濟裡，掌握資源的人同時也掌握權力，使之得以支配其他資源較少者，在市場裡，勞工是可以「自由」販賣其勞動力，但他們卻難以掙脫資本主義結構所加予他們的限制，不依附大資本家即無以為生，因此，個人的「自由」往往隨著其在社會結構中地位的不同而有所差異。但是喬治 (Vic George) 與偉爾定 (Paul Wilding) 也提出反駁的論證：「缺乏實質的經濟安全平等，則自由只不過是一個空泛的口號。」這種爭論將一直持續下去難有定論。

㈡經濟衰退的危機

福利國家危機的第二個層面出現在經濟領域上，尤其是通貨膨脹與失業率的升高，以及國內生產毛額 (GDP) 成長率的減少，顯示經濟體系無法生產足夠的財富以供消費，特別是在個人所得縮減的情況下，使政府福利措施必須進一步擔負起個人與家庭原本能夠擔負的責任，才能維持個人與家庭的基本生活水準，因而對福利支出的需求反而更加殷切，

並對經濟體系形成巨大的壓力。

(三)合法性危機

政府過度干預福利措施的結果卻腐蝕了其合法性的基礎。在一個純粹自由市場社會裡，財貨與資源的分配是由市場來決定，這是個「類似自然的力量」(natural-like forces)，而非由人類的意識與行動即可自行更改的，因此，經濟的不景氣即如同自然災害一般，都是非理性的事實，人們能夠瞭解此點而能忍受其所帶來的不便，可是政府干預主義卻引進了有意識的政治決策、引導體系、成果選擇的可能性，雖然部分抑制了市場循環性的危機趨勢，為此所付出的代價是資源分配不再由類似自然力量的市場邏輯所管制，而是政府執行政策的能力，潛在的危機因素因而由經濟領域轉移到政治領域。

(四)財務危機

福利國家的財務危機，就行政用語而言，意即政府發現其所掌握的資源，並無法支應其所計畫的、承諾的、或實際的支出，此種情形主要是發生在政府的科層體系層面，尤其是指福利成本的失控，其原因相當複雜，按照古允文 (2004) 教授的分析，至少有下列數端：

(1)公共支出的失控，地方或中央政府缺乏有效的工具來監督與預估福利方案的成本。

(2)客觀實質存在的因素，導致成本的增加，如人口結構、產業結構和國家影響等。

(3)稅基 (tax base) 的衰退影響政府的稅收，如經濟的衰退、地下經濟的猖獗。

(4)抗稅運動，以政治性運動來反對某些稅收，如美國某些州的反對財產稅。

在少數實證研究中，學者杜甘 (Mattei Dogan) 在其〈福利國家的危機〉(Welfare State Crisis) 一文中探討福利國家所面臨危機的原因，並以社會安全制度的三大重要問題──健康照顧、老年年金及失業為重點，進行分析；作者認為西方福利國家同一時期發生危機，實肇因於某些因素長期存在而相互影響致之。就健康照顧費用遽增問題，作者認為此乃在科技進步影響之下，醫生、醫院行政主管、病人及其家人、政客等四種因素，短視為利益蒙蔽所致，作者逐一分析此四種因素。就老人年金問題，作者指出今日低出生率造成未來工作人口與退休人口的比例不平衡，造成工作者負稅過重，增加生產者所負的社會成本，再則，福利國家為求解決失業問題，實施提早退休制度，使上述人口比例更形惡化，老人長壽也是年金問題的成因之一。

事實上，福利國家本身無罪，是因為人口結構、政治經濟不穩定和其他因素的影響，共同導致福利危機。以國內為例，不只是上述四個危機，民眾對福利的錯誤和矛盾觀點是互助、制度化之後在臺灣產生的另一個嚴重問題。例如：人民不願意提高稅率，卻要求更好的福利給付；政府社會福利部門有意推動業務，但人事行政部門精簡員額，財經學者擔心福利拖垮政府的經濟競爭力，福利學者卻認為不保障人民的基本生存何來的競爭力？政府一方面教育民眾福利不是白吃的午餐，一方面又以「全民的福利」作為賄選工具。

 ## 五、後福利制度的趨勢

㈠多元化

隨著 1990 年代新保守主義的興起，歐美社會福利政策的取向有逐漸採取福利多元主義模式的趨勢。此段期間各國社會福利政策特別強調政府與民間在福利供給責任上的分工，以及個人和家庭在福利資源上所應

扮演的積極角色。上述這些福利思潮轉變的具體反映之一，就是政府在
社會福利經費上的相對減低，以及個人依賴家庭福利和民間福利服務比
重的增加。以英國為例，從 1979 年以來即設法脫離福利危機的困境，例
如，政府逐漸減少對社會福利供給的範圍與程度，即一方面降低稅率，
允許個人擁有較多的可支配所得，另一方面則減少政府直接提供福利給
付的比例，使施與取可以達到均衡發展，避免福利依賴，形成資源浪費。
並且鼓勵民間興辦社會福利事業，使政府不再是社會福利唯一的提供者。
除了英國之外，美國在雷根 (Ronald Wilson Reagan, 1911–2004) 和老布希
(George Herbert Walker Bush, 1924–) 兩位強調供給經濟學的總統影響
下，朝向社會福利的志願服務和私有化 (privatization)，部分減輕政府在
福利預算上的過大負擔。這些改革方案是否能解決問題尚言之過早，但
不失為一個方法。這些政策上轉變的趨勢，不禁讓社會福利研究者，在
《貝佛里奇報告書》發表五十年後的今天，質疑貝佛里奇福利國家的理
念是否為一個社會福利發展的典範？或視之為達到社會未來理想目標的
一個手段而已？

　　國內學者如李鍾元、羅秀華、林萬億、孫健忠、謝美娥……等人的
文章中也曾提到國內近年來發展社會福利的取向，已逐漸從政府負擔提
供的單一責任，走向加強民間參與福利服務的福利多元途徑。

　　前新加坡總理吳作棟 1993 年 8 月在該國國慶日的一場演說中呼籲
新加坡人民「避免向政府要求福利津貼」，因為無論是西方資本主義或社
會主義的福利國家都已證明福利擴張無法解決根本的問題，政府凡事提
供保障，接下了本應屬於家庭與個人的責任，結果削弱了人們的主動性
和積極性。這段談話，明白表示了新加坡政府對於福利國家的懷疑與保
留，這種態度值得我們深思。

　　雖然福利的膨脹有其後遺症，但如果一味強調這些後果，而避談福
利制度對人民的保障，也不是理性的態度。畢竟，制度的設計在乎人為，
不合理的措施可以調整，不合理的條件可以改變。換言之，臺灣未來的

福利走向，既不可重蹈 80 年代福利國家的危機，又必須尊重人民的尊嚴與保障。在這個前提下政府提供的角色可分為兩部分：直接提供者與非直接提供者，前者是指沒有購買能力低收入的人或是缺乏家人照顧者，政府責無旁貸，必須要承擔提供者的角色，至於有家人、有能力購買的人，政府經由監督者、協助者、風險分擔者三種角色透過民間福利機構的運作發揮非直接提供者的功能。

在臺灣社會發展與繁榮中，社會福利已成為一項重要的社會制度。在理念落實的同時，也必須兼顧到現行相關制度的完整與相容。福利學者格特・威廉 (Kirt William) 曾說：「決定人民可以接受到服務的關鍵，不在於政策本身的完備、宏偉，而在於執行政策的行政組織是否有足夠的服務能力、管理能力及各部門的協調能力。」因此徒有福利國家的理念、沒有行政執行的效能，缺乏人民與國家之間的相互信任、嚴守紀律、公共道德的國民，人民的生活福利並不會因為福利國家的「理念」而有實質的改善。現階段值得思索的方向不是福利國家走向的問題，而是如何讓我們的國民信任國家、遵守紀律和養成公共道德，以及社會關懷，同時在協調合作的行政組織運作之下，將福利制度帶往理性、公平、合理的發展目標。

㈡全球化與社會福利

透過全球化，國與國之間，區域間的互賴與競爭的確比以前更加緊密（林萬億，2005: 12）。全球化的現象是明顯和實在的，可從三方面體驗，第一是資訊的流通，電子與通訊科技的發展，超越時空與地理的限制。第二是商品的流通，商品可以在任何地方生產與任何地方購買。連

圖 1-4　全球化使區域間的關係更緊密，影響層面既廣又深。

帶地世界性的金融和貿易機構隨之出現。第三是人口的流通，包括移民與勞動人口。

　　全球化也同時帶來不安。第一，資訊的氾濫使人感到不安和困惑。通訊器材的便利也使個人的空間與隱私卻反倒狹窄了。第二，商品全球化帶來的平庸和限制。跨國企業單一性質的商品四處可見，缺乏傳統多樣化的特色。第三，貧富懸殊加劇，特別是一些競爭力較弱的發展中國家，經濟亦受影響。企業為降低成本，出走本國，造成本地勞工失業。第四，原物料的過分生產和開採，對於環境的破壞，產生的公害無法彌補。（周永新，2003: 5）

　　整體而言，未來我國社會福利的發展因全球化可能受到以下幾個方面的影響：（古允文，2004）

(1)政府財政困難，影響福利預算的成長。

(2)福利預算的緊縮，加重排擠效應。

(3)民間社福團體面臨更大的挑戰。

(4)國家力量式微，福利提供縮水。

(5)國家概念模糊，權利與義務不對等。

(6)產業加速轉型，失業人口增加，急待提升勞動品質提升競爭力。

(7)失業救助對象宜擴大，勞工保障範圍宜調整。

(8)核心勞動基準對我國勞動法制之影響。

思索

　　國內在福利制度化的同時，配合著國際民營化的趨勢也帶動了社會福利機構的蓬勃發展。根據內政部出版的《臺灣地區社會福利機構概況調查報告》中證明了這個趨勢。福利機構在質變與量變的過程中有成長、有挫折、有矛盾，也有突破。基本上，它是隨著社

會福利思潮和國內的政經環境同步發展。

國內社會福利機構的類型按照機構成立性質可分為：慈善或文教基金會附設的福利機構，以及一般社會福利機構。前者的成長速度較後者為快，雖然後者在量上較前者為多。臺灣地區整體而言立案的社會福利機構共有230家，其中以殘障福利機構占最多，其次依序為兒童、老人、青少年及婦女。在政府大力推展「委託民間辦理社會福利服務」的前提下，大部分的機構都已與政府發展成伙伴關係 (partnership)。（林萬億，2005: 28）

以臺北市為例，民國74年起，首將身心障礙機構（即今日之博愛發展中心）委託民間團體辦理，為「公設民營」的濫觴，至民國93年社會局有63家公設民營機構，依服務內容與性質分為三種類型，服務人數高達六萬五千，有二十四萬人次之多。可以說政府新設機構幾乎清一色委外經營，甚至一些全國性老機構也有委外經營的打算（林萬億，2005: 28）。

然而，在民間社會福利機構蓬勃發展的同時，機構本身也面臨了許多內、外的壓力。分別是政府對於福利機構的要求與日俱增，福利消費意識型態的高漲。由於委託式服務已成趨勢，政府部門逐漸將部分社會福利服務轉移到民間，不論在簽約過程、經費核銷和執行績效考評，對機構本身都是頗感吃力的工作，再加上一般民眾對福利機構的要求，這些壓力的來源對機構而言，雖然是個挑戰，但更是求新、求變的主要動力。伊甸社會福利基金會在承接公設民營的過程中，就提出許多問題值得思考：⑴政府補助財源的不穩定性，使得社福機構在經營管理上需負擔相當龐大的財務虧損之風險及責任。⑵因城鄉差距及委託單位體質不同所造成的服務品質參差不齊的問題。都會地區，競爭團體多；但在鄉村或偏遠地區往往只有一家，無法有太多選擇性。⑶評鑑等級過於複雜，導致機構對成績重視多於服務品質的提升，且機構是否續約之機制未與評鑑結果

結合。⑷公設民營續委託的不確定性，影響員工及個案權益。⑸社福團體不再是各縣市政府的首選，醫療相關團體的崛起。⑹政治考量與選票至上之風氣影響（黃琢嵩等人，2005: 150-153）。國內學者林萬億就指出社會福利民營化也衍生出民間社會福利機構、團體倡導與服務提供角色的兩難，監督者與執行者的混淆，機構規模腫大的組織管理問題，民營化夾帶營利化的跟進，以及資源籌措與分配的困境（林萬億，2005: 19）。

　　未來國內社會工作發展趨勢仍是朝向民營化和專業化前進。所謂「民營化」是指政府會以各種委託辦理、公辦民營……等方式與民間機構共同合作，將它自己定位在間接提供者的角色。所謂的「專業化」是指服務輸送上更要求專業的標準和成效評量。因此，無論公、私部門兩者要如何分工，最後都必須回歸到一個最重要的前提上：有限的社會福利資源是否得到最合理的運用，社會大眾的福祉與社會正義是否因而得到更高的實現？社會工作在未來應強調管理和專業，「管理」不僅是人事，還包括個案管理、方案管理，與機構管理；「專業」的強調不僅是服務品質的提升，更是機構間合作交流整體社會專業的提升。面對這樣的挑戰，社會福利的行政人員、實務界的朋友和規劃人員應具備什麼樣的知識和能力才可能跟得上社會脈絡？當「社工師法」通過之後社工教育又如何去培養人才，保障它的專業品質？這些問題不僅是未來教育界要面對的，更是實務界和有心從事社會福利工作者共同要面對的課題。此外，福利歷經制度化和後制度化的發展過程，與其他制度之間的互助和消長為何是值得關注的課題？畢竟制度是幫助人尋找解決問題的方法，不是桎梏人的思想和行為，人是主體，制度是客體，如果本末倒置就違反了制度存在的價值了。

第二章 互補與相依——社會福利與相關制度

　　早期社會學家談到制度，不外乎經濟、政治、宗教、家庭與教育。然而近十年出版的社會學教科書陸陸續續將社會福利、醫療照顧納入制度面介紹與分析，同時在若干社會福利的書中，也將福利界定為一種新興的制度，為什麼福利會成為制度？它是為了取代或彌補原本的制度？它與其他制度之間有什麼錯綜複雜的關係？為什麼有人會擔心福利制度會破壞了家庭與經濟的功能？本章將從制度與制度之間的關係分析福利的本質，此外也以不同學派探討福利制度的正反功能。

　　研究社會發展的學者常採一種演化的看法，不論是史賓塞 (Herbert Spencer, 1820–1903)、涂爾幹 (Émile Durkheim, 1858–1917) 或以社區為主的涂尼斯 (Ferdinand Tönnies, 1855–1936)、登肯 (Duncan)……等人，都將人類社會的發展認為是一個從同質到異質、由簡單到複雜的過程，這種過程伴隨著制度結構與功能的分化，建立了工業社會中強調以互補與互賴原則為主的分工關係，因此制度的分化 (differentiation) 與專門化 (specialization) 更是發展過程中的重要表徵。

　　人類社會之所以能夠代代相傳沿襲至今，一個很主要的原因是各種社會制度能發揮功能。例如經濟制度下生產和消費的功能，政治制度下社會控制的功能、宗教制度所強調的社會整合功能、家庭與教育制度中的社會化功能，上述的五種功能在社會學者心目中都

被認為是社會制度影響群體生活最重要的五種層面。

　　然而任何一個制度的發展一定有時空條件，也會受到其他制度的影響，因此社會福利的發展並不是獨立的現象，除了與社會整體轉變有密切的關係，也受到政治、經濟因素的影響，仔細看十分複雜。以下就上述五種制度的功能與運行後的反功能加以分析，再介紹福利制度化之後對個人和社會的正、負面影響。

一、經濟制度中生產、消費、分配與福利制度中重分配的關連性

　　談到經濟制度都會談到三大功能：生產、消費與分配。從社會學的觀點來看，生產是經濟過程的第一步，站在政府的立場它牽涉到如何去鼓勵社會裏的個人從事經濟活動與扮演分工的經濟角色。經由這一群分工合作的經濟角色，帶給社會所需的物質與服務。其次是考慮到生產什麼、如何生產的問題。經濟過程的第二步是如何去把生產出來的物質與服務加以合理分配。分配的方式、分配的數量、分配的程序等問題都必需有一套制度化的遊戲規則才能解決。社會主義的國家大都採取配額制度，而在資本主義的國家政府介入分配的比重相對而言減少很多，只針對有特殊需要的人進行。經濟過程的第三步是銷售物質與服務。人們對物質與服務的需求各有不同。因此，如何去鼓勵或刺激人們購買也就成為經濟制度的一項任務。有些物質供給量充裕，有些則嫌不足，如果將多的充分銷售，則可以其所得轉用來鼓勵生產數量不足者。

　　然而這種看似理性的生產、消費、分配的經濟制度，在資本主義社會強調物競天擇、適者生存的競爭前提下，產生了相當多的矛盾。

　　邱吉爾 (Winston Churchill, 1874–1965) 曾經寫過兩句分別批評資本主義與社會主義，而且一針見血的話：「資本主義原有的罪惡在於有福時

並不一定為大家共享；社會主義原有的美德即在有苦時大家一定同當。」理論上而言，資本主義的經濟體制立基於私有財產、自由競爭與利潤追求三大基礎，再加上個人主義不僅影響了人們的生產消費方式，更連帶的影響到有限資源的配置 (resources allocation) 問題，「各盡所能，各取所值」的分配方式造成社會上機會分配不公平的社會問題。

圖2-1　邱吉爾 (Winston Churchill, 1874–1965)，曾二度出任英國首相，帶領英國在第二次世界大戰取得勝利。

　　從整體來看，哈佛著名經濟學者高伯瑞 (John Kenneth Galbraith, 1908–2006) 認為臺灣犯了資本主義初興社會的通病，即私人財產和消費遠遠超過公共財富和投資，形成「富裕中的貧窮」現象。這種情況政府必須負起糾正的責任，一般而言政府是透過財稅政策和福利制度更正資本主義中產生的貧富不均的問題，以保障國民的購買能力、規範或扶持企業界的保護策略介入市場。因此，企業與政府之間，存有租稅與財政融資的關係；家計與政府之間，存有租稅與生活保護的關係。企業、家計、政府就構成了現代社會生活經濟的巨大體系。

圖2-2　現代社會生活經濟的體系

　　在現代社會中，政府是生活經濟中最重要的支柱。政府不僅對企業提供了財政融資及各種獎勵措施，對家計提供生活保護及各種社會福利

措施，對於商品市場、勞力市場和金融市場，也都進行直接干預。在商品市場中，政府是以「公平交易法」、「反獨占和寡占法」及「消費者保護法」，禁止不公平的交易，保障消費者的權益。在勞力市場中，政府是以「勞動基準法」、「最低工資法」、「工會法」、「勞資爭議法」及其他勞資關係法，保障勞動者的權益，以促進勞資和諧及經濟成長。因此，操縱現代生活經濟的手，成為「政府看得見的手」(visible hand of the government)。除此之外，各級政府並在商品市場以「貼補」或保價收購的方式出售某些產品（如郵政、健保、平價住宅、大眾運輸……等），並且取得利潤，這時政府部門就可能會與企業部門發生競爭。因此，國營事業民營化的呼聲也應運而生，成為國際趨勢。

　　然而這樣的介入策略對整體經濟發展而言有負面的影響。這種爭論就是經濟與福利制度之間常產生的爭論。貧窮陷阱與自力更生、福利與依賴之間的矛盾常使這兩個制度引發無止盡的辯論。以臺北市有工作能力低收入戶的以工代賑方案為例就是一很好的說明。以工代賑是福利制度中為強調自力更生的措施，也就是那些有工作能力 (able-bodied) 低收入者可以透過政府安排臨時工的機會，以工作替代救濟。原本的用意是為了不造成福利依賴，幫助他們解決暫時性的失業問題，最後還是希望他們回到經濟市場當中的一般性就業。但是根據實施多年的經驗，原本臨時性的用意，在就業市場機會不足、有工作能力的低收入戶的工作心態，以及國內地下經濟活絡的狀況下，臨時工變成了永久工。按照臺北市政府的記錄，以工代賑平均的年資是 5–8 年，無法轉入一般就業市場的原因是臨時工的工作性質有彈性，不受朝九晚五的限制，再加上除了固定的工作時間外，還可以兼差，又不上稅。若是進入一般的就業管道不僅薪水不一定比現在的多，再加上固定工作時間是一個額外的負擔，因為他們大部分家中有人需要照顧，「家務拖累」往往是他們不想循一般就業途徑的主要因素。這樣的矛盾在就業市場和福利制度之間是相當普遍的。

二、家庭制度功能的分化與福利服務的介入

　　就個人的微觀面，家庭制度有下列三點功能：⑴兩性合而為一的親密感；⑵完成社會的期待；⑶生命有「後」的感覺。從宏觀面來探討家庭制度的功能，包括下列三點：⑴提供安全和保護功能；⑵家庭具有經濟上互相支援的功能；⑶家庭具有傳遞人類社會規範與文化的社會化功能。不可否認的，家庭制度是所有社會制度的基礎，然而家庭制度的功能隨著其他制度的興起與分配，在本質上已有轉變。以經濟發展帶動的就業機會為例：大量的鄉村人口移入都市，通常將父母留在鄉下守著老家，隻身或攜伴到都市打天下，住宅、托兒、子女教育、就業、經濟安全等都是立即而明顯的需要。同時，鄉村的老人人口的照顧問題也隨之發生。傳統三代同堂的家庭支持功能逐漸不存在。這些新興的社會需求並非個人核心家庭能單獨解決。因為婦女受教育機會的普遍提高、家庭經濟的需要或是個人自我實現的目的，使女性的就業意願與能力呈上升的趨勢。這些事實不僅顯示臺灣地區雙薪家庭的普遍，更反映出傳統由婦女在家照顧幼小子女的現象已改變，愈來愈多的婦女會有兒童照顧的需求。

圖 2-3　由父親在家照顧幼小子女的情況目前仍不普遍。

　　根據行政院主計處民國 92 年臺灣地區婦女婚育與就業調查統計結果顯示：已婚女性最小子女在未滿三足歲前仍以「自己」照顧為主，占 69.65%；其次為「父母」及「褓姆」照顧，分占 21.27% 與 7.41%。隨著女性就業情形日益增加，由「自己」（小孩之父親或母親）照顧幼兒之比率已呈現逐年降低之勢，近二十年間計降 10.96 個百分點；而委由褓姆托

育或父母親及其他親屬照顧者則漸形普遍，分別上升 5.86 與 5.83 個百分點。

　　至於最小子女於近三年（民國 90 年以後）出生之已婚女性，其子女之照顧方式亦以「自己」照顧為主，占 55.53%；「父母」與「褓姆」居次，分占 33.15% 與 9.47%。顯示 e 世代出生之幼兒受父母親親自照顧比率已明顯下降，取而代之的是由（外）祖父母或褓姆代為照顧。可預期的是家庭以外兒童照顧機構或人力將漸取代婦女照顧兒童的功能。同樣的困境與需求也出現在老人照顧上。此外還有一些新興的家庭型態帶來新的問題，例如夫或妻各自追尋自我發展，因就業或就學的緣故，在自由抉擇的狀況下，分開居住，很可能會形成兩地夫妻形式。又如近些年前往大陸的「臺幹」，丈夫必須前往大陸尋求事業發展或賺錢養家，便由妻子全權負起母兼父職的角色。這樣的家庭所能發揮的功能，雖然在經濟照顧上不虞匱乏，但是就子女教育和完整的社會化而言，是可能有遺憾的。

　　另一個引起許多家庭社會學者注意的是逐年上升的離婚趨勢。離婚會形成單親家庭，而單親家庭往往與社會問題例如貧窮與青少年犯罪有關。就單親家庭中的婦女而言，多半是因為經濟壓力所驅，為了維持家庭的基本生活需求，而必須投入勞動市場，子女教養則成為她們感覺到壓力的最大困擾。同時情緒及心理方面的困擾亦是這些婦女生活極大的壓力來源。單親家庭並不必然會對孩子造成負面影響，在某些方面甚或有正面的影響產生。然而，婦女在面對上述因素所造成的壓力情況下，單親所可能對孩子產生的負面影響，如：學業表現差、自我認同較低、行為失調問題，則成為學校輔導老師和社工人員目前工作的重點。

　　再者，近年的新移民家庭已成為臺灣社會龐大且重要的群體，且有逐年增加的現象。根據內政部統計資料顯示，在 2005 年結婚的 5 個臺灣新郎中，就有一個娶東南亞或中國大陸地區的配偶，而每 100 個新生兒當中，就有 12.8 個為外籍配偶所生（葉肅科，2006: 33–44）。大量新移

民家庭的出現，對整個臺灣社會將是個挑戰，在教育、社會、文化等層面產生重大影響。這對於相關社會福利工作人員而言，也是項新挑戰和必須學習的新議題，包括移入者適應新環境的障礙、社會文化及關係所產生個人的生活、心理適應問題，以及夫妻、親子、姻親的溝通互動不良、關係衝突、價值觀差異等問題。我們都需要開始學習跨文化，和對於新移民家庭個人及家庭的問題與需求有更多的瞭解，同時，有能力發展有效的輔導策略及技巧。

由上述的分析中發現，並不是每一個家庭都能負擔起社會化、經濟與照顧的功能，例如部分的單親或是危機家庭，非但無法完成賦予家庭的任務，反而對下一代造成負面的影響，甚至對部分的孩子形成所謂反社會化的人格。此時福利制度中的措施得以暫時取代原本家庭中社會化功能。社會福利中對於有遭受虐待之虞之兒童保護之各種預防和補救措施即是一例。

「兒童福利法」中明確規定父母親權行使應以兒童利益為最重要之考量。若有危及兒童安全時，可以暫時剝奪親權之行使。此種作為是國家對於無法發揮照顧、保護最基本功能之家庭強予懲罰和介入。更規定父母、監護人或其他實際照顧兒童者，對兒童作為不當時，需強制接受四小時以上親職教育輔導。此外，在第40條中賦予福利機構行使停止親權之權利，當父母、養父母或監護人對兒童疏於保護、照顧情節嚴重或有傷害行為者，兒童最近尊親屬、主管機關、兒童福利機構或其他利害關係人，得向法院聲請宣告停止其親權或監護權，另行選定監護人，以「福利法」規範親權在我國兒童福利發展上是相當重要的變革。

就福利的角度而言，家庭是人生當中重要的資源供給來源之一，但也包括民間（例如企業界或慈善組織）團體與政府，家庭不是唯一的來源。當家庭因意外事故或其他原因無法提供保護、經濟、社會化等功能時，其他支持體系，不論是來自於正式的福利制度，或非正式的宗親、慈善團體等，都應發揮即時的補充性和支持性功能；除非不得已，非到

必要才發揮取代功能，例如：原生家庭已無法發揮應有的功能，則透過福利制度找尋適合的領養家庭；或是無子女的單身老人安養發生問題時，必須送到安、療養機構由政府代為照顧。上述兩個例子是以福利制度取代家庭制度，其他的福利措施如失依兒童、家庭補助、保母代訓、老人生活津貼……等，都是希望透過福利制度支持和補助家庭，發揮其應有的功能。所以衛道人士擔心福利制度的發展會瓦解家庭功能，甚至擔心年金制度實施之後會「父不父，子不子」降低子女奉養父母的意願。事實上，這種操心言之過早，因為兩者之間的關係是補足而不是取代。再加上美國的經驗顯現：當經濟緊張和依賴自家人關係中消除的時候，家人的關係反而更趨和諧。

♥ 三、宗教的慈善精神和社會整合功能

今天，大部分工業化的國家，社會福利由政府提供，但發展初期，是由民間或宗教團體基於信念、互助和慈悲，提供各種經濟措施。以中國為例，隋唐的「義倉」旨在輸捐救助；「社會」旨在信用合作。到了宋朝的鄉社（同鄉組織）更發揮了「德榮相勵、過失相規、禮俗相交、患難相恤」的社會約束與救濟的功能。早期推動福利的人士，並非什麼社會改革家，他們是一群社會賢達，對福利並沒有長遠的目的，只是由於傳統慈悲為懷的觀念，希望多做些善事，報天地父母恩或為子女多積德。不可否認的佛教當中強調的佈施、福田、慈悲、喜捨與報恩深深的影響中國人的社會福利觀念，就當時而言的確發揮了「救民於水火」的功能，幫助了最需要幫助的人。法國學者涂爾幹曾指出宗教的主要功能在於社會整合。

宗教對人的意義不僅是提供了對終極問題——死後的生命有交代，更提供一套善惡標準與倫理規範供世人遵循。在社會學家來看，宗教有強烈的社會意義，宗教聚會提供人與人交往的機會，擴大了社會支持網

絡，維持社會的持續，不但有整合的功能還有社會控制的功能。不可否認的，宗教對社會的貢獻包括穩定社會、文化傳承、社會福利和國際交流，其中以社會福利功能最受到福利學者的重視。不論國外或國內，在政府尚沒有能力照顧民眾之際，宗教團體發揮很大的作用。趙碧華教授在〈中國佛教的社會福利觀〉一文中，對於佛教教義中的慈悲佈施與西方福利意識型態中的相互主義、平等主義及利他主義作了對等的分析，即是很好的說明。不論任何一種教義都強調以「給」為出發點，助人解除苦難，提供醫療、教育、住宅、托兒所……等給未婚媽媽、遊民、逃家兒童、偷渡客等不幸的人民；這些工作不為名利，照顧人民，情操偉大和具體貢獻是不可抹滅的。臺灣社會目前推動社會福利民營化的過程中，以宗教有關的社會福利機構參與最多。就教會的立場而言，是擴展組織勢力和範圍的一種手段，無可厚非，但是就福利倫理而言，是違反了中立和尊重福利使用者的原則。目前聽到有某宗教團體為了彰顯其功能和慈善作為，將接受救助的個案暴露於媒體之下，並且表示出非常感激某團體的救濟，這種將個案標本化的行為是推展福利事業時謹以為忌的。

然而在宗教參與社會福利的同時，也逐漸浮現另一隱憂：「福利宗教化」，也就是將「福利」和「宣導教義」兩者混為一談。美國二十世紀初期在瑪琍·李查蒙的帶動之下發展的親善訪員 (friendly visitor) 運動在日後被批判成「福利基督化」，就是一歷史經驗。

♡ 四、政治制度中的社會控制與福利本質的矛盾

政治制度本身最重要的目的是社會控制，不論是政治社會化、威權阻嚇或是其他所謂教化人民的策略都是為了要達到政治意識型態上的統合及行為規範上的一致。事實上按照衝突學派的觀點，社會福利制度也隱含著社會控制的意義，就新馬克斯學派的福利學者彼芬 (Frances Fox Piven, 1932–2001) 與克勞渥 (Richard A. Cloward, 1926–2001) 的看法，認

為福利最大的功能是規範窮人 (regulating the poor) 而不是幫助窮人，他們認為在資本主義國家中的福利制度往往是給窮人一些「甜頭」，使他們不要造反，減少部分人民的「需求被剝奪感」，以減低他們反社會和失序的行為。

從這個角度來看「社會控制觀」，說明了社會福利是資本主義經濟體制下既得利益者維持他們權利的策略性工具。在臺灣泛政治的前提下，福利與政治又多了一層曖昧的寄生關係，福利成了民主制度下選舉的利器，每次到了選舉，紛紛出籠的老人津貼、兒童津貼、育嬰假……等福利支票滿天飛，把老百姓唬得一愣一愣。而民選政治人物上臺之後又強調「誠信」原則，不可失信於選民，於是卯足了勁兌現他競選時的支票，這種福利因選舉而貴，選舉因福利而勝的現象，在國際福利發展上應是另一種奇蹟。遺憾的是大部分的事務官和政策規劃者是為了做福利事業而做，做出一個成績來的心態很普遍，鮮少有人去思考為什麼要做？這樣做適不適當？這些根本的問題不釐清，跟著選票或民意走的福利是泡沫幻影，最後是皆輸的局面。

五、社會福利制度的本質

社會福利的功能由早期到現在有很大的不同。早期的社會福利制度只限於社會救濟，用來濟助孤兒、寡婦和老人。這個界限到福利發展成制度以後，功能已不再是救助，而對象也不再只限於老弱婦孺。大致上，對象可以分為三大類別：一是經濟生活拮据的人，如收入微薄的家庭、病患；二是生活上需要特別照顧的人，例如無子女照顧的老人、殘障人士；以及三是技術上或心理上需要社會服務的人，例如失業者、吸毒、精神病患……等。尤其在第二次世界大戰之後，各國致力於戰後復興工作，一方面採取擴張性財政，以刺激景氣、增加雇用、提高人民所得；另一方面採取福利國家的策略，擴大福利保障的範圍，提升全民生活。

此一時期的社會福利項目，除了社會救助外，還涵蓋社會保險、就業訓練……等。若從結構功能論而言，社會福利制度能發揮以下功能：

1. 達到社會正義

社會福利可以利用以提升社會正義，促進社會平等。經由資源再分配縮短貧富之間的差距，人民有起始點的平等。也就是廣告術語「不要輸在起跑點上」。美國從 1950 年代針對低收入家庭學齡前兒童進行的啟蒙教育 (Head Start) 就是一例。

2. 促進社會整合

社會福利的措施提供人民參與社區生活的機會、增進社會歸屬，從而遵從社會規範。因此福利措施可以促進社會整合，減少疏離感。臺灣地區普設的老人文康中心、智障者社區復健計畫，以及中低收入戶的醫療補助……等都屬於這一類。

3. 提供社會利他行為的機會

依據笛姆斯 (Richard Titmuss, 1907–1973) 的看法，經濟體制內的交易不一定都是理性的行為，人天生有種無法用金錢衡量的需求，那就是「利他行為」，不計回報的給予就是這種利他思想，人性社會需求的表現。在現在的社會中，這種利他意願往往被物質主義和個人主義所影響而逐漸被忽略，因此必須透過鼓勵與獎勵提醒大眾別忘了這樣的美德。前者如鼓勵民眾參與志工，後者如政府為了獎勵民間機構共同參與福利事業而訂定的獎助要點。有位朋友曾說印度僧侶一早起來拿個缽到市集去化緣，不卑不亢，也沒有特別的感謝，他認為自己提供了眾生奉獻的機會，就是這個道理。

福利制度化事實上就是將互助、利他、人文關懷……等所謂的善行變成一套有規則的做事方式。例如申請程序、資格審查、救助金額發放、經費來源的籌措……等。學者笛姆斯認為每一個國民都被福利所涵蓋，一是對於接受福利的人，一是沒有接受福利，可是是納稅的義務人，福利制度對這兩種人都有正、負面的影響。先就接受的人而言，不論是老

年生活救助、收容安養、低收入戶子女免費托兒……等，都解決了需要者的基本生存上的問題。對於那些沒有接受福利的人而言，福利制度提供了他們一個人文關懷的機會，這種關懷不再限於宗教，而是透過福利制度加以安排。就負面影響而言，對於那些福利接受者，若要領取生活補助或接受其他服務，必須接受諸多限制與提出證明，證明自己的貧困和低下，這些所謂的烙印過程的確損害申請者的自尊。

　　至於對那些中產階級而言，他們不明白為什麼他們努力工作，卻是去「供養」那些「不務正業」的人？他們也不同意政府去姑息那些「酒鬼」和「好吃懶做」的無業游民。甚至在高稅率的措施下開始懷疑工作的意義。從上述的分析可畫成下表：

表 2-1　福利制度的影響

對象影響	接受福利的人	沒有接受福利的人
正　面	基本生活需求的滿足	人文關懷
負　面	烙印帶來的羞辱和自卑	工作意願的喪失

　　中產階級對福利制度質疑的看法與新保守主義的論點非常類似。大致上新保守主義對社會福利的看法與十九世紀時的保守思想十分接近，強調自助精神，認為人必須自助，家庭也必須對成員的福利承擔責任；而福利國家的發展不但沒有提高國民的幸福，反而使他們過分依賴政府。新保守主義代表人物波威 (Michael Kevin Powell, 1963–) 曾說：「一個人的需要變成一種權利，是二十世紀最大的異端」。在他眼中，社會福利絕對不是人民的權利。他們認為人民的權利只限於那些與生俱來的，如言論、思想和信仰的自由，至於一些必須依賴經濟發展才可實現的目標，如教育和醫療服務……等，便不應是權利。因為在權利的概念下，他們不需要付出任何代價。新保守主義者又認為，目前使用福利的人與那些

納稅或供款以支持社會福利的人，兩者之間必然出現矛盾。換言之，付款的人希望稅率降低，使用者卻希望得到足夠甚至免費的福利。難怪迪尼透 (Diana M. DiNitto) 曾指出：福利制度實施到目前為止，沒有任何人從中獲得滿足、快樂與幸福，拿的人覺得不夠，給的人覺得太多，處理行政的公務人員又覺得工作沒有意義。福利制度到底成就了哪些人的福利實在值得思考。

六、制度之間的互動——再論福利、家庭與社區之間的關係

經由上述探討可以瞭解制度與制度之間重疊與獨立的部分，任何一種制度都有它原本應發揮的功能，隨著社會變遷，原本的部分功能因為需要會分化出來，形成另一個新的制度，或者因為需求不存在而逐漸消失。例如家庭中照顧的功能隨雙薪家庭的普及，而交由教育與福利制度共同分擔，而家庭功能之一「對性行為的約束與規範」卻隨著社會多元價值而不再被強調。而這樣的分化是必然的趨勢，與道德家所謂的家庭功能瓦解或衰微無關。

近來常被提及的議題是福利制度的擴張，例如托兒與老人安養機構的設施會不會助長了家庭制度的式微？甚至取代了家庭功能？詳細來看，要解答上述兩難，實在應該思考下列問題：(1)福利介入之後，分擔家庭責任的真義為何？(2)分擔些什麼（功能）？(3)家庭想要福利提供什麼？完全由政府或由家庭提供都不是正確的作法。

以美國的經驗為例，福利措施介入家庭之後主要的影響在於補強了家庭功能，但未必會取代家庭，因為家庭功能有很大的一部分是無法取代的。以老人生活津貼而言，這項福利措施補足家庭中照顧老年人經濟安全的功能，同時也改善了父母和子女之間的關係品質。也就是家庭功能中屬於情感性的部分是無法經由其他制度予以替代。

在聯合國 1994 年《國際家庭年宣言》中，特別指出三項具有世界共同性的家庭議題，從文中可以看出家庭與福利之間的互補關係而不是替代關係。

㈠強調預防性的家庭福利政策

宣言第 35 條指出第一個議題：加強家庭的能力。由成本效益的觀點，指出家庭若能完整地發揮養育兒童，照顧弱者的功能，社會整體利益必將提高，而社會服務的整體支出也因而降低。因此政府有限的資源，應多投注在教育父母、預防性的措施。尤其強調：(1)加強家庭提供基本衛生保健能力。(2)鼓勵家庭重視教育，提供各種教育的機會。(3)認識家庭照顧老幼的壓力，和需額外資源支持。(4)提供相關資源給家庭，使加強其防範殘疾，早期發現傷害及復健的能力。(5)宣導、協助家庭防範家庭暴力以及犯罪、吸毒、酗酒、性傳染病、愛滋病等的發生。

圖 2-4　如何防範家庭暴力是一個重要的家庭福利議題。

㈡家庭功能與福利責任分擔的平衡點

宣言中所提出的第二個議題是明瞭「家庭功能」以及「家庭由社會福利中得到協助」之間的平衡點。當經濟不景氣時，家庭本身，尤其是經濟和照顧的壓力增大，分擔社會責任的能力減弱，此時政府縮減社會福利服務，以節省公共支出，將導致對家庭的破壞，亦即另一種社會成本的提高。

㈢確認政府需以政策介入家庭暴力以保護受害家庭成員

第三個議題指陳各國中央及各級政府，應瞭解家庭暴力的發生對家

庭關係所造成的影響，並採教育、宣導兩性平等觀念，改善婦女地位，使家庭及親職責任有較彈性的分擔，以增加婦女在家庭內、外的發展機會的政策與方案。此外，應依聯合國世界兒童高峰會議之《兒童權利宣言》等，協助並鼓勵家庭養育，保護兒童，使之順利成長。也提出政府要提供各種資訊與服務以防止家庭中各種型式的暴力、剝削與虐待。

福利與經濟制度之間永遠有爭論不休的話題，但必須承認，福利發展要看一國的經濟能力，而福利本身也有經濟的功能。福利學者若布森(Peter Robson) 認為，社會福利制度不但與資本主義沒有衝突，更且並行不悖。因為資本主義運作的首要條件是穩定的社會環境，與維持人民對貨品的需求，而福利制度透過資源再分配達到的減少社會矛盾與增加人民的購買能力與資本主義的前提不謀而合。舉以下的例子來說明：

1930 年代發生的經濟蕭條，顯示政府若任由市場不斷擴張，貨品在惡性競爭無節制的生產下，再加上人民購買力追不上，只會造成長期的不景氣，在 30 年代以前，一般資本主義國家的公營部門都十分有限，政府總支出約占總產值的 10%。大蕭條出現後，政府態度改變了，不但插手干預經濟運作，更增加各項社會建設和公共工程的開支，以圖挽救國家面臨的經濟危機，事後證明這種方法是有效的。

此外，社會福利產生的收入再分配功能，也實在補足了資本主義不足之處。理論上而言，純粹的資本主義社會的工資制度，完全不考慮雇員的需要，甚至雇員需要越大，例如患病時，他們的工資可能降至最低。不過，如果社會設有健全的保險制度，患病雇員不但可以得到適當的治療，也可維持平日的收入。這種與工作報酬沒有直接關係的收入，一般稱為社會工資 (social wage)，社會工資的存在，表面上與資本主義制度格格不入，作用卻不可忽視。社會工資的意義，可從兩個角度看。第一，為了保持經濟發展和社會穩定，社會裏一些事情並不能留待個人去選擇，例如治安和公共衛生，人民希望政府負起提供服務的責任。若將範圍擴大，普及教育也是人民期望政府提供的設施，這樣全部兒童便有上學的

機會，子女從普及教育取得的利益便成為一種社會工資。第二，社會工資的存在，也是為了補充資本主義制度下工資不完善的地方。

福利制度與其他制度之間的關係遠比想像的複雜，不僅牽涉到宗旨與目標之間的矛盾、抵觸，更有技術面運作的考量，除了與經濟、家庭之間的議題爭論以外，福利與醫療制度、就業甚至司法……等之間的互補與衝突都是很值得進一步思索的主題。

思索

以前剛到美國唸書的第一個學期，老師對我們這種外籍學生有種特別的優惠待遇，例如考試時間可以延長半個小時，考試時可以帶字典……等，有位香港來的同學調皮的問老師評分標準是否可以寬容一些？老師很正經的回答：過多的保護或福利會破壞了原有的競爭生態、自然法則，造成另外一種特權，福利的特權並不可取。民國95年底勞委會規劃家庭外籍監護工適用本國「勞基法」的工作保障和福利制度，引起殘障福利聯盟的高度關切和反對，認為這對許多雇用外勞的身心障礙家庭而言，不啻是增加風險和成本。但是就勞委會而言，這是順應《國際勞工人權宣言》的基本需求。這是勞工制度與保障弱勢之間的拉扯。例如96年初樂生療養院拆遷事件，死灰復燃，再度引起關注，然而臺北縣新莊市的萬人簽署要求如期拆遷的運動也在如火如荼的醞釀當中，少數人的福利保障與

圖 2-5　2007 年 4 月 15 日的保留樂生 415 大遊行，這場政府與弱勢之間漫長的拉鋸戰不僅考驗政府，也考驗著大眾對福利的認知。

大多數人口交通利益起了衝突，制度之間的競爭關係往往比合作間
要來得平常。

第三章　社會福利基本概念與範圍界定

　　臺北縣政府是臺灣地區第一個縣市，自 1994 年 7 月 1 日起，對 65 歲以上的老人首先發放每人每月 5,000 元「敬老津貼」共發了 4 個月，完成所謂的「第一年敬老福利津貼發放作業」。4 個月來，累計發放金額高達 22 億 1,663 萬 5,000 元整，對臺北縣政府而言，占其總年度預算的 5.5%。有趣的是，一年之後某位學者針對臺北縣政府實施「敬老福利津貼」計畫進行績效評估，報告中指出有 3 成 2 的老年受訪者對於每人每月 5,000 元發放 4 個月的津貼感到滿意，主要的原因是「沒有想到會有」，「有很好，沒有也沒差」。雖然政府和學者大力提倡「福利使用者付費」的觀念，但是在政黨候選人的操弄和福利支票滿天飛的現實情況下，到底免錢的是不是就是福？某工廠舉辦年終聚餐或自強旅遊常被認為是員工福利；某志願機構發起慈善演唱會或募款，也自稱社會福利；軍公教全聯社的低價民生日用品是不是福利？當女權高漲，到處都在談婦女福利的時候，男性也有不同的聲音，進而提出「我們的福利在哪裡？」的感嘆。這樣的「福利」是否代表社會福利的真諦？又到底什麼是「社會福利」？什麼不是？這些問題不但經常在人們腦海中盤旋，而且也不容易立即給予清楚的答案。在人的福利還無法完全保障的同時，某民間團體更大力提倡動物福利，為「動物保護法」催生。福利的操作性定義像是瞎子摸象，霧中看花；但是其理論性定義卻有脈絡，有其原則。本章試圖就後者加以釐清，至於前者就留給讀者去思索吧！

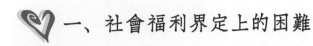 一、社會福利界定上的困難

事實上，研究社會福利的學者在探討「社會福利」的意義與概念時，也經常面對著界定上的困難。社會福利一詞不易界定的理由之一是社會福利可以是一個價值觀念，也可以指的是一套具體的社會福利制度；理由之二是社會福利的差異性極大，甲社會所共同認定的社會福利，不一定就是乙社會所接受的社會福利。即使在福利先進國家，如英、美、法、德等社會，對社會福利的解釋仍不盡相同或相似。因此，社會福利應有其本土詮釋的涵義。

從社會福利的過去發展經驗看，給予社會福利一個固定的定義和範圍不一定有必要。如果一個國家的政府和國民對社會福利抱消極的態度，社會福利發揮的功能必然十分有限，包括的範圍也非常狹窄；但採取的若是積極的態度，社會福利自能發揮發展性和預防性的功能，提供的服務也必較廣泛，但是廣泛或狹隘並不一定與人民的生活幸福有直接的關係。其他影響社會福利發展的重要因素還包括社會的經濟狀況，例如經濟發展水平高和資源豐富的國家，提供的服務一般都較多；而經濟發展落後的國家，不但人民生活水平低，政府要多辦社會福利也不容易。經濟發展與福利服務的數量自有密切關係，但一個國家的資源並不可能全部用於社會福利，所以服務量還得視乎政府和國民的價值取向。

除政府和國民的價值觀念外，社會福利本身的發展過程也是影響因素之一。一般而言，福利發展時間越久，服務的範圍和數量越多樣化和豐富。除了上述經濟及福利發展的歷史外，一些國家還有其他特殊的因素，例如政治、文化和家庭制度等，這些對社會福利均有直接或間接的影響，不但不同社會有不同的需要，就是推行手法也會有很大的差異。因此，一個國家的社會福利制度要徹底瞭解並不容易，很多時候只能根據整體的發展方向來作概括的討論。

　　總之，「社會福利」此名詞的涵義，係依時、空之不同，以及使用此名詞者所持觀點的差異而有相當的出入。其主要原因在於「社會福利」本身即是一個動態及敏感的概念。它本身就常隨著政治與經濟環境之變遷而改變，因此，它的功能是與該社會的整個發展過程息息相關，而且它的內容會隨著社會結構其他方面之變遷而更動，這些更動包括新服務之提供、對新問題之調適、或激發民眾對福利服務的新期望等。自 1950年代以來，聯合國及許多學者即曾試圖針對社會福利擬定一個普遍適用、且能被廣為接受的定義，但這些嘗試都宣告失敗。而且，費茲派翠克(Thomas J. Fitzpatrick, 1926–) (2005) 指出，這些試圖為社會福利尋覓一個統一定義的嘗試，事實上是不成熟的，只是純屬學術理論上的討論而已，它是永遠無法具體落實獲致統一的結論或共識。在費茲派翠克的書中引用費登 (Michael Freeden, 1996) 的觀念說明意識型態的差異決定了一個國家社會福利政策的走向和範圍，如果將意識型態分為社會主義、自由主義和保守主義，每一個意識型態背後強調的核心價值有異，如下圖所示：

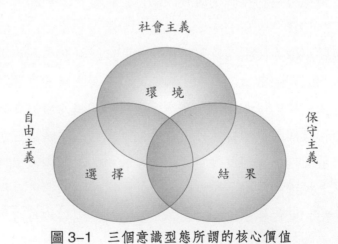

圖 3–1　三個意識型態所謂的核心價值

　　社會主義強調的是一個人如何鑲嵌在文化、政策、經濟的體制中。

自由主義強調的是選擇的自由必需受到尊重，而保守主義強調的是任何一個策略所帶來的結果，例如 90 年代的美國與雷根和老布希總統為新保守主義的代表，他們呼應的是喚回已逝去的家庭倫理，而社會主義掛帥的國家，則強調社會利益大於個人利益、社會保障優於個人保障，然而意識型態中也有模糊和相互融合之念，例如：傾向自由的保守主義作風或是傾向集體利益的保守主義。因此與其對福利範圍下定義，不如尋找國家意識型態的立足點較為實際。

雖然社會福利的異質性和多樣性難以用單一標準的定義一語帶過，但是其基本的概念與意涵歸納而言不出以下的理念：公平與平等、互助精神與人文關懷，在這些相關但彼此矛盾的理念中特別受到爭論的是公平、平等這兩個概念，以下先就公平與平等加以分析。

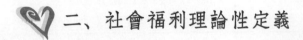 二、社會福利理論性定義

㈠公平與平等

現代社會發展的共同目標，最終都在追求一個「均富」的理想。在「求均」層面，為了實踐均等原則，政府通常透過社會福利制度，來具體實踐公平與平等的基本理念。因此，社會福利制度就與社會正義的公平、平等有極為密切的關聯；尤其在民主社會幾乎所有政府都積極透過社會福利措施，來設法達到社會財富平均再分配的目標，實踐社會「均富」的理想。

「公平」是指「公正的分享」(fair shares)，而「平等」則指「同等的分享」(equal share)，雖然這兩個名詞經常交互替用，但是有不同的意義。前者是各取所值的概念，也就是你付出多少就擁有同值的回報。但是福利國家的最終理想在於「各取所需」，就是任何人有福利需求或問題，均可透過社會福利體制來取得資源，以解決個人的困境。在理想方式上，

福利資源的分配是以個人的需求為基礎。然而實際運作上產生資源有限的困難，不可能對所有的需求都源源不絕的提供，而且極易形成個人過度依賴社會福利服務。因此，馬克斯 (Karl Marx, 1818–1883) 在〈哥達綱領批判〉(Critique of the Gotha Programme) 中創了一個「功績制」(merit system) 式的名言:「各盡所能，各取所需」決定分配的手段，並認為此種法則是達到個體公平 (individual equity) 的最佳途徑。

圖 3–2　馬克斯 (1818–1883)，德國社會學家。

　　關於社會福利的制訂，歷來都有兩種不同的意見。其中一種認為政策應是選擇性的 (selective)，即應先衡量哪些人最需要別人的幫助。這些人可能是收入較低、患病、傷殘、喪失工作能力或受到精神問題的困擾，標準一旦定下來，便可給予他們協助。這種觀點基本上已承認社會本身是不公平的，社會裡有很多人無法與別人公平競爭，所以必須得到額外的幫助，這樣才符合社會公平的原則。這樣措施的背後是有羅斯 (John Rawls, 1921–2002) 的正義理論為依據。研究社會正義長達 25 年的大師羅斯認為，社會正義是社會福利政策的首要功能與目標。羅斯進一步指出在下面兩個原則之下才能確保福利國家的實現:

原則一: 每一個體均應有相等的自由權利。

原則二: 社會與經濟制度中不平等的安排是為了——使經濟與社會制度對於處於劣勢情境的人民帶來最大的利益 (the least get the most)(Rawls, 1972: 189–217)。

　　羅斯特別強調正義 (justice) 是人類社會中最重要的道德 (moral)，如同真理是思維領域中的重點。這種論點與經濟學之父亞當史密斯 (Adam Smith, 1723–1790) 的道德哲學 (moral philosophy) 非常類似。

　　在社會福利的研究領域中有兩個著名的代表著作應用羅斯的基本架構來討論「社會正義」，一個是貝佛里與麥克斯溫尼 (David P. Beverly and Edward A. McSweeney, 1987) 的《社會福利與社會正義》(*Social Welfare and Social Justice*)；以及庫特納 (Kuttner, 1983: 78-90) 的《經濟繁榮與社會正義》(*Economic Prosperity and Social Justice*)。貝氏與麥氏依循凱恩斯 (John Maynard Keynes, 1st Baron Keynes, 1883-1946) 強調所得重分配的原則，特別呼籲政府在保障國民收入安全 (income security) 上所達到的正義配置 (justice allocation) 的功能。貝氏與麥氏指出政府在資源尋找與分配的過程中，應優先考慮最基本生活需求的滿足，也就是所謂的國民最低生活保障 (national minimum)。庫特納指出達到社會正義的兩種方法是公平與平等 (equity and equality)。庫氏同時指出如果在個人的層次完全使用公平分配的原則，會造成社會上富者越富，貧者越貧的不整合現象，這種現象已在美國老人退休保險 (Old Age Insurance) 制度中得到證實。有些老年人在年輕的時候因健康狀況或性別、種族等非個人性的原因無法從事固定的工作，讓他（她）將來退休後領取的退休給付一定比其他的老年人低。這種運用「功績制原則」的社會保險制度，將會導致「社會貢獻少」的人經濟不安全。

　　理論上而言，社會福利具有強制性與非工資性等特質，與一般企業界所提供的任意性與工資性的福利措施截然不同。因此，上述的「功績制公平原則」掛帥之下的退休保險制度，為了彌補過分工資性的退休給付，有一些修正的措施，例如明定退休保險金的最低給付 (minimum payment) 保障在勞動市場中「貢獻較少」的老年人的生活水準，以及運用各種社會救助方案補助老年人收入的不足。這種為了維護個人生活適切性 (adequacy) 的特別措施正符合羅斯所謂的社會正義，也就是「社會和經濟的不平等安排（上述的特別措施），必須在給予不利的人們最大的利益的前提下，才可被容許。」令人惋惜的是這種最低退休給付的保障在 1986 年因大幅刪減福利預算而予以廢止。目前美國的老人退休保險制度

只保障了中階層收入以及高收入的退休老年人，對於原本工資就少的低收入老年人就完全靠各種社會救助金度日。此一事實又再一次說明福利國家在發展過程中受到經濟發展與堅持福利理念之下的矛盾情結的影響，不得不遷就國家經濟的整體發展。

事實上，社會公平的原則提出來已有一段時間，但到了今天，還無法找到共同接受的定義。或許公平本身便是相對性的，舊日社會貧富懸殊，但很少人認為不公平，甚至只有貴族和地主才有的特權，往日看來也好像是應該的。今天這些存在社會不公平的現象，受到許多思潮的影響，認為必須加以糾正。社會福利範圍內，至今還未找到達至公平的最佳方法，所以單憑公平的原則來評論社會福利的得失，很多時候是並不適當的。

英學者喬治與偉爾定 (1979) 歸納影響社會福利發展的四種意識類型，這四種意識型態也反映了社會福利許多爭論。(1)反集體主義者 (Anti-Collectivist)，強調個人主義、競爭及自由，認為政府不當干預將扭曲市場機能的運作，政府功能應為確保個人選擇自由；(2)半集體主義者 (Reluctant Collectivist)，雖然承認市場功能也需透過規範和控制方能確保其效能，體認市場機能在資源分配上的影響，但仍認為自由市場之運作自然可滿足個人福利需求，唯恐政府過度干預或將威脅個人選擇自由。以上二種均視社會福利為殘補 (residual) 角色，僅為一小群有需要者提供安全網 (safety net)，政府應救濟貧困，但應保持最小限度，且鼓勵由民間部門提供；(3)費邊社會主義者 (Fabian Socialist) 認為市場機能若不加干預，會造成社會不平等，進而導致效率降低，政府提供各種福利服務使社會成員各取所需，以達所得再分配；(4)馬克斯主義者 (Marxist)，類似前者，也強調經濟體系先天的不公平，主張擴大政府干預範圍，由政府供應所有的福利資源，並統籌管理所有的生產資源。這兩種意識類型傾向於制度化 (institutional) 社會福利的理念，肯定社會福利制度存在的價值及政府干預的必要性，如此詮釋社會福利是將個人權力 (individual power) 與政府權力 (governmental power) 置於相對立場，彼此消長。

㈡集體主義與個人權利之間的平衡

英學者馬歇爾 (Marshall, 1961)，則基於個人權利 (individual rights) 內涵擴大的概念，依西方歷史發展的階段，將個人爭取到的權利歸納為三種：宗教權利 (religious right)、政治權利 (political right) 及社會權利 (social right)。亦即視社會福利為現代公民的一種權利 (entitlement)。晚近布勞 (Joel Blau, 1989) 則建議以私有產權 (the rights of property) 及個人權利 (the rights of persons) 的彼此消長來建構社會福利的理念。私有產權構成對政府權力的一種政治經濟制衡。保守派視社會福利為政府所組織的慈善事業，政府的福利支出愈多則對私有產權的威脅愈大。既然保守派強調私有產權的重要性，自然要抑制政府的社會福利預算。激進派 (radical) 則視個人權利為絕對而無條件的，既然社會福利制度化後是每個人的應享權利，自然傾向於擴張政府部門的社會福利支出。上述的爭論雖仍然未有定論，但是落實在實際的日常生活中，不論是政策規劃者、執行者或百姓最關切的是到底福利包括些什麼？

福利的含義非常廣，每個人對福利都可以有自己的解釋，任何涉及人類幸福 (well-being) 者，大致都屬於福利的範圍。因此，廣義而言，福利可以界定為使人幸福或快樂的事。但是，這個定義不大有幫助，一來是範圍太廣，第二是，一些事情雖可使某些人感到幸福，卻給別人帶來困擾。社會福利一詞的重點在「社會」不在「個人」，及透過社會的集體努力，達到大眾的善。今天，我們談福利，談的是整體性的福利，不談個人福利。因為個人福利往往與整體福利相抵觸。因此學者海得威 (Heidwein) 認為社會福利傾向集體主義，基本上這個想法是對的。

正如布蘭特 (Richard B. Brandt, 1910–1997) (1976: 65) 認為可視「福利」為一種價值判斷，或是一種實證經驗，欲定義社會福利可由抽象的意識型態或具體的福利措施兩個層面來處理。前者針對社會福利之產生

及目的，各家有不同的詮釋，如笛姆斯 (1973) 認為社會福利反映一個社會的文化及政治特質，而 Baker (1979) 則認為它是人性良知的彰顯；其目的或為促進個人福祉從而維持社會穩定，或為提高生產力追求經濟效率 (Flora et al., 1981)。後者則是意識型態的具象化，指政府部門或民間團體，針對全民或特定群體 (universal vs. selective) 提供經濟補助或服務 (cash vs. service)。由於在概念層次不同詮釋，自然就影響實際方案的涵蓋範圍，這也說明了何以在比較各國社會福利的實證研究常發生界定福利內容的困擾。

廣義的「社會福利」於我國古代即已存在。例如：以血緣關係為基礎的家族福利，以地緣關係為中心的宗親福利，以慈善為基礎的濟貧福利。但是制度化的「社會福利」則肇始於工業革命後的歐洲社會，爾後「社會福利」逐漸被界定為「政府有組織的制度，用以矯正市場運作的缺失」。在此前提下，它包括三個基本原則：保證最低收入、確保個人或家庭免於危困、保證每個人均有權利享有社會福利。易言之，社會福利係政府為解決自由經濟市場所產生的問題，所採用的干預手段之一。簡單而言，社會福利是指透過社會內一些集體行動或措施，而使某些人的困難得到解決，或使他們的生活得到滿足和快樂。

三、社會福利範圍與相關概念的釐清

在討論社會福利範圍前，有必要先澄清一些常與社會福利混用之名詞定義。「社會安全」、「社會福利」及「福利國家」三者常被交替使用，三者雖有共通之處，但卻代表不同的理念。社會安全 (Social Security) 通常指透過政府立法，保障人民不因年老、意外傷殘、死亡或生育、失業等事件影響其收入，以風險分擔的原則，提供各類財務補助及服務，較偏重解決其經濟問題〔U.S.: DHHS (Social Security Administration), 1982; Barker, 1987〕，如為就業者及其家屬提供各項保險給付。社會福利 (social welfare) 則泛指滿足人民的經濟、社會、教育及健康等需求的經濟補助及服務。福利國家 (welfare state) 則強調政府以增進人民福利為其道義責任，不論其資產多寡，每一國民均有權利享領社會服務；政府會透過干預市場經濟的運作提供一些必須的財貨，以確保其最低生活水準。

　　社會福利與社會工作經常被混淆，甚至有時被使用為同義語。其實社會福利有一較廣的意義，它涵蓋社會工作、公共福利及其他有關的計畫與活動。如果從運作的層面而言，社會福利是「有組織的社會服務和制度，去協助個人或團體獲得他們生活與健康及個人與社會關係需要之滿足，去幫助他們發展個人充分的才能及提高他們的福祉與家庭及社區的需要」。

　　社會福利範圍的界定可以從領取資格 (welfare recipient) 和福利內容 (form) 這兩方面來看。雖然在第六章中會詳細介紹福利對象的選取與項目的設計標準，以及隱含在這些標準背後的爭論，在此先做概念性的介紹。

(一)選擇式與普及式的爭論

　　若依個人享領社會福利服務的資格 (eligibility) 如何認定而加以區分時，可分為全民性 (universal) 與選擇性 (selective) 的社會福利兩大類。所謂的「全民性」社會福利，根據瓊斯等人 (Jones, Brown and Bradshaw, 1983: 46) 的看法，是指在一社會中所有公民對此社會福利的貢獻是相等的，同時所有人們均可從社會福利中享受相等的利益。由於一般社會不容易辨認所有公民對此社會福利的貢獻是否相等，通常採取下列兩種方法：⑴只要具備公民權的資格，即具有享領社會福利的資格，例如本章一開始介紹的老人生活津貼；⑵只有證明已繳納某一固定數額社會福利基金者，方具有享領社會福利的資格。

　　至於選擇性社會福利意義指的是：個人必須透過「資產調查」(means test) 來證明具有享領社會福利的資格後，才有享領的權利。全民性社會福利最大的優點為：每個人都有平等的機會來享受社會福利服務，其最

為人所詬病處即在於它容易阻礙社會經濟的正常發展。全民性福利模式的另一個缺點是：因為每個人都有享受福利服務的機會，所以很容易造成社會福利資源的浪費情形。選擇性社會福利的優、缺點正好與全民性社會福利相對。選擇性福利的財源，通常是透過政府的租稅所得來支付。然而，最為人詬病之處就是接受福利救助者與政府之間，仍存有一種傳統慈善福利的「施」與「受」的關係；由於享受福利服務資格的認定，是由財力調查來決定，例如只有家庭經濟情況低於政府或社會所認定的「貧窮標準」者，才有享受福利服務的資格，於是接受服務者的內心仍然存有「接受福利服務是一種恥辱」的想法，或造成一種「烙印」(stigma)，結果使許多家庭或個人因之裹足不前。

圖 3-3 季伯特 (Neil Gilbert)，美國加州柏克萊大學社會福利學院教授。

季伯特 (Neil Gilbert) 和斯派赫特 (Harry Specht, 1930–1995) (1994) 認為這兩種分法雖有助初步瞭解，卻不盡符實，因而提出福利資源配置的若干原則：(1)某種類別的需求 (attributed need)，現存的制度未能滿足此需求的水準 (normative criteria)，可能與全體民眾相關，如英國的全民健康保險；或某一群人相關，如就業母親的托兒服務，(2)補償性 (compensation)，因受益者曾有過貢獻，如退伍軍人、社會保險成員；或為社會不良結構之受害者，如種族偏見或宗教偏見之受害者，(3)診斷出的區別 (diagnostic differentiation)，依專家判斷所顯示的特定需要，如生理傷殘者或情緒失調者，(4)資產調查 (means-test) 限於其經濟狀況而無法購得所需財貨或服務，如低收入戶。以上所提資源配置的原則已綜合了服務對象及其問題特質兩個層面。

英學者笛姆斯 (1958) 除社會福利外，並提出財稅福利 (fiscal welfare) 及職業福利 (occupational welfare) 的概念。第一類指社會保險、社會救助、各類特定群體津貼以及一般福利服務。財稅福利則是政府利用其財

稅政策行所得分配，例如個人申報所得稅時得享有某些項目支出的列舉扣除額（如慈善捐贈、醫療費用、天災急難損失）。而職業福利與其工作相關，是雇主所提供，涵蓋層面很廣，例如子女托育與醫療服務，亦即今日所謂的企業員工福利。

㈡社會福利的項目

綜合所述，社會福利的內容雖依各國分類名稱或有差異，但總不外包括以下六大項目：

1.社會保險 (Social Insurance)

其給付項目不一，如英國屬福利國家，則方案較為周延，含殘障給付、失業給付、職業災害、老年退休、生育、寡婦。而美國包含老年 (old age)、遺族 (survivors)、失業、殘障醫療 (Disability and Health) 等，與英國類似。以上受益者均需繳付保費 (contributory welfare)。

2.社會救助 (social assistance)

為受益者不須繳付費用 (non-contributory welfare) 之福利項目。在英國屬補充給付 (supplementary benefits)，除一般所得給付外，分家庭所得津貼（含兒童津貼、兒童特別津貼、監護人津貼、死亡補助等）、解雇津貼、殘障津貼（如照顧殘障津貼、殘障年金、殘障交通津貼）及病患照顧津貼等。在美國指對收入在貧窮線 (poverty line) 以下的住戶，提供現金支付及食物券 (Food Stamps)、醫療給付及服務 (Medicaid) 等，一般給付依各州財政情況而異。

3.醫療保健服務

英國有由中央政府提供全體國民的免費診療，地方政府則提供衛生保健服務，包括老人、孕婦、殘障、兒童；美國則對一般老人有 Medicare，低收入戶有 Medicaid。

4.住宅福利

多由政府興建「國民住宅」以低於市場價格出售或出租予低收入家

庭，此外還有房租津貼、住屋低利貸款等辦法。

5.就業福利

目的在於使有工作意願及工作能力者能獲得適合的工作，除了職業訓練外，尚有就業輔導提供市場工作資訊、培養合宜的工作態度並居中與雇主協調。

6.一般福利服務

我國社會福利範圍及項目，若從「憲法」增修條文第 10 條第 8 項：指社會救助、福利服務、國民就業、社會保險及醫療保健等工作（中華民國憲法增修條文，2000）。民國 83 年行政院頒佈「社會福利政策綱領」，作為我國社會福利發展的重要依據，而為因應時代變遷的需要，行政院於民國 93 年 2 月 13 日核定修正，將社會保險與津貼、社會救助、福利服務、就業安全、社會住宅與社區營造、健康與醫療照護列為社會福利的內涵，重新確立我國在未來幾年的政策發展方向。

在政策的執行上，每年由政府編列預算，以作為落實各項社會福利之用，依據行政院主計處訂定「歲出政事別科目歸類原則與範圍」（行政院主計處，2007），「社會福利支出」含「社會保險支出」、「社會救助支出」、「福利服務支出」、「國民就業支出」、「醫療保健支出」。民國 95 年中央社會福利總支出為 3,042 億元，占中央政府總預算的 19.4%，較前一年（94 年）增加 6.5%。

表 3-1　中央政府總預（決）算歲出按政事別分百分分配

單位: %

年度別	總計	一般政務支出	國防支出	教育科學文化支出	經濟發展支出	社會福利支出	社區發展及環境保護支出	退休撫恤支出	債務支出	一般補助及其他支出
86 年度	100.0	10.3	24.1	16.6	10.8	14.3	1.5	13.3	5.6	3.6
87 年度	100.0	10.4	23.7	17.1	11.7	13.9	1.5	12.9	5.9	3.0
88 年度	100.0	11.6	22.6	17.4	14.8	13.5	1.7	11.1	6.9	0.4

89 年度	100.0	10.5	15.4	16.5	16.0	18.4	1.8	8.8	11.2	1.4
90 年度	100.0	10.7	15.2	16.5	17.8	18.8	1.4	7.8	9.7	2.0
91 年度	100.0	10.5	14.5	17.2	18.8	16.9	1.5	8.0	9.8	2.8
92 年度	100.0	10.3	14.1	18.6	18.3	17.6	1.8	7.8	8.9	2.8
93 年度	100.0	10.6	15.9	19.3	15.9	17.9	1.6	7.9	8.1	2.9
94 年度	100.0	10.6	15.9	19.2	15.8	18.2	1.6	8.3	7.5	2.9
95 年度	100.0	10.9	15.3	20.0	12.7	19.4	1.3	8.5	8.6	3.3
96 年度	100.0	10.6	18.7	19.3	12.0	18.6	1.2	8.1	8.3	3.2

資料來源：行政院主計處 (2007)。歲出政事別科目歸類原則與範圍。2007/3/27 上網。

思索

　　從民國 83 年到 96 年，臺灣歷經了多少政治、經濟和文化的變化，帶來多少新的挑戰和生命力，從「社會福利政策綱領」的修正，可見一斑，民國 83 年的「社會福利政策綱領」基本原則 9 項之外，實施要領共 33 項。反觀民國 93 年的「社會福利政策綱領」，基本原則同樣 9 項之外，後續的保險津貼 11 項、社會救助 7 項、福利服務 17 項、就業安全 8 項、社會住宅與社區營造 9 項、以及健康與醫療照護 9 項，共計 61 項之多，幾乎多了一倍。就內容而言，新版的「福利政策綱領」更強調多元性、社會性和在地化，例如多元化的家庭結構，新移民人口的組成、外傭外勞的勞動市場，以及性傾向不同的服務兩樣；而社會性指的是強調社會保險為主，津貼為輔，社會救助為最後的社會安全政策。此外在社會住宅與社區營造中更揭櫫社區生態觀點的產業發展新故鄉和新社區運動的在地認同。臺灣的社會福利就在這樣的驅力之下，往下一波的改革之路走去，唯一能確定的是「變」不會改變的。

附錄一

社會福利政策綱領

行政院 93.2.13 院臺內字第 0930081882 號函修正核定

　　社會福利政策是我國的基本國策之一，早在民國五十四年政府即通過「民生主義現階段社會政策」，作為我國因應工業化起步下的經濟與社會均衡發展的指針。此後，隨著政治經濟與社會的變遷，迭有修正，如五十八年的「現階段社會建設綱領」、六十八年的「復興基地重要建設方案」、七十年的「貫徹復興基地民生主義社會經濟建設方案」。而最近一次的通盤檢討則屬八十三年的「社會福利政策綱領」，事隔已近十載。

　　民國八十年代，我國的社會福利發展在政治民主化、民間社會的倡導、新知識的引進，以及國民社會權利意識覺醒等因素的影響下，迎頭趕上，包括新的社會立法的修正與通過，社會福利預算的成長，以及社會福利方案的推陳出新，而有社會福利「黃金十年」之稱。然而當代社會、政治、經濟變化迅速，各工業先進國家均面對二十一世紀新的挑戰，我國亦不例外。面對來自人口老化、家庭功能萎縮、政府財政困難，以及社會價值變遷的挑戰；復加上全球化、後工業化帶來之生產結構丕變、勞動彈性化、經濟低度成長、貧富差距擴大、跨國人口流動，以及失業率攀高等全球風險曝露的升高，調整國家社會政策圖求因應，實已不得不然。但是，因應之道，絕非唯有緊縮社會福利一途，整合資源、調節供需、提升效率、積極回應等都是良方。

　　國家興辦社會福利之目的在於保障國民之基本生存、家庭之和諧穩定、社會之互助團結、人力品質之提升、經濟資本之累積，以及民主政治之穩定，期使國民生活安定、健康、尊嚴。基於憲法保障國民基本人權之精神，因應政治經濟社會變遷的挑戰，吸納工業先進國家的經驗，回應民間社會完善我國社會福利體系的呼聲，遂依以下原則訂定本綱領：

一、人民福祉優先：以人民的需求為導向，針對政治、經濟、社會快速變遷下的人民需求，主動提出因應對策，尤其首要保障弱勢國民的生存權利。

二、包容弱勢國民：國家應積極介入預防與消除國民因年齡、性別、種族、宗教、性傾向、身心狀況、婚姻有無、社經地位、地理環境等差異而可能遭遇的歧視、

剝削、遺棄、虐待、傷害，以及不正義，以避免社會排除；並尊重多元文化差
異，營造友善包容的社會環境。

三、支持多元家庭：各項公共政策之推動應尊重因不同性傾向、種族、婚姻關係、
家庭規模、家庭結構所構成的家庭型態，及價值觀念差異，政府除應支持家庭
發揮生教養衛功能外，並應積極協助弱勢家庭，維護其家庭生活品質。

四、建構健全制度：以社會保險維持人民基本經濟安全，以社會救助維護國民生活
尊嚴，以福利服務提升家庭生活品質，以就業穩定國民之所得安全與社會參與，
以社會住宅免除國民無處棲身之苦，以健康照護維持國民健康與人力品質，再
以社區營造聚合眾人之力，建設美好新故鄉。

五、投資積極福利：以積極的福利替代消極的救濟，以社會投資累積人力資本，以
社會公平與團結促進經濟穩定成長，以經濟成長回饋人民生活品質普遍之提升。

六、中央地方分工：中央與地方應本於夥伴關係推動社會福利，全國一致的方案應
由中央規劃推動；因地制宜之方案由地方政府負責規劃執行。然而，中央政府
應積極介入縮小因城鄉差距所造成的區域不正義。

七、公私夥伴關係：公部門應保障人民基本生存、健康、尊嚴之各項福利；民間能
夠提供之服務，政府應鼓勵民間協力合作，以公私夥伴關係提供完善的服務。

八、落實在地服務：兒童、少年、身心障礙者、老人均以在家庭中受到照顧與保護為
優先原則，機構式的照顧乃是在考量上述人口群的最佳利益之下的補救措施；各
項服務之提供應以在地化、社區化、人性化、切合被服務者之個別需求為原則。

九、整合服務資源：提升社會福利行政組織位階，合併衛生與社會福利主管部門，
並結合勞動、教育、農業、司法、營建、原住民等部門，加強跨部會整合與績
效管理，俾利提供全人、全程、全方位的服務，以及增進資源使用的效率。

參酌國際慣例大抵以社會保險、社會救助、社會服務、醫療保健、就業服務、
社會住宅，以及教育為社會政策之主要內容；復考量我國社會福利政策的歷史傳承
與實施現況，爰以社會保險與津貼、社會救助、福利服務、就業安全、社會住宅與
社區營造、健康與醫療照護等六大項目為本綱領之內涵，依序臚列如次：

一、社會保險與津貼

㈠國家應建構以社會保險為主，社會津貼為輔，社會救助為最後一道防線的社會安
全體系。

㈡社會保險之目的在於保障全體國民免於因年老、疾病、死亡、身心障礙、生育，
以及保障受僱者免於因職業災害、失業、退休，而陷入個人及家庭的經濟危機，
據此，其體系應涵蓋職業災害保險、健康保險、年金保險、就業保險等。

㈢社會保險應兼顧個人與家庭的所得安全，以及社會中各人口群、職業別，及家戶所得組間的所得重分配效果，以減緩所得分配不均的現象。

㈣社會保險之保險費除職業災害保險應由雇主全額負擔外，其餘各種保險之保險費應由被保險人與其雇主依比例分攤，其中被保險人之保險費分攤比例不得高於雇主之分攤比例；若無雇主者，其保費應由本人自行負擔；政府再依公平正義原則對無所得者與低所得者提供保險費之補助。

㈤社會保險的給付應考量適足性，不宜偏低，以免無法維持被保險人及其家庭的經濟安全；給付亦不宜過高，以免保險費負擔過重。

㈥全民普及之社會保險給付水準，不宜因職業、性別、所得因素而有所差異；與所得相關之保險給付，倘若因不同職業別、所得等級間所造成的給付水準、所得替代率、給付條件之差距，政府應積極介入使其差距儘可能縮小。

㈦參與勞動市場就業之國民的退休給付，應以年金化、年資可隨當事人移轉的社會保險原則為優先來設計。

㈧為健全社會保險體系之財務，保險費率、給付水準、支付制度、行政費用等均應翔實評估，並避免浪費。

㈨國民年金制度之設計應足以保障國民因老年、身心障礙，及死亡等事故發生後之基本經濟安全，以及達到國民互助、社會連帶、世代間公平合理的所得重分配為原則。

㈩社會津貼應針對社會保險未涵蓋之給付項目，因國民特殊的需求而設計，非以所得高低作為發放與否的根據。

(十一)政府應明定社會保險、社會津貼、社會救助三者之功能區分，避免發生保障重複、過當、片斷、不公等情事。

二、社會救助

㈠社會救助之設計應以能維持人民在居住所在地區可接受的生計水準為目的。

㈡政府應定期檢討社會救助的請領資格、給付水準，及行政程序，以確保有需要的人口得到適切的救助。

㈢國家應積極協助低收入家庭累積人力資本與資產形成，以利其家庭及早脫貧。

㈣國家應提供低所得家庭多元社會參與管道，豐富其社會資源。

㈤政府應建立失業給付與社會救助體系間的銜接，以紓緩失業者及其家庭之經濟困境。

㈥社會福利提供者應結合社會救助與福利服務體系，以滿足低所得家庭的多元需求。

㈦政府對於人民因重大災難所造成的損害，應施予災害救助，以利人民儘速生活重建。

三、福利服務

㈠國民因年齡、性別、身心狀況、種族、宗教、婚姻、性傾向等社會人口特質而有之健康、照顧、保護、教育、就業、社會參與、發展等需求，政府應結合家庭與民間力量，提供適當的服務，以促進其身心健全發展。

㈡國家應與他國建立互惠協議，以保障因婚姻、工作、學習、旅遊等因素而居住在他國的本國國民之人權。

㈢國家對於因婚姻、工作、學習、旅遊等因素居住於本國之外國人，應提供適當的對待與協助。

㈣國家針對經濟弱勢之兒童、少年、身心障礙者、老人、婦女、原住民、外籍或大陸配偶等民眾的社會服務應有專案協助，以提升生活品質。

㈤各項健康與福利服務之提供應以容易接近、連續性、權責分明、費用負擔得起，以及滿足全人需求為原則規劃之。

㈥政府與社會應協力營造有利於兒童與少年身心健全發展之家庭、學校、社區、及社會環境。當原生家庭不利於兒童與少年的身心健全發展時，政府應保護之，並協助其安置於其他適當之住所，以利其健康成長；不論兒童及少年在自家或家外被養育，其照顧者若有經濟、社會與心理支持之需求時，政府應給予協助。

㈦政府應整合社會福利、衛生、教育等部門，提供兒童早期療育服務。

㈧政府應保障兒童及少年獲得整合之教育與照顧機會，並對處於經濟、文化、區域、族群發展等不利條件下的兒童及少年提供額外之協助。

㈨政府應結合民間部門協助少年擁有建立自尊、培養社區歸屬感、熱愛生命、因應生活壓力、學習獨立自主，及發展潛能等之機會與環境。

㈩政府應積極推動無障礙之社區居住及生活環境。

㈠國家應協助身心障礙者公平接近教育、就業、醫療與福利等服務機會，並使其轉銜無礙。

㈡政府與民間應積極維護老人尊嚴與自主，形塑友善老人的生活環境。

㈢以居家式服務和社區式服務作為照顧老人及身心障礙者的主要方式，再輔以機構式服務；當老人及身心障礙者居住於家內時，政府應結合民間部門支持其家庭照顧者，以維護其生活品質。

㈣為保障兩性工作權之平等，消除性別歧視，促進兩性地位實質平等，國家應積極推動防止性別歧視、性騷擾，以及促進工作平等之措施。

㈤政府應積極推動性別平等教育，以提升婦女社會、經濟、政治地位。

㈥政府應完備保障婦女人身安全之法令，且建構反性別暴力之安全網，確保被害人

人身安全、尊嚴與權益。

㈤配合社會變遷與政府改造，檢討社會福利行政體系，合理調整中央與地方社會福利行政之分工，以及社會福利工作人力之配置。

四、就業安全

㈠政府應加強社政、勞政、教育、原住民行政部門的協調與合作，建立在地化的就業服務體系，強化教育與職業訓練的連結，提升人力資本投資的效益。

㈡政府應整合失業給付、職業訓練與就業服務體系，健全就業與轉業輔導，流通就業資訊管道，促進就業媒合，以利人民參與勞動市場。

㈢因應勞動市場彈性化的趨勢，政府應保障各類勞工之勞動基準。

㈣政府應保障勞工不因種族、語言、思想、宗教、黨派、籍貫、性別、婚姻、容貌、性傾向、身心狀況、以往工會會員身分而有就業歧視。

㈤政府應結合雇主與勞工積極投入職業災害之預防，並提供職業災害勞工復健與職業重建的協助。

㈥政府應保障就業弱勢者如中高齡者、原住民、身心障礙者、低收入者、負擔家計婦女及更生保護人等之就業機會與工作穩定。

㈦針對原住民族各族群之文化特色，政府應推動符合族群特性之職業訓練、就業服務、就業與創業機會的開發。

㈧為促進國民就業，政府積極鼓勵雇主僱用本國勞工，除非為補充本國勞動力之不足，不得引進外籍勞工。

五、社會住宅與社區營造

㈠為保障國民人人有適居之住宅，政府對於低所得家庭、身心障礙者、獨居或與配偶同住之老人、受家庭暴力侵害之婦女及其子女、原住民、災民、遊民等家庭或個人，應提供適合居住之社會住宅，其方式包括以長期低利貸款協助購置自用住宅或自建住宅，或提供房屋津貼補助其向私人承租住宅，或以低於市價提供公共住宅租予居住，以滿足其居住需求。

㈡政府應結合民間力量，以各種優惠方式，鼓勵民間參與興建各類型之社會住宅，作為非營利用途。

㈢政府應於都市計劃中配合劃設社會福利設施用地；政府提供之社會住宅應保留一定坪數作為社會福利或社區活動之用。

㈣政府應補助低所得家庭維修住宅，以維持其所居住社區可接受之居住品質。

㈤政府應保證社會住宅所在之社區有便利之交通、資訊、社會服務等支持系統，以利居民滿足生活各面向之需求。

㈥政府對於因重大災難造成之房屋損害，應有妥善之社區與住宅重建計畫。

㈦各級政府應鼓勵社區居民參與社區發展，活化社區組織，利用在地資源，營造活力自主的公民社會。

㈧政府應整合觀光旅遊、工商業、農漁業、文化產業、環境保護、城鄉發展、古蹟維護、教育、衛生、社會福利等資源推動社區家園永續發展。

㈨政府應結合原住民部落文化與生態特色，推動新部落總體營造工程。

六、健康與醫療照護

㈠政府應以建設健康城鄉為己任，營造有利國民身心健康之生活環境。

㈡政府應積極推動國民保健工作，落實民眾健康行為與健康生活型態管理，預防疾病，促進國民健康。

㈢政府應依據社區之醫療保健需求，整合社區醫療保健資源，全面提升醫療品質，發展優質、安全、可近性之全人的醫療照護體系。

㈣政府應建置以社區防疫為基礎之傳染病防治體系，強化疫病通報與防治工作，並嚴密篩選疫病境外之傳入，以防範傳染疾病之擴散。

㈤政府應建構以社區為基礎的心理衛生服務系統，推動分級預防工作。

㈥政府應增進藥事服務資源的利用，建構一元化之藥物食品管理體系，保障民眾飲食衛生與用藥安全。

㈦政府應建置完善之管制藥品管理，並防治物質濫用，以維護國民健康。

㈧政府應鼓勵醫療產業參與生物科技產業之研發，建立生物醫療科技品質標準，並改善臨床試驗環境，以提升國民健康水準。

㈨政府應結合民間共同促進國際醫療科技交流與合作，以提升本國醫療保健之水準。

資料來源：內政部社會司綜合業務科 http://sowf.moi.gov.tw/18/index.htm

第四章　多重理論的結合
——社會福利服務的知識基礎

　　沒有理論基礎的實務是在混沌之中尋求問題解決；同樣地，不經驗證的理論只是供人討論的學派。雙方要結合運用之後，才可能發揮整體的力量，才能解決和預防問題。社會福利是一門相當應用的學科，甚至可以說是應用的再應用 (the application of applied science)，管理學、社會學、經濟學……等社會科學的知識常被運用到社會福利的分析中。雖然如此，社會福利還不能稱為一門社會福利學，它在運用上還有待整合，在理論的建構上仍有待努力，但這並不表示它沒有理論，而是它在相關理論的取捨之間仍須釐清。持續性的實證發現和實務上的反省都有助於上述目標的達成。本章就社會福利在運作上相關的知識作一介紹。這樣的介紹也許並不窮盡，但這表示社會福利服務知識還有寬廣的空間，有待充實與開展。

　　在社會福利發展的過程中許多行為及社會科學都曾對其發生重要的影響，從中吸取和採借了科學的方法與知識給予福利實務方面一些指引。簡單而言，與社會福利有關的理論可以分成二大層面：基礎理論，例如心理學、發展心理學、生態學、社會學、政治學、經濟學、財政學以及人口學；第二個層面是實務理論，例如政策、計畫設計與評估、組織與行政管理。上述的學科雖然看來相當分歧，但是彼此間有高度相依與互補，畢竟人的行為或是社會結構無法從單一面向去瞭解。因此多重理論取向 (multidisciplinary approach) 應

運而生，以分析與解決複雜的人與社會的問題。從日常生活社會學的分析來看，這種整合的確有必要，才可能對人與制度有整體性的瞭解。下面的例子可以瞭解其複雜性和相關性：某人的身體不舒服，影響到情緒，當他與別人互動的時候產生了嚴重摩擦，被警察帶到拘留所，罰款4,000，他這個月可能就付不起房租，被房東趕了出來，成為無家可歸的人。這個例子雖然看起來有點誇張，但是並不是不可能發生。當事人的行為脈絡不能只從司法的角度來瞭解，同樣地福利制度的設計和服務提供不能只從某一個角度去思維。人的需求是整體的，是要從社會制度、心理認知和生理滿足來看。

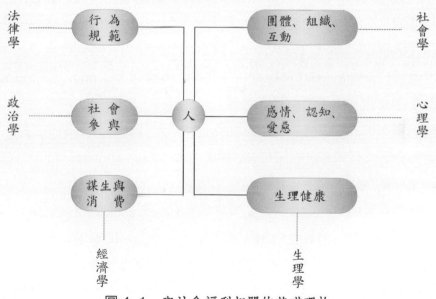

圖4-1 與社會福利相關的基礎理論

社會學大師彼得‧勃格 (Peter Ludwig Berger, 1929-) 曾說「人在社會中，社會在人群中」(man in society, society in man)，指的就是人與社會之間的相互影響。以下是就社會福利相關理論分別加以介紹，其次再

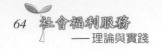

介紹應用的部分。

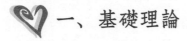

一、基礎理論

㈠與人類發展有關的生理心理暨社會整體觀點

這個理論強調生命週期各階段和後天的社會經驗是不可分的。因此，對社會福利提供二個分析的方向：

1. 人類生態系統觀 (human ecological perspective)

簡單來說，人的生命力來自於有機體，然而不同的發展階段受到心理和社會環境的影響；心理包括了人格特質、認知和情感，社會環境則包括了家人、團體、社區、工作場所……等。生態學的創始者伯芬百納 (Urie Bronfenbrenner, 1917–2005) 認為在生態觀中，環境包含了三個元素：物質背景 (physical settings)、社會背景 (social settings)，和物質與社會背景在文化脈絡下的交錯。物質背景包括如地理環境、自然生物，和媒體、電腦等人造世界；社會背景則是指人際關係、社會網絡。這三種元素都會受文化價值、規範信念、知識等文化脈絡 (cultural context) 的影響。生態觀中所形容的環境，特別強調其中時間與空間的構造，因為時間與空間在人的生活中，可能是資源，也可能是衝突與壓力的來源，而且時間感與空間行為往往受到所屬文化（次文化）的影響，各有特色，故而時間與空間的脈絡有助於瞭解生活事件的真實意義。

每個人在生命週期的不同階段面對不同的危機。如幼兒需被照顧，其危機就可能來自照顧他的人濫用照顧權。成人較主動參與社會，工作和人際關係是其重心，若缺乏工作技巧和失業則會墮入危機。不同生命循環點上的危機需要不同的服務，社會福利學者必須瞭解不同生命流點上的內在和外在資源，以克服不同的危機。

生態觀中強調全方位 (holistic) 和人與環境之間的交流

(transactional) 關係，尤其是人在情境中 (person-in-the-situation) 和當前 (here-and-now) 現實狀況考量的原則。以社會福利發展出來的生態觀模式，主要是圍繞著一個中心觀念：社會福利須在某一種文化或次文化的脈絡中，同時考量個人權利、需求、能力與人生目標，和當時他的社會及物質環境中所有資源的相容性 (fit)。因此，如何建立資源網絡以符合需求者的文化脈絡和能力是相當重要的。

自 1960 年代開始，社會工作的研究者開始質疑社會工作方法中醫療模式的實用性。他們認為環境和個人的內在因素，才是影響案主的重要原因。研究者也證明，心理分析的方法對問題的處理效果並不大。所以，社會工作的改革取向是試圖找出對案主有利的改變因素，針對問題提供實際的解決方法，1960 年代的反貧窮方案可說是此構想的緣起。

過去幾年來，社會工作專業也增加生態取向方法的使用，這樣的處遇具有整合、治療與改革的功能，強調當個人與其社會環境間不協調時，要解決問題必須先瞭解個人與環境的變化。所以，生態模式的觀點兼具人們的內在與外在因素，它觀察個人時，不只注意人在環境中外在的發展，也注重內在動態狀況的發展。所以，要處理或改善人們及其環境的狀況，就必須注意它們兩者之間的特性，「人在環境之中」的概念即是由此種思考發展出來。根據這樣的觀念，社會工作著重的方向也有以下改變：

⑴社會工作著重在個人與其各個系統間的互動關係，以及與解決個人問題相關連的需求、資源、服務或機會。

⑵社會工作者將人置於環境（系統）中，做整體的考量，並於其中幫助他們尋找符合其個人需求的方法。

這樣的概念認為人們是多面向的，他們的情緒、行為、認知和社會心理的過程都與其環境相互關連。它考慮了個人較完整的各個層面，包括個人與其家庭的生命週期、組織連結的狀況、社區經驗……方面。所以案主本身與環境都是影響個人情況的主要因素。凡此種種，與社會工

作以往所採用的直線形式的問題解決方式大不相同。

2.發展危機與心理分析觀

艾利克生 (Erik Homburger Erikson, 1902–1994) 在《人類行為與社會環境》書中提及的八個發展階段的危機與轉機，對於人類的行為面和心理面有相當的貢獻。從嬰兒時期的基本信賴與不信賴的衝突，到最後階段的統整和失望是每一個人生命過程中都要經歷的掙扎與成長。以下就針對每一個部分稍加以介紹。嬰兒最初所表現的社會信賴是餵食、沈睡、對外界養育方法逐漸接受的能力給了他經驗而幫助他平衡出生時所造成的不適。這種信賴感的一致性、連續性，給了他初步的自我認同，而這些又與外界熟識的人和能推知的人與物息息相關。信賴不只是指一個學

圖 4-2　艾利克生 (Erik Homburger Erikson, 1902–1994)，德國發展心理學家、心理分析學者，以其心理社會發展理論著稱。圖為艾利克生及其妻子。

會了依賴外界相同的餵養者和餵養的連續現象，而且也指相信自己和自己各器官應變的能力，他能信任他自己。

隨著嬰兒慢慢的成長，進入幼兒期之後，他有了更多行動的能力。例如走路、自己吃飯、穿衣、控制大小便……等，需要配合肌肉和知覺的動作。也就進入「自律和羞怯」，自律指的是他能不能達到此行為標準。沒有達到而被責難時的羞怯感對幼兒而言是記憶深刻的。因此，在這個階段就已決定了下一個階段兒童期所接受的愛與恨，合作和意願，自由與自我表現，以及壓制的多寡的比例。有了自制感而不失自尊，就會產

生恆久的善意和自尊感；如果缺少自制而又有外界過度管制，便會造成害羞的習性。在兒童前期的階段裡有一種努力求發展的動力和希望，這就是自發感和自動本質。然而當中多少都有著摸索和恐懼，因此兒童前期行為是「自律和罪惡感的衝擊期」。他的罪惡感來自於忌妒、憤怒和競爭。按照心理學分析，嬰兒期的忌妒和競爭，常常做出一些努力，想將他的地位明確的劃分出來。如果是挫敗，他便會棄權、有罪惡感，而且不安。在智慧的發展中，沒有任何時期會比此段時期更能迅速而活潑的學習，更能認識如何分擔義務和作業。然而也開始感受到與社會環境如學校、同儕互動之下的挫折和罪惡，兒童後期發展上的衝突場景仍與學習有關，是介於「勤勞與自卑之間」，此時必須拋棄過去的願望，而豐富的想像亦必會受到外在規定的限制和破壞。

從經驗中兒童知道，如果待在家庭的溫室裏對於未來是無濟於事的，因此他開始學習一些技術和工作了，這些都絕非以往所表現出來的生活形式能得到的樂趣。他產生了一種勤勉的意識，以為了能適應於工具世界的法則。他的目標是完成他人或自己的期待，這些目標已逐漸代替了遊戲的短暫樂趣和願望，這階段最大的危機在欠缺感和自卑感。假如他對自己的工具、技能，或在玩伴中的地位感到失望，他很可能沒有勇氣在他的玩伴中和工具世界裏做自我的認同。他在同伴中失去了「勤奮」共事的希望，會將他帶回孤獨的、沒有工具意識的戀母階段的家庭競爭中，兒童在玩具世界中操作的失望，使他認為自己平庸無能。基於這一點，外界社會使兒童瞭解他的技能和經濟原則的重要角色，是很有意義的。

隨著兒童期的結束，另一個衝突在青春期的階段慢慢展開，即「認同與角色混亂之間」，正在生長和發展中的青少年，面對著體內的生理劇變，最令他們關心的自然是比較別人對他們的看法和他們自己對自己的看法，以及如何使以往所培養的技能和角色符合眼前的需要。他們在追求自我與社會需求一致感時，已經逐漸建立了偶像和理想，作為認同的

先導。這段時期發展的自我認同與童年相較之下，更具有統整性。然而自我認同成功與否不僅與發自天生的態度有關，更與社會角色中提供的機會有關，因此對於大部分的青少年而言，都是個挑戰，這階段的危機是無法找到認同的目標而產生的角色混亂，一個青少年確實渴望他們尊敬的長輩和社會能肯定他們，然而並不是每一位少年都有這樣的能力，因此，部分少年會形成他們自己的集團，彼此認同相互幫忙，有些團體的規範和守則與社會價值觀背道而馳，但是卻提供青少年一個「安身立命」的認同感，就發展心理學而言，這是相當重要的功能。

在尋求認同中成長的青少年逐漸進入成人前期，但他會希望他的認同和別人融在一起，這時便有了親密行為的準備，也就是說，他有能力投身於一種具體的相屬關係和參與關係裏，而置身其中，發展出一種力量，雖然這要付出相當大的妥協。為了恐懼自我的流失而避開這類經驗，到後來就會造成甚深的隔離 (isolation) 感和自我沈迷 (self-absorption) 的現象。

親密的相對是保持距離，疏離危及自身的人，和超越欲侵及自身的親密關係中的人。這階段的危險是會經歷到親密、競爭、對抗、矛盾等各種關係的兩面，為避免這種不快樂的經驗造成抗拒親密關係的接觸導致於永遠的隔離。

中年期對大部分的人而言面臨到的困境是在創造與停滯之間。創造本身是一種孕育和生產的過程，可以用來解釋對子女和工作上。當這種充實力失敗時，就會退縮到一種停滯的無助感，然後便開始沈迷於想像，和自我關懷。經歷完上述七個階段，將要面臨最後一個「自我統整與失望」之間的危機，前者是一種心理狀態。將一個人的生命歷程當作必然而絕對無法取代的歷程。回顧過去的生命，在不同時間與追求的不同事物中表現出有規律的協調性，雖然他認識了各種生活方式的相對性，但是能夠統整生命的人還是有能力保衛自己的生活方式，抵制威脅。因為他明白一個人的生活僅是整個歷史的一個外來部分，有了這種認識，死

亡便不再是痛苦和令人畏懼的了，自我統整的反面，是來自對死亡的恐懼：僅只一次的生命過程並不被當作生命的終點。絕望是感覺到時間太短，短到無法再重新開始另一種生活，恐慌中隱藏著絕望。

在介紹完艾利克生人生發展不同階段可能面臨的危機與成長之後，相信對於人類行為、心理狀況和社會環境三者之間的相互影響有更進一步的體會。雖然上述的介紹在篇幅上占了不少，但是就一個學社會福利的人而言這種知識是最基本的，而且是必備的。

(二)社會學理論中的社會化、角色與階級

人活在不同的團體中，學習團體的文化及規範，以受到別人的認可立足於團體中。個人在團體中有其角色，例如一位女性在家中的角色是母親，在學校的角色是老師，在基督教婦女會 (Young Women's Christian Association, YWCA) 中的角色是義工，在她兒子的母姊會中角色是家長；由上述可知社會中的工作必在社會既定（規範的）方式中被完成。這些工作分類成各種位置，如母親這樣的位置，每一位置有其合宜的行為，被期望要做的，這是規範。這些被期望的行為構成角色行為和位置的關係，角色即由環繞既定位置的規範構成，位置和角色使社會能在一規範方式 (normative ways) 中發揮其功能。

因位置和角色的存在使社會能以一有效的和有秩序的形式 (fashion) 實現其功能，而這些角色和位置常隨社會需求的變遷而改變，它是具有彈性的，而且是相互影響的。例如今日女人角色期望與以往相差甚遠，且無可避免會影響到相關位置──如丈夫、兒子等的角色，但是當社會變遷快速的時候，規範、位置和角色三者之間會產生一些問題，例如舊角色行為不再合於新的角色內容，但是社會來不及定義新角色意義、角色定義不清楚、以及角色衝突的問題。上述問題是社會福利與社會工作常需面對處理的。一般而言有兩種方法，其一是改變其角色定義或脫離那角色，其二是藉著社會福利體系制度化方式去面對角色問題，例如增

加和補充社會化內容，試著緩和不合宜的社會化問題的衝突。

另一與角色、位置息息相關的理論是社會階層，所謂的階層指的就是位置上的高低。不同的位置將有不同的權力和影響力。位置的安排有二個方法：

⑴與生俱來的地位：不考慮個人能力，個人生活機會決定於出生或性別。

⑵成就地位根據能力安插位置：社會位置和生活模式可由努力而改變。

雖然有這兩種不同的安排方法，但是成就地位仍受到與生俱來地位的影響，例如大部分女性成就地位較不如男性，有一部分原因是社會結構中對於女性這樣一個與生俱來地位上的差別對待所致。

不管位置如何安排，每一社會都有一級別系統 (ranking system) 來定義某些人較他人能有更多資源，從好的一方面說這樣的高低之分激勵人們追尋能獲更多報酬的位置，但是當這些差別明顯地對某些群體不利的時候，也可能破壞社會秩序。

社會福利常被視為企圖平等化社會中的競爭機會，幫助那些競爭力較弱的人。因此，社會福利要幫助的對象往往是不能或不為的人。透過福利服務給予不能者足夠的技能，給予不為者新的動機與生命。然而若只靠社會福利服務是不夠的，因為一些不平等形成一「制度化的不平等」(institutional inequality)，如貧窮家庭出生者，因營養不良影響身體和智慧發展，學校表現不好，成人就業市場失利……惡性循環，導致偏差行為，因此，還必須從制度上著手。種族主義 (racism)、性別主義 (sexism) 和年齡主義 (ageism) ……這些主義都是一種制度化的歧視，也就是所謂的結構性不平等，而社會福利被當作一種制度以對抗這些不平等。因此，學社會福利的人不能只有從個人面出發的微觀知識，更應有從社會結構面瞭解、分析的能力。以貧窮為例，社會福利者不僅從個人面去加強其就業技能和動機，更重要的是保障其就業安全和最低工資，在筆者所著的《社工員在社會救助業務中應有的責任與專業知能》一書中曾提及「貧窮不僅與失業有關，同時亦與其就業的工資高低有關」。雖然透過兒童照

顧、醫療保健等服務措施可以增加勞力的參與，但若缺乏足夠之工作數量及適當的最低基本工資的配合，亦無法藉由就業輔導的途徑有效地消滅貧窮。

由上述分析已明顯的指出社會福利者對於社會結構分析和倡導辯護角色功能的重要。因此，消除就業歧視，提高最低工資就成了結構上重要的策略。以上都是福利學者透過社會學的訓練對於鉅視面的關懷。

㈢人口學研究對社會福利政策的影響

人口學研究所有影響人口數量、分佈、變遷過程、結構或特徵以及受上述因素影響的學問。它的重要性在過去福利發展的過程中被忽略，直到二十世紀中期以後，工業國家面臨人口老化和出生率下降……等人口現象，直接影響到福利財源和分配的問題，才開始重視人口推估。其實早期社會學家如涂爾幹曾發表過他對社會分工與人口密度之間的關係探討，涂爾幹主張「分工程度與社會的大小和密度成正比，如果該社會在社會演化過程上繼續進步，那是因為社會變得夠稠密和人口更多之故」(1933: 262)。涂爾幹更進一步解釋人口成長導致社會更加專業化的原因，是因為人口的增加，將導致生存的競爭更加劇烈。

為了強化每個人生存競爭的優勢，必須具有專長。涂爾幹的論點認為人口成長導致專業化是來自達爾文的進化論，而達爾文的觀點則來自馬爾薩斯學說的啟示。除了人口數量和密度之外，人口特徵、性別和年齡結構都是社會與經濟生活的重要線索，不僅影響生育率、勞動力，更間接影響依賴人口比率。簡單來講，人口特徵指的是性別、種族或民族，這些特徵影響到人生的際遇，也間接的影響到人口結構。以美國社會為例，黑人與西班牙裔比其他人受的教育低，這也許因為他們在美國的相對社會與經濟地位不利之故。另一方面，亞裔趨向具有較高教育水平，也許可有助於解釋為什麼他們所得較高（以及高預期壽命）。同時，婦女的所得已提高，勞動力參與，職業地位與男性相比，也相對提高，這與

生育率下降相關。同時，女性的經濟獨立提高，已使她們避免許多不愉快的婚姻所帶來的痛苦，因此，離婚率於 1970 年代上升很多。

　　人口學者對於生育率的變化一直有相當的關切，生育率的變化對一個社會年齡結構的變化造成最大的影響，生育率下降使人口老化，正如同其上升使人口年輕。生育率上升使男性人口數量多於女性，因為通常出生的男嬰多於女嬰。近年來，婦女地位的改變受到生育率下降與都市化的影響非常大，而人口變化與婦女地位是家庭變遷的主要因素，婦女的經濟獨立與經濟壓力再結合其他的社會變遷，如性開放，對家庭較少的社會控制，晚婚、同居數量的增加、離婚率的提高，以及家庭成員數量的減少等，對於家庭制度的衝擊不可謂不小。上述的分析可以由下頁圖 4-3 瞭解人口學與其他社會現象彼此之間的關係。

　　現階段大部分已開發國家都面臨同樣一個困境：在死亡率逐年下降的情況下，人口老化的問題。社會上的變遷尤其與年齡層有關，在現代化工業社會中已將老人貶到較低的地位。地位下降似乎是綜合了以下原因所致：經濟科技——導致老人技藝衰退；都市化——分開上下兩代的住宅區以及加強代際間因科技上升所帶來的倒轉地位；以及教育的提倡——子女比父母教育程度高。

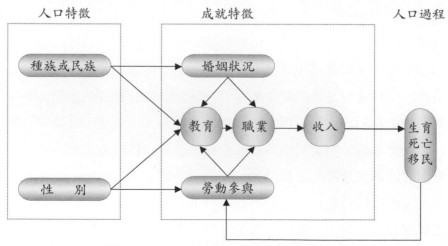

圖 4-3　以人口學分析社會現象關係圖

　　按照陳寬政教授的分析，臺灣地區的現階段人口變遷已經是轉型末期的變遷。於日據初期 1895 至 1920 年間，當時人口的粗出生率及死亡率均在 40‰ 的水準上下盤桓，其後人口死亡率自 1920 年，而出生率自 1951 年先後大幅下跌，到 1992 年時出生率為 15.53‰，而死亡率為 5.34‰（合自然成長率為 10.2‰）的水準。人口轉型的特徵是死亡率先行下跌，而出生率隨後下跌，兩者出入造成人口量的大幅成長，人口的年齡結構仍有劇烈的變化。於轉型初期，由於死亡率下跌主要發生在嬰幼兒死亡率的部分，人口的年齡結構在幼兒部分加重，造成人口幼年化與少子化的現象。以 2003 年臺灣的生育率為例，僅次於香港，成為全世界第二低的地區。轉型末期因生育率大幅下降（等於自然成長率下跌），使得嬰幼兒人數持續減少，而死亡率下跌則漸及老年部分，人口的年齡結構在老年部分加重，產生人口老化的現象。這樣的改變不僅對家庭結構產生影響，更對社會安全制度中的年金與健康保險……等政策產生衝擊。

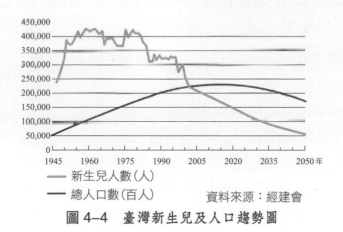

圖 4-4　臺灣新生兒及人口趨勢圖

　　死亡率和出生率的下降，對家庭可能導致下列的變遷：

⑴由於孩童存活的展望提高，使父母較願意在孩子身上作感情與其他方面的付出，強化親子間情感的結合。

⑵ 20–50 歲成年人死亡率的降低，減少孩子成為孤兒的比例。

⑶死亡率的降低使得婚姻不因配偶死亡而中斷的年數增加。

⑷生存率的提高延長了家庭「空巢期」(empty nest) 的時間。

⑸死亡率的降低也造成依賴中年子女生活的老人數量增加。

　　另一個伴隨人口老化的議題是老年人口的特徵是性別比例不平衡，因為男性死亡率高，也就是婦女年紀大時成為寡婦之可能性增加，獨居可能性也增加。年老同時使所得下降很多，尤其當鼓勵或強迫老人退出勞動市場時，少數民族的老人面對雙重阻力，因為他們年輕時沒有受高等教育以及高薪職業的公平機會，這些都是老人福利政策制定時的考慮重點。

❤ 二、實務理論

　　社會工作的慈善緣起，一直將社會工作帶往一個熱心、愛心的善行義舉的情感性行為，將它視為是一種不計成本，只求付出的奉獻。這種似是而非的看法阻礙社工以科學、理性的角度思維以下的問題：這樣是否有效的解決了原本的問題？有效到什麼程度？有沒有其他更好的替代性方案？受到管理學……其他學科的影響和挑戰，社會工作開始將管理的概念運用到實務過程當中，其中最受到影響的兩個概念就是計畫與評估。

　　社會福利計畫和評估概念與方法的發展乃是基於下列事實：其一是現代社會的「社會福利工作」已經不同於傳統慈善性質的社會福利事業；其二則係鑑於社會問題性質之複雜、人類福利需求的改變、以及社會福利資源的限制，新近社會福利工作專業逐漸採取計畫和評估的概念和方法；一方面藉此滿足人類需求，另一方面則期達成有限社會福利資源最有效分配，並避免浪費。

　　以目前國內的社會福利機構而言，普遍存在下列的困境：

⑴機構宗旨、目標模糊不清；

⑵影響機構發展的壓力團體有不同的價值觀和期望；

⑶機構大多著重提供服務的內容 (provide what)，而忽略了內容與目標的一致性；

⑷機構的服務效能難以測量。

　　這些問題導致絕大多數社會服務機構未能有效地滿足服務消費者之需要，解決問題。這些問題之產生均由於機構不注重有效的策略所導致。這種忽視不僅存在社福機構，普遍更存在社會工作教育、行政界。相較之下，國內對於計畫的訓練（不論是計畫書的撰寫或是社區問題或需求的鎖定）遠不及社工專業中其他技巧的訓練。這種疏漏造成了各種福利政策無法經由相關機構有效執行。具體來說，每年中央編列了上億的經費，輔助或獎勵地方推展各項福利服務。但是地方的行政人員或機構內的工作人員缺乏創新計畫的訓練，不僅無法掌握社區內隨著社會變遷步調而改變的最迫切的福利需求，更不知如何由社會民眾反映出來的需求 (expressed need) 擬定有效計畫解決社區問題。這些困境可透過「有效的計畫」(effective planning) 而解決或至少可將這些問題的嚴重性減至可控制的範圍。

　　一般而言，福利服務機構出現問題必與其缺乏有效的管理有關。一位能幹和有效的行政管理者，除了必須瞭解外來的壓力和「刺激」(stimuli)，懂得善用所擁有的資源和制訂各種可行的方案以達至機構目標外，還必須證明他具有預測、推斷、深思熟慮和應變的能力，才能保證機構之正常運作和滿足服務對象之需要。因此，不論就福利政策的執行，社區問題的解決，或是向相關單位申請支援的說服力上來看，計畫與評估和管理的訓練應該有階段性的，有系統的逐步實施。

　　就社會工作整體性來看，計畫與評估和管理的訓練可以稱得上是中距理論，上承社會政策鉅視面，下接個案團體微視面。任何一個政策都必須透過公部門 (public sector) 或私部門 (private sector) 的計畫運作才可以轉換為助人的方案或直接服務；前者如政府行政體系，後者如私人（或

稱民間）社會福利機構。

以下就「老人福利法」為例，說明計畫、評估與管理在社會福利領域中的重要性。

理論上而言，「計畫」(planning) 是管理七種主要功能之一（其他六種分別是：預算、組織、發展、監督、評估與諮詢），主要是蒐集過去和現在有關服務和社區需要的資料，預計未來的發展，設計和推行最有效及可行的行動計畫，以達至機構的宗旨與目標。至於評估，在目前強調效率、管理的社會福利環境中就更顯重要。簡單而言，評估主要是「交代」(accountability) 和「控制」(control)。評估是一個過程，以區別哪些是「正面的」(positive) 和「負面的」(negative)、「較好的」和「較劣的」、「正在改善」和「惡化中」(deteriorating) ……等。基本上，評估主要關注三類事件：

⑴ 「道德性」(morality)： 主要回答兩個問題：「服務提供者是否正在從事正確的工作？」(Are we doing the right thing?) 和「希望藉此達至什麼目的？」

⑵ 「效能」(effectiveness)：「效能」主要是提出這個問題：「目標是部分地、絕大部分、抑或是完全未有達至？」

⑶ 「效率」(efficiency)：「效率」主要是質疑既定的目標達至之程度，由多少的資源所達成。「效率」主要是測量「活動」(activities) 和「投入」(inputs) 之比率，亦即是進行「效率」的評估。

唯有透過計畫、評估與管理的程序，才可能將社會福利帶往科學、實證的走向，同時也才可能提升社會工作的專業水準。

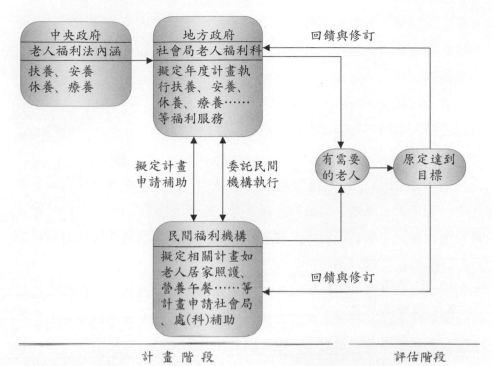

計畫階段　　　　　　　　　　　　評估階段

圖 4–5　老人福利法的計畫、評估與管理程序圖

三、多重理論的實現——團隊工作的概念與運用

團隊工作 (team work) 的概念運用在企業界、醫療界已有久遠的經驗，然而，運用在社會福利界卻開始得相當晚。但是，其本質和模式都有相通之處。在歌林 (Anne K. Golin) 和杜凱尼斯 (Alex J. Ducanis, 1931–1995) 所著《跨專業團隊合作》(*The Interdisciplinary Team*) 一書中，提到專業間團隊合作的三大要件及特徵，分述於下：

(一)組成成員與溝通

(1)兩人以上跨專業的結合：例如老師、諮商員、心理醫師、社工員……

等等。當然，越多的組成人員溝通、聯繫上越感困難。

(2)在團隊工作中的成員，可以包括半專業 (paraprofession) 與非專業人員。例如小孩的保母，甚至父母。

(3)團隊間的溝通可以直接與間接的方式進行，團體定期或不定期聚會，甚至有些透過電話、報告和書信溝通。直接或間接本身不是重點，重點在有效地溝通。

圖 4-6　團隊工作的默契來自於良好、有效的溝通。

(4)團隊有一位召集人或總負責人，缺乏負責人的團體說不上是團隊，只是個聚集而已。一般人誤以為強調民主，沒有科層要求的團隊工作不需要團隊領導者。事實上，越是跨專業性的團隊，越是需要一個作風民主的領導者。

(二)團隊功能的發揮

(1)一個團隊的功能必須發揮於機構與機構之間 (between) 以及機構內部 (within)；它不僅是機構間的支援與互補，更是機構內發展與學習的機會。

(2)參與者角色界定是按照其專業擅長的部分，對於團隊的最大貢獻，應該是相當明確。

(3)團隊成員間的共同合作，整體性服務的提供是團隊工作的模式最大的特點。

(4)不同專業間運作模式應有明確的作業流程與工作指標，專業間的運作方式不同，但目標與結果是相同的。

(三)團隊工作的任務取向

(1)團隊工作本身是任務取向而非機構取向。

(2)團隊工作的主要對象是經由專業間共同的認定。以早期療育為例，應
　包括什麼樣的類別是經由討論後的共識。

　　上述三點是團隊工作的基本特質，以下舉一個運用到學齡前兒童早
期療育團隊合作的模式：

1.專業成員的組成

　　教育人員、物理治療師、職能治療師、社工員、心理諮商、醫療、
護理人員，以及其他專科醫師與治療師，例如語言、聽力……等。

2.兒童類型

　　哪些兒童是團隊工作的主要服務對象 (target person) 是必須要確定
的。此外，處理這些兒童的哪一部分問題 (target behavior) 都要一併考慮。

3.團隊小組所在的機構情境 (context)

　　團隊的運作受到機構行政組織、籌措溝通管道的影響，組織上該作
什麼樣的調整，以適應團隊工作的運作，是很重要的關鍵。

4.目標設立

　　團隊的整體目標必須與個別專業目標之間取得一致，否則會降低團
隊的有效性。

5.活動設計

　　依早期療育的流程來看，各專業在從診斷到安置的過程中應有主負
責與配合的活動，以達到各階段的目標。

6.結果與修正 (outcome and feedback)

　　基本上，結果有兩部分。一個結果是指團隊工作是否有效的發揮，
另一項結果是指兒童是否有成長與進步。這樣的檢視是作為進一步修正
團隊工作的主要依據。

思索

　　社會工作一直被質疑是藝術還是科學；民國 67 年我念臺大社會
系社工組，教社會工作概論的老師自問自答說：「它是一門科學也是

一門藝術」。民國 75 年去美國念書，這個問題碰到了社會工作大師弗來耐克斯 (Dr. Flexnes) 變得更複雜起來。弗來耐克斯提出三個本質性的問題，到現在還耐人尋味：

⑴社會工作解決了什麼問題？

⑵處遇的效果何在？

⑶核心理論是什麼？

　　這樣的批評將社會工作帶往一條強調評估、計畫、追求科學的路，重點是以證據為基礎 (evidence-based)。也因此，美國社會工作在 1980–1990 年代可以說是以評估為出發的自我反省再學習，直到 1990 年代以後主體論述質性研究的呼聲再度興起受到肯定，才又將社會工作拉往另一個典範。這篇文章的主軸是為社會工作這個專業在專業位置上下個錨，希望在科學和藝術之間找到第三條路。於是一個新的概念借用人種誌學學者羅薩德 (Renato Rosaldo, 1993) 和文化歷史學家傑克森 (Michael D. Jackson, 1940–) (2000) 的用語：「這個專業本來就介於藝術和科學之間，其屬性就是邊陲地帶 (borderlands) 的第三條路。」

　　在社會工作中本體上的混淆不僅於藝術或科學的辯論，與其平行的還包括：女性／男性，主體／客體，感性／理性、可以傳授，教育／特質不可教導。基本上這些都是互補的，缺一不可，然而在文化所賦予的價值中，似乎有高低，也同此，在社會工作專業化的過程中刻意追求之所在彰顯和稱讚的，隱埋另一種的必要性。甚至當「藝術」作為社會工作專業的定位時，「責信」(accountability) 的議題馬上會被提出以質疑其專業的合理性。但是不可否認的，在社會工作教育過程中強調技巧、方法，著重個人的感受和行動，相較之下，思考與分析是被忽略的訓練內容。嚴格來說，就是社會工作

本體論來看仍然有許多不可知的地帶 (indeterminate zone)。例如：未來社會的不確定性、複雜性、獨特性和矛盾衝突。這個地帶有賴實務累積，使新的知識得以擴張。

　　史恩 (Donald Alan Schön, 1930–1997) (1995) 特別提出藝術的科學以及其他上述二分法之間轉換性 (interchange) 的必要，也就是當社會工作追尋量化的價值結果時也必須承認有些成效或結果是可以由其他方式呈現，也就是社會工作的雙重認同：科學與藝術。至於本篇文章的另一個關鍵概念是 improvisation，這個字源出於劇院的即興表演；當作者提出的社會工作專業的雙重認同之後，接下來就是社會工作如何形成 (formed) 它對社會工作的認定，經過領悟之後再修正 (re-formed) 以及展現 (performance) 在別人面前。即席演出或創作的基本概念是：人類創造力的無限潛能，以及肯定任何新的可能性。好的即興演出是每一個參與的人都將成員共同參與的可能性發揮到最大，它絕不是搞笑而是以開懷的心情與團隊成員面對每一個轉折和改變，強調現在的現實感 (the moment of reality)，接受不同的建議讓彼此的參與往前再邁進。因此，參與、接受與前進 (attending, accepting and advancing) 就成了很重要的三個推力。同樣的，社會工作專業位置由現在立足點開始（不論是採借哪一門學科都不重要），接受可能的挑戰和轉變，超越原本的限制，至於是專業還是半專業的辯論本身就沒有太大的意義了。畢竟半專業或正在發展中的專業本身並不是件壞事。

社會工作

在尋求肯定的過程中

如果與根脫離

如果忽略了多元且豐富的精神

將會在僵硬的專業主義窠臼中失去

它原本的靈魂

Stephen Nachmanovitch (1990)

第二篇　策略篇：

方法與目的之間的抉擇

方法並不保證目的的合理性，目的也並不保證方法的適當性。
(Means cannot justify the goal, and the goal cannot justify means, either.)

　　一個政策或計畫，即使目的正確，並不能保證策略運用一定適當；同樣的，即使策略運用成功也無法保證目的一定合理。一個同時具備合理的目的、適當的方法的政策或計畫並不多。主要的原因是政策規劃者想的是目標，實務工作者考慮的是執行策略。目標是規範性、理想性和前瞻性；而策略是技術面和現實面。政策制定得再完整，策略面如果技術犯規或根本沒做，一切的努力也是白費。所謂技術犯規是方法不對。例如中央希望各縣市政府配合聯合國國際家庭年辦理模範夫妻選拔，某縣政府苦等無人報名，於是邀請民間團體理事長、董事長夫婦前來接受表揚。荒謬的是其中不乏一些曾經鬧過緋聞案的主角，也上臺接受模範夫妻楷模的銀盾！配合國際家庭年有多種作法，有沒有必要辦理模範夫妻選拔都已值得商榷，更何況「選拔」出來的結果是歌功頌德式的理事長先生夫人更令人啼笑皆非。目標是對的，策略方法完全走了樣。

　　民國 94 年開始，內政部社區關懷據點正如火如荼的展開，各鄉鎮縣市紛紛設立，一個縣多則上百個據點，原本用意不外乎活化閒置空間、結合社區照顧、推展志願服務，這三個目的都值得肯定。但是到了第一線承辦的協會、社團或基金會是如何解讀？如何結合資源設計活動？還是把關懷點當成另一個綁樁的策略？就無從得知了。

　　社會福利在實務運作上最常思考的不外乎「由誰來提供？」「提供給誰？」「提供些什麼？」「怎麼提供出去？」以及「錢從哪裡來？」這五個問題。每一個問題的背後隱含著許多價值判斷與抉擇，例如：如果完全由企業雇主負責員工的托育需求，那麼沒有工作的人或是無力負擔員工福利的中、小企業怎麼辦？若是只鎖定有雇主的員工才能享有福利，那麼失業的人或自雇、自營小本生意的人的福利由誰來照顧？又萬一雇主經營不善倒閉了，政府該怎樣照顧這群被解雇的員工？這些疑問都是抉擇上的考量，任何一個決定一定有「顧此失彼」的兩難，重點是先釐清價

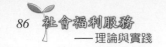

值觀，再確立有所為有所不為的指標。否則率性地、直覺式的抉擇對於
個人和社會都是傷害，對於問題的解決更沒有助益。

　　希望經由上述抉擇上的分析，幫助實務工作者回答：「我這樣做對
嗎?」類似的疑問。選擇之下必有所謂的受益者和犧牲者，但是長遠來看
意義不大。重要的是要清楚選擇的理由和標準是否適當? 合理? 否則也
只是紙上談兵而已。

第五章　福利服務的提供者

　　早期人與人的互助源於家人、鄉親，直到現在還有所謂的「行館」或「會館」，就是當時遠離家鄉到異地謀生的商人發跡之後為後人建的落腳之處，「華僑會館」就是一例。中國人常說：「人不親土親」，就是這個道理。隨著互助的制度化，政府逐漸擴大「管教養衛」的職責，負擔起從搖籃到墳墓的福利國家角色，理論上而言，這並不意味著政府成為福利唯一的提供者。遺憾的是，老百姓逐漸養成了將福利與政府之間畫上等號，「福利沒有做好是政府的責任」，「需求沒有得到滿足是政府沒有盡到照顧之責」，頓時之間，政府成了過街的老鼠，人人喊打。繼福利國家危機之後，部分學者又提出另一個重要的課題：除了政府介入外，是否還有其他替代的選擇？福利制度過度擴張是否會影響其他制度的運作？個人、家庭、社區、宗教團體、企業界，又應該在福利提供者中扮演什麼角色？這些問題引起各方的重視。

　　本章就以這樣反省的角度出發，重新探討多元化福利服務提供這個主題。

♥ 一、個人本身的自立自足是最基本的福利提供者

　　許多教科書中都提到再分配是福利政策的基本主張。一提到再分配就想到人與人之間，例如所得稅。但是事實上，再分配最基本的一種形式是個人一生的再分配，強調的是內在 (within) 而不是人與人之間 (between)。說得白話一點也就是自給自足。年輕還沒有成家的時候多儲蓄，等到子女相繼出世花費大於支出就挪用以前的存款，子女長大後各自成家，對於他們的父母親而言，進入第二階段儲蓄，這個儲蓄是為了日後的養老和長期照顧的花費做預先的準備。上述的過程就是所謂的未雨綢繆，可由圖 5-1 說明清楚。

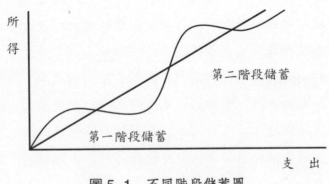

圖 5-1　不同階段儲蓄圖

　　其實自立自助是每個人生活在社會上藉以達成自足的主要方式，就資本主義社會而言，個人自足是重要的價值觀 (Goodin, 2001)。如果個人將自足視為己身的責任，則必然對人生週期當中所可能發生的各種事故盡可能的予以預防。在經濟安全方面，個人可以透過就業或從事生產以獲得資源來滿足基本生活，並可藉由儲蓄或參加私人年金保險等方式，對於可能影響經濟安全的事故予以準備。在醫療保健方面，個人可以透過正確的生活方式與適度的運動，以維持生理心理健康，並可選擇參加

私人健康保險方案以備罹病時獲得醫療的保障。此外，個人責任的培養可以增進自助的動機，使每個人均能獨立，不致成為社會上依賴的人，因而減輕社會的負擔。史賓塞即曾指出「每個人的生存不應該依賴或侵害他人」。自給自足、自力更生是個人道德與責任的問題，可以要求每個國民都有這樣的美德，但是並不一定都有這樣的能力。對於某些人而言無法自給自足不是「不為」而是「不能」。

　　社會上有部分人口未能自立。此處所謂自立係個人有為自己謀求福祉的能力。在社會上有許多人群，如兒童、青少年、老年人、殘障者或精神病患者等，因處於人生週期當中的依賴期，或是由於生理或心理障礙，無法有能力謀求自足。即使上述人口家中仍有其他的主要生計者，生計者也會因為他們的特殊需求有額外的花費而入不敷出。此外有些人儲蓄的能力較差也是無法達到未雨綢繆的目的，例如一個人有工作能力，但卻未能獲得就業的機會，無法達成自足，或是技能不足、基本工資太低……等。若個人工作的所得尚不足以擔負其消費支出，亦即沒有剩餘存在，則亦不可能藉由儲蓄或參加私人保險為未來可能發生的事故作準備。縱然個人有能力及資源來做儲備，另一個可能的狀況是意外事故或突發狀況發生在充分準備之前。換言之，資源的準備若尚未完成或數量不足，則亦無法達到自足的目的。即使上述的前提都達到了，個人儲備的資產必須能保持價值，其所涉及的課題乃是有關資源的運用與管理。另外還有一個可能性是，如果個人的儲備未能反映物價的變動，亦即未能隨物價指數而調整，則儲備資源的價值就會相對減低，因而限制了未來自足的能力。常聽老一輩的人談：放在銀行的錢最後連塊肥皂都買不到，就是這種可能性。另外一種情形是投資或管理的不當，有些長輩領了四、五十萬的退休金，做了不當的投資血本無歸，最後只好領救濟金過日子，就是此例。基於此，個人自足的基礎確有脆弱的層面，過度的強調自足可能會使得社會中的個人傾向於以私利為中心，捨棄了人際間之關懷和互助需要，對於那不能者更為不公平，因此其他層面的介入實屬必要。

♥ 二、家庭是最重要的福利提供者

除了個人本身之外，家庭是福利供給最基本也是最重要的來源。家庭支持係成員之間基於血緣與情感而產生的資源轉移，主要包括實質支持 (instrumental support) 與情緒支持 (emotional support)。所謂實質支持係指金錢與實物等方面的幫助，而情緒支持則是指情感與

圖 5-2　家庭能提供情感與照顧的慰藉。

照顧等方面的慰藉，在所有非正式福利 (informal welfare) 中，家庭是最親密及最自然的安排，也是最重要的福利提供者。家庭成員間的支持可以增進彼此互動與互助。根據徐震、筆者進行「老年人對於孝道的認知和期待」研究中指出，老年人對於家庭情緒支持的期待是無可替代的。雖然養兒防老觀念已淡化，但是對於子女情緒上的依賴卻是仍然持續。

雖然家庭支持的功能對福利的供給相當重要，但是在工業化變遷過程中也必須同時考慮到家庭支持功能的限制。這些限制來自於四點原因：

1. 家庭成員的減少

由於現代社會人口出生率的降低，以及婦女生育數的減少，使得家庭成員數目亦逐漸縮減。家庭成員數目的減少代表的意義為家庭提供支持能力的降低日趨嚴重。

2. 人口老化的現象

以目前工業國家人口趨勢而言，老年人口（65 歲以上）的數目增加迅速，同時所占總人口的比例亦逐漸增加。此外，老的老年人口（75 歲以上）所占老年人口的比例亦逐漸升高，顯示了老年生活期間的延長。老年人口的增加及老化對家庭而言，帶來了生活及醫療等雙重壓力。鑑

於家庭的變遷，其有無能力承擔，實值得考量。

3. 婦女就業的增加

婦女（尤其是已婚婦女）是照顧兒童與老年人的主要供給者。現代婦女由於教育程度的提高、女權意識的增長以及就業市場的需要，而逐漸由家庭轉入勞動力市場。婦女勞動力的參與，固然可以使得家庭收入得以增加，但相對的形成家庭中缺少適當照顧者的困境，而影響家庭支持功能的延續。

4. 型態的多元與異常

兩地夫妻的家庭、單親家庭、新移民家庭……等出現，更讓人質疑家庭是福利的來源或是問題的根源。在謝秀芬教授的研究中亦指出家庭目前受到經濟、社會等因素的衝擊，需要其他各種制度的配合方有能力發揮功能。遺憾的是，在現有的社會福利法規中只強調家庭責任，其實家庭功能不彰非責任問題，而是能力問題，越來越多的單親家庭及雙生涯家庭平時如何提供支持性、補充性服務，在危急時提供替代性服務，才是切合目前生活的需要。

依照李淑容教授的分析，政府為了增強家庭照顧功能，以提供它原本應有的情緒和物質支持給成員，通常是由下列四個領域間接達成：(1)托兒設施，(2)老人殘障疾病的長期照護，(3)家庭經濟支持方案，(4)兒童虐待與家庭暴力。

以托兒服務為例，美國的托兒照顧，1999 年有工作母親其 3 歲以下的孩子，46% 由家庭外支持系統照顧，其中日間托兒和家庭托兒各居半。3 到 5 歲小孩照顧可分為學前教育方案和日間托兒兩種系統，到 1999 年為止，71% 的 3 到 5 歲小孩都參加了學前教育方案，而根據美國托兒調查 1999 年的資料，有工作母親其 3 到 4 歲的小孩，有 40% 由日間托兒照顧，19% 由家庭日間托兒照顧。相較於臺灣，據內政部兒童局統計資料顯示，學齡前兒童（0–6 歲）的主要托育方式，由家庭照顧（在家由母親帶、在家由其他家人帶）占 53.47% 為最高，家庭外托育機構（至幼

稚園）占 24.54%。若以兒童年齡區分，0 至未滿 3 歲兒童以「在家由母親帶」者最高，占 45.44%；「在家由其他家人帶」者次之，占 23.75%；「白天送到保母家，晚上帶回」再次之，占 8.17%；3 至未滿 6 歲兒童則以「至幼稚園」者占 40.14% 最高；「在家由母親帶」次之，占 26.67%；「在家由其他家人帶」者再次之，占 12.71%（內政部兒童局，2005）。

同樣的狀況也出現在老人長期照顧和殘障者照顧身上，由內政部老人狀況調查結果資料可得知，就老年人照顧方面而言，老人仍主要 (60.36%) 和子女住在一起，由子女負擔主要 (53.37%) 的經濟供養；而當他們受疾病侵襲，無力自顧時，亦主要 (85.88%) 由家人來負責照顧。身心障礙者更有高達 (93.34%) 的個案是居住在家庭中照護（內政部統計處，2003），所以臺灣地區有關家庭成員的照顧，仍主要落在家庭身上。

臺灣地區家庭的負擔，相較於歐美國家，可謂相當的沈重。社會福利的規劃若是過度強調家庭責任，而家庭成員由於資源不足無法承擔，會造成家庭成員之間關係趨於緊張或產生壓力。這不僅對服務的量與質方面有負面的影響，而且也會使家庭成員在工作、金錢、家庭生活、社會生活及心理健康上受到相當的侵害。已有許多研究指出，家庭照顧者在工作、金錢、家庭生活、社會生活、休閒生活以及健康等方面均遭受到相當的侵害，這是強調家庭支持課題時所不容忽視的事實。

三、社區照顧功能不容忽視

80 年代以後，因為去機構化以及其他人道的關懷，將家庭與社區結合，發展成社區照顧。所謂的社區照顧是指動員並聯結正式與非正式的社區資源，去協助有需要照顧的人士，讓他們能和平常人一樣，居住在自己的家裡，生活在自己的社區中，而又能夠得到適切的照顧。社區照顧的對象，主要是那些有特殊困難而需要長期照顧的人士及其家人，如失去生活自理能力的老人、慢性病患者、精神病患者、殘障者。另外，

如臨時需要照顧的人，如單親家庭兒童、
鑰匙兒童、一般老人……等，亦可運用社
區照顧的方式給予協助。所謂的正式資
源是指由政府、營利機構及志願服務機
構所提供的照顧服務；非正式資源是指
親戚、朋友、鄰居、義工、乃至案主群的
互助組織所提供的照顧。諾維・提姆
(Noel Timms) 與瑞塔・提姆 (Rita
Timms) 即提到，在福利工作中，可以把
社區作為提供某種幫助的來源，也可以
把社區作為服務的目標。而社區照顧正
符合此一說法，即是把社區當作提供照

圖 5-3　圖為屏東縣九如鄉的
社區關懷據點，一名老太太正
在參加趣味競賽。

顧服務的來源，也是把社區（中的人）當作照顧服務的對象或目標。無
論從哪一個角度來看，社區照顧都與提供福利服務有關，因為社區照顧
透過建立和發展社會網絡，社會福利服務的提供會因此而更有效。所以
社區照顧是社區與社會福利服務的聯結所在。

四、志願服務組織或第三部門一直積極的扮演社會福利提供者

按照諾曼・強森 (Norman Johnson, 1987) 的觀點，將家庭視為非正式
部門的福利資源，除此之外還包括志願、商業和政府部門，他認為在多
元社會下的福利資源來自四個方面：

1.非正式部門 (the informal sector)

由親屬、朋友、鄰里所提供的社會和醫療服務，即社區照顧
(community care) 與家庭照顧 (family care)。

2. 志願性部門 (the voluntary sector)

與非正式部門相較，志願性部門有比較嚴謹的組織結構。志願性部門是一個異質性相當高的部門，大致包括：

(1)鄰里組織。

(2)自助或互助團體。

(3)提供服務的非營利機構。

(4)壓力團體。

(5)醫療或社會研究團體。

(6)協調資源的仲介組織 (intermediary organizations)。

3. 商業部門 (the commercial sector)

包括笛姆斯所說的職工福利與營利性的私有市場 (private markets)。

4. 政府部門

各級政府與公共政策所提供的間接與直接福利。

後來部分學者引用強森的概念，將志願部門改稱為第三部門，它泛指那些既非營利性的企業，但不是政府機構的所有組織。它可避免追求最大利潤與科層組織的缺失，但可兼具市場的彈性 (flexibility) 和效率 (efficiency) 與政府公共部門的公平性 (equity) 和可預測性 (predictability) 之優點 (Seibel and Anheier, 1990)。所以第三部門在於強調有別於企業與政府兩大部門的第三種社會力，而此第三勢力兼具政府與市場的優勢，且可避免兩者的缺點。以美國為例，根據 1992 年至 1993 年《非營利組織年鑑》(*Nonprofit Almanac*, 1992) 資料，在 1990 年，美國約有 140 萬個非營利組織，其收入為 2,890 億美元，占全國總收入的 6.2%（陳金貴，1993）。若將支薪員工與志願工作人員合計，則有 9,000 萬人為非營利組織工作，難怪杜拉克 (Peter Ferdinand Drucker, 1909–2005) 稱非營利組織為「美國的最大雇主」。

在眾多的非營利組織中，以社會服務機構的數目最多，大約占總數的 40%。非營利社會服務機構旨在協助家庭與個人解決社會、經濟、生

理的問題。這些服務包括：日間照顧、兒童領養、家庭諮商、在宅服務、職業訓練與安置、災難救助、難民救助、藥物濫用處遇、酗酒處遇、社區改善等等。以美國 1998 年來說，在將近 73,600 個非營利社會服務組織中，其中以提供個人與家庭服務的數目最多 (35%)，其次是兒童日間照顧 (22%)、在宅服務 (17%)、職業訓練 (8%)，以及其他各種服務 (18%)。這些非營利社會服務機構的數目占全美國民間社會福利機構的 59%（政府機構較難估計未列入），經費占所有社會服務經費的 74%，雇用支薪的工作人員占全美社會服務雇員的 58%。從這些數據可看出，非營利社會服務組織在美國社會服務的重要性。以國內目前的狀況而言，至民國 95 年底止，經各級政府核准立（備）案之人民團體數總計 38,044 個，較 94 年底增加 2,158 個，增加率為 6.01%。按類別分，社會團體 28,027 個占 73.7%，職業團體 9,853 個占 25.9%，政治團體 164 個；社會團體中以社會服務慈善團體 8,798 個最多（內政部統計處，2007）。

表 5-1　歷年人民團體概況表

單位：個

年度	總計	增加率	政治團體	增加率	職業團體	增加率	社會團體	增加率
90	27,582	8.09%	131	3.96%	8,756	2.85%	18,695	10.75%
91	29,629	7.42%	135	3.05%	9,040	3.24%	20,454	9.40%
92	31,848	7.48%	138	2.22%	9,240	2.21%	22,470	9.85%
93	33,935	6.55%	147	6.52%	9,485	2.65%	24,303	8.15%
94	35,886	5.74%	156	6.12%	9,595	1.15%	26,135	7.53%
95	38,044	6.01%	164	5.12%	9,853	2.68%	28,027	7.23%

資料來源：內政部統計處，《民國 96 年第十週內政統計通報》。

五、營利商業部門是新興的福利提供者

事實上，福利來源不僅止於人道關懷和非營利的宗旨，營利事業本身例如商業市場也可能是福利提供者之一。理查·羅思 (Richard Rose,

1917–2005) (1989) 認為從消費者的觀點來看社會中福利的資源主要來自三個部門：家庭 (household, H)、市場 (market, M) 與政府 (state, S)。政府的福利來自中央至地方各級公共部門所提供的財貨及服務，如政府的社會救助、公立育幼院、公立安老院等。市場的福利則經由利潤原則在市場中銷售服務，例如私人的兒童托育服務、營利性老人安養中心等。家庭所提供的福利則是以情感與道德為基礎，由家庭成員之間相互的照顧，如照顧家中老弱與疾病的親屬。季伯特和斯派赫特將福利資本體系的社會福利結構分為社會市場 (the social market) 與經濟市場 (the economic market)。社會市場包括公共部門與私有部門，公共部門指的是透過各級政府所提供的直接服務，與經由稅制的間接轉移。社會市場的私有部門包括親屬鄰里等非正式網絡所提供的福利服務、志願性非營利組織的福利服務、以及營利事業及私人提供的福利服務。當然，營利組織與私人服務也屬於經濟市場的一部分，這也是社會市場與經濟市場重疊之處，稱為混合經濟。

若政府不介入市場，只由市場提供服務，則政府是扮演了殘補的角色；也就是說政府只提供服務給那些無法在市場中購買服務的人，這類服務多半是需經財產調查且伴隨著烙印效果 (Hill and Bramley, 1986)。若是政府加入市場的運作，則可扮演的角色有：

(1)競爭的供應者，以提高效率，降低成本。

(2)增加服務的多樣性與消費者的選擇性。

(3)允許更多偏好的存在。

(4)有助於新型態服務的創新與實驗。

(5)自律。

(6)替代國家典型的官僚體系之服務。

(7)運用行銷技巧產生更大的市場活動空間。

(8)運用企業與仲介技巧，將分散於複雜環境中的資源集中在一起。

(9)集結更多資源，可以減輕政府的負擔。

這種市場化的作法，不僅分擔政府福利服務提供上的負擔，對於消費者而言，也是一層經過競爭之後服務品質的保障，部分學者認為市場化是政府從福利體系中撤離的消極作法；其實不然，政府對於沒有購買能力或購買能力較弱的人，仍然是直接提供者的角色，例如無子女、低收入的老年人。對於有購買能力的一般老人，可以依照他自己的經濟能力，在市場上選擇他認為價格合理、品質優良的商品或服務。

為了避免福利國家的過度干預與政府合理的獨占，也為了因應多元化社會價值與多樣的福利需求，社會福利的市場化是未來的發展趨勢。然而市場與社會福利商品的概念在社會工作文獻中很少被提到。學者寇特勒 (Philip Kotler, 1931-) 與康諾 (Richard A. Connor, Jr.) 指出三個存在於社會服務的障礙：一是商人主義 (commercialism) 在福利領域中的被忽視：因為社會服務不鼓勵利益的追求；二是倫理規章的相互抵觸：市場的

圖 5-4　當社會福利遇上市場化，該如何取得平衡？

概念與傳統的社工精神倫理（強調慈善助人）有相衝突之處；三是社會大眾將市場與行銷相提並論。事實上，市場是較行銷更廣的一個概念，依照莎彼若 (Bellson P. Shapiro) 和寇特勒對市場的定義，分為狹義與廣義兩種，狹義指的是商業活動的行為，是將財貨 (goods) 與服務 (service) 從生產者流通到消費者或使用者手中；廣義的定義是指透過組織的努力、分析、計畫與管制各種方案的執行，以完成組織設定的目標。雖然很多社會服務機構沒有使用「市場」這個字眼，但是在服務的過程中與市場的運作是很相似的。例如社會福利機構需要依據不同的人口特性進行服

務的需求評估，在計畫實施之前先考慮服務的收費情形、福利消費者的偏好……等，而市場的活動也是先發展一個行銷計畫，然後做市場區隔，例如行銷區域的劃分、尋找潛在的顧客 (targeting)、產品的發展 (product development)、價格與分配 (pricing and distribution) ……等。實質的分析來看，並沒有太大的差異。

由營利（商業化）部門提供社會福利服務，同樣地會面臨到質疑，其中主要包括了：

⑴目標混淆：營利取向與互助慈善取向常無法兼顧，因為前者是基於個人在市場中可負擔產品價格的能力，而後者則是基於個人的需要。

⑵市場資訊不足：自由市場運作之前提是買方都掌握充分的資訊，可自由選擇進入或退出市場；然而，福利服務的消費者常無法掌握充分的資訊，例如：病人常無法確知醫生的專業能力 (Gilbert et al., 1993; Posavac and Carey, 1992)。

⑶市場競爭可能使接近服務的機會 (access to services) 與服務的分配更加不平等。

此外，政府的介入私人機構亦會產生一些問題：

⑴政府的管制會破壞企業自由競爭的精神。

⑵監督私人機構不易，政府需要大量經費與人力投入監督服務品質的工作。

⑶政府補助私人機構以創造市場競爭，使其更能反映福利消費者的需要；但是其不僅成本昂貴，而且尚需承擔一些風險，例如：增加機構間之衝突、服務提供會更形支離破碎 (Gilbert et al., 1993)。

六、以企業界為主體提供的員工福利也是多元化提供者中重要的一環

笛姆斯在〈福利的社會分工——對於公平的追尋〉一文首先指出公

共福利、職業福利、財稅福利三種福利提供模式。所謂的「公共福利」
是無工作及不能透過稅法予以保障者即屬於此福利範圍，例如無工作者
的失業保險，失業救助，以及低收入戶的醫療補助等。所謂的「職業福
利」是指凡是透過工作場所給予經濟上、福利上或是其他相關的福利措
施者皆屬之，例如：職工福利金、公務人員儲金制、退休制、私人醫療
福利等。所謂的「財稅福利」例如親屬扶養寬減額、殘障子女寬減額、
購置住宅稅法上的減免（凡是透過稅法上給予經濟上優惠者皆是）。

　　臺灣地區的企業福利可以包括二個部分，一是根據法律，而對雇主
和勞工具有強制力量，雇主和勞工在生產的過程中必須依法強制為勞工
投保勞工保險及依法提撥福利金和退休準備金。另一部分則為非法律的
強制規定，來自於工會與企業間訂定的團體協約及勞工與雇主所定的勞
動契約，例如勞工保險、勞工退休準備金提撥、職工福利，若將具體項
目列舉，大致而言可分為十大項，包括：⑴飲食福利：免費餐飲、伙食
補助、福利餐廳、聚餐、福利社。⑵衣著福利：服裝補助、服裝。⑶住
宅福利：單身宿舍、眷屬宿舍、購屋貸款、員工宿舍。⑷行方面的福利：
購車補助、廠區交通車、交通車、油料補助。⑸教育方面的福利：建教
合作、幼稚園、心理輔導、子女獎學金、教育補助、進修機會、圖書館。
⑹康樂福利項目：康樂晚會、慶生、國內旅遊、出國旅遊、特別休假、
球場、社團。⑺醫療福利項目：生育補助、傷病補助、健康檢查、特殊
疾病險、眷屬醫補、傷病慰問金、意外人壽險、醫療互助、醫務室。⑻
經濟補助福利：獎金、婚喪禮金、服役賀禮、離職金、年節金、急難救
助金、緊急貸款。⑼實物福利：福利券、福利品、優待購物、消費貸款。
⑽其他：股票、互助儲蓄……等其他福利項目。或者是雇主依其營業情
形所施予的家長式福利措施。

　　然而提供項目的多寡與品質受到企業界的行業別、資本的多寡、資
本額、營業額和職工福利委員會成立與否……等因素有關，愈是資本來
源穩定，營業額高的大企業，愈有能力提供較完善的企業福利，在李易

駿碩士論文《社會福利中的企業福利——臺灣地區企業福利的檢證與未來發展》中特別指出，這是立基於僱傭關係的原則而建立的，提供福利的方式則是經由職業而來的。因此，其保障中高收入者因個人努力所得到功績 (merit) 之本質相當明確。換言之，職業福利或企業福利基本上並不是要保障弱勢人口，而是保障非弱勢的就業人口，尤其是中高收入者。是故，太過於發達的企業福利根本只是另一種形式的薪資表現。

綜合以上所述，政府不論在家庭、社區、第三部門、市場和企業上的角色、具體作為與成功前提都各有其意涵，擇成下表做成摘要。

在福利國家危機的衝擊下，提供福利服務的各國都面臨分散化與民間化的呼籲。不過有些國家是朝市場化方向發展，有些則只是強調地方社區與民間組織，尤其是案主的參與和福利決策的民主化。但是，市場化在臺灣目前的資本主義結構必須謹慎，以避免另一個獨占，分散化更應注意到地方財政和人力資源；在提倡社區化和家庭化之時更應考慮到社區在臺灣的實質意義與家庭承擔的能力。國內政策規劃者常強調中國文化的特殊性，尤其是傳統家庭的價值與重要性。但是我國在經歷工業化與經濟發展後，已產生了與西方社會相似的若干社會結構變遷，包括家庭組織與結構的改變。此時若一再強調回歸家庭，而不給予任何配合措施是相當不正確的作法。

表 5-2　政府在不同分析面向策略下的意涵

分析面向策略	1.政府角色	2.具體作為	3.成功前提	4.反省與檢討
家庭化	1.責任分攤 2.間接的提供者	家庭福利政策 家庭照護法	思考清楚以下問題： 1.分攤的真義為何？ 2.兩者分攤些什麼？ 3.家庭想要國家提供什麼？	1.義務無法強求 2.能力有待協助

分散化與社區化	輔助與支持	以美國為例：新聯邦主義	1.健全的中央與地方財政 2.正確的社區主義	1.中央與地方的結構與生態 2.居民的社區意識
第三部門化	1.雙元合作模式 2.完全由第三部門主導	透過法規鼓勵與誘導	1.正確的志工概念 2.第三部門的品質	政府過度依賴第三部門的危機；另一種不公與壟斷
市場化	1.引導者 2.最後一道防線的提供者 3.買方 4.補助者 5.規約者 6.觸媒或協調者 7.風險的分擔與散佈者	透過法規鼓勵誘導與規範	1.健全的市場結構 2.消費者與提供者之間足夠的資訊交換 3.提供者要有提供的動機 4.盡量避免提供者為了利潤而選擇有利的消費者	再度商品化之後的危機
企業化	規範者與獎勵者	透過立法	良好的勞、資、政關係	沒有工作能力或是工作能力薄弱者無法得到保障

　　至於福利決策的民主化，在國內實施最大的危機在於人民對於福利與民主的錯誤認知，再加上政治人物無不盡力揮舞福利的旗幟，讓人民陷於激情亢奮、目眩神迷境界。任何一種策略本身並不保障目的，當實施之後的負面效應遠超過意義本身，就應該仔細思考其適當性。策略是一個方法，會受到價值觀和意識型態的左右，雖然邱吉爾曾說：「資本主義原有的罪惡在於有福時並不一定為大家共享；社會主義原有的美德即在有苦時大家一定同當」，但是我們仍希望能成功地在一個以資本主義為主的國家中，推行均等、正義的福利政策策略。現階段，我國未來福利政策的發展應有以下的共同努力：

(1)如果只談民營化、市場化，而不考慮民間福利機構的品質。

(2)如果只談社區化而忽略國人的社區意識與社區資源。

⑶如果只談家庭倫理而忽略家庭結構的多元與「異化」。

⑷如果只談福利民主參與而忽略了國內病態的政治生態與國人懵懂無知的福利認知。

⑸如果只談策略上的理想化而忽略了輸送過程中的不理性。

　　目前國內福利政策策略運用的根本問題在於國人對於民主福利與資本主義的誤解，這個誤解如果一直持續下去，沒有任何一個策略可以在臺灣推行成功。

七、財源籌措方式與福利意識型態之間的關係

　　世界各國社會安全財源籌措方式的架構，主要是根據政治、社會、財政和經濟發展階段性的需要，甚至於意識型態等多方面的考量所形成。但由於各國在這些因素上著力點不一，於是形成不盡相同的發展情況。大體而言，這些國家社會保險的財源主要來自薪資保費（指定用途稅），就是前文所謂的特種基金和政府稅收（一般性租稅），健康保險即是前者，而社會救助則完全依賴後者，這種架構一直延續至今，少有更動。

　　學者強森以意識型態偏向於資本主義或社會主義與福利支出高低這兩個座標為主軸，發展出四種不同福利國家的類型。例如西德是以資本主義為主的福利意識型態，而且是高福利支出的國家，主要的財源偏向於以政府為主體的社會保險型的薪資保費，但也不排除以一般性租稅的社會救助。同樣的美國也是以資本主義為主的福利意識國家，但是政府在社會福利支出上較低，因為其財源是偏向以工人薪資保費為主，政府通常僅維持正常運作，相較的財源較少，日本的情況與美國類似，在後面會以國民年金為例，說明政府、雇主與員工彼此之間分擔的比例。至於瑞典與英國都是以社會主義福利意識型態為主的國家，不同的是瑞典是以全面性高福利支出為其策略，而英國則考慮到成本控制的觀點強調資源的有效運用，搭配選擇性的社會救助。

　　社會福利財源不一定是政府本身，換言之，私人部門以及非營利組織均可提供。以健康保險為例，英國是由政府部門來提供，而美國主要是由私人市場部門提供。至於社會救助方面的財貨，除了政府稅收外，有很大一部分是由私人部門和非營利組織捐助提供。

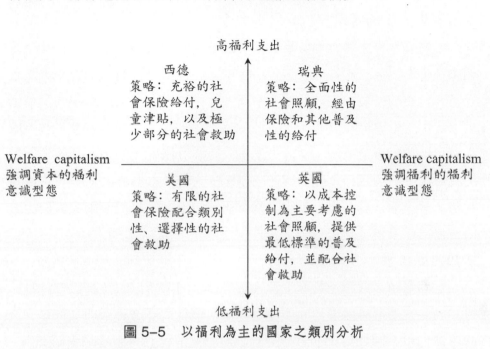

高福利支出

西德
策略：充裕的社會保險給付，兒童津貼，以及極少部分的社會救助

瑞典
策略：全面性的社會照顧，經由保險和其他普及性的給付

Welfare capitalism
強調資本的福利意識型態

美國
策略：有限的社會保險配合類別性、選擇性的社會救助

英國
策略：以成本控制為主要考慮的社會照顧，提供最低標準的普及給付，並配合社會救助

Welfare capitalism
強調福利的福利意識型態

低福利支出

圖 5-5　以福利為主的國家之類別分析

　　分析社會福利財源籌措必須瞭解社會福利財務之負擔者與財貨之提供者，不一定是相同部門。同樣的，財貨由政府部門提供，財源卻是由不同部門共同籌措。無論是私人直接捐贈從事慈善活動，或是間接捐贈給非營利組織來從事公益支出，皆具有「代替」政府社會保險與社會救助支出之功能，減少政府的財政負擔。因此，給予其賦稅減免的優惠，所造成稅收損失的影響，並不如想像中之大。進一步而言，私人的捐贈行為是一種「自願性」的，但是政府社會安全直接支出的財源主要來自一般性租稅，具有「強制性」。因此，捐贈金額的增加（政府稅賦支出自然也增加），但其財源為自願性，故不會對投資、儲蓄、消費、工作意願

等產生不良的影響。而另一方面，政府支出減少，國民的賦稅負擔降低，將可減少因課稅所形成資源配置的扭曲。就此而論，傳統觀念中所謂高的福利水準必帶來高的租稅負擔，未必是正確的。綜合而言，財源籌措受到下列因素的影響：

1. 效率與公平的考量

社會安全計畫通常都涉及公平與效率之間的考量。由於社會保險(例如退休保險)具有維持所習慣生活水準的一種給付，費用的繳納較接近受益者付費的性質，因此偏重效率面考量。換言之，政府直接向受益者課徵（指定用途稅），不但可以反映成本、約束需求、減少浪費，並可取得該項財貨所需之財源。在此考量下，政府分攤的比例則往往較低。關於社會救助方面，則主要著眼於公平面的考量。社會救助的給付是維持其基本的生活，受益者本身根本沒有能力繳納任何費用，因此完全由政府負擔，由一般性租稅透過地方政府支付。

2. 政治面考量

在兩黨和多黨政治制度下，政黨需藉定期選舉以取得多數票執掌政權。因此，獲得最多選票而能執政，往往為其最高施政目標（社會安全政策當然也不例外）。在此情況下，政府分攤的比例有愈趨擴大的傾向。除此之外，政府實際上補貼的程度往往也是一種政治協商的結果，例如農民健保保費政府負擔的比例為 70%，此乃是立法院中提案 60% 與立法委員還價 80% 的折衷處理。

3. 意識型態的考量

一個國家的社會政策如果偏向社會主義，則其政策往往強調所得分配的公平，強調社會安全制度的福利性。此時，政府分攤大部分的比例，其收入的財源也加重取自一般性的租稅。如果社會政策偏向於自由主義，強調自由市場經濟，經由價格機能，社會自動能達於最適狀態，則重分配的需求與社會責任感往往較淡薄。勞資政三方面財源分配比例，大部分由勞資共同分攤，政府負擔比例較低。

　　基本上，效率和公平是稅制設計時的重要考慮。就效率而言，政府的租稅應以不干涉市場的經濟活動為宜。在不改變產品與因素的相對價格下，容許人民依價格機能來指導其經濟活動，在自由競爭市場裡，效率原則亦可視之為租稅中立性原則。就公平而言，租稅的課徵應以達成水平公平與垂直公平為鵠的。從水平公平的立場而言，各種的所得來源

圖 5-6　公平是稅制設計時的重要考慮。

應都併入總括所得中課稅；從垂直公平而言，照顧低收入戶者的前提下，以租稅方式來達成所得差距的縮小。

　　然而課稅原則不僅涉及理論的分析而已，更要緊的，還是執行的工作。因此公正的執行是稅務行政工作的首要任務，租稅工作的健全是租稅效率與公平的基石。

　　任何的國家要建立一個完美無缺的租稅制度，那是近乎不可能的事。因此在現有的基礎上，逐步的改革，乃是社會大眾的共同目標，也是財政當局應密切注意的課題。

思索

　　福利服務要探討的問題，追根究底不外乎三點：「給誰?」、「給什麼?」、「由誰給?」。就一般大眾來看，表面上由政府包辦一切似乎是最「划算」、最穩定的一種作法。事實上，政府福利支出的成本到最後還是回到納稅人身上，說句俗語「羊毛出在羊身上」，天下沒有白吃的午餐。表面上不收費是因為有人已經先幫你繳了，並不是真正的免費。因此，今天討論「由誰來給?」這個問題的時候，並不能只從義務和道德的訴求，更重要的是就整體考量成本效益和品質的問題，例如若由民間社區小型非營利機構提供精神病患收容安置，

是不是會比政府公立的大型教養機構來得合乎成本效益？私立托兒所的照顧品質是否會比公立托兒所好？對於一個長期臥病在床的中風老人，由子女或媳婦辭去工作親自照顧較好，還是透過福利機構提供的在宅服務員去照顧老人？「由誰來提供？」這個問題不應該泛政治化與泛道德化，前者是以政見為支票，當選之後運用行政力強制執行。所謂泛道德化是另一種極端，所持的心態是「本來就是子女的責任」，或是「本來就是他自己的責任」，這種「理應如此」的想法是推展福利時最大的盲點與困境。在莫若尼 (Robert M. Moroney) 所著的《分享的責任》(*Shared Responsibility*) 一書中曾提到：「今天我們不是談責任歸屬的問題，而是如何在有效、有品質的前提下考慮，由誰來提供哪一部分？怎麼共同分擔？」這些都是值得思索的新課題。

第六章　福利對象的選取與項目的設計

常有人問我，「如果你只有 10 塊錢，有臥病在床的窮苦老人，有需要救助的失業工人，有孤苦無依的棄嬰，也有需要裝義肢才能行走的殘障人士，你給誰？」「給誰？」一直是福利政策或計畫設計中最根本的一個思考，但也常是受人質疑最多的一個爭論。基於

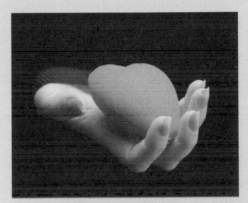

圖 6-1　該給誰？

公民權利的保障？對於過去貢獻的事後補償？「基於什麼理由給」是倫理哲學和道德的層面。類似的困惑也發生在福利項目的設計上，給他工作機會？給他生活津貼？還是給他可以兌換食物的抵用券？「給什麼？」又是一個判斷和抉擇。社會福利實務工作者常問：「我這樣做到底對不對？」福利學者也常懷疑，不當的福利設計是誘發別人依賴而不是幫助案主自己。到底該怎麼做，實在是一大考驗。上述的困惑並非沒有原則可循，而是這些原則要透過實踐才可能修正。社會福利界常說實踐的智慧 (wisdom of practice) 就是在實踐、反省、再實踐的過程中累積出來的結晶。如氣功師父所說：「知識、能量是無所不在的，重要的是如何用自己的力量吸收日月精華、納氣、運氣，並將這種能量藏之於丹田，凝結如珍珠，才可養生，進一步才

可助人。」

　　我常問實務工作者：「有沒有什麼困難?」如果對方回答「沒有」，是停留在初級的階段，如果「有，不知答案在哪裡?」是第二個階段。從無到有問題，再由有到「沒有問題」是進入第三個階段。就我的瞭解，第一個階段的人比較多，「想理所當然，不覺得是個問題」占了大多數。有所為的理念要先釐清之後，才可能解疑惑，所謂釐清是就源頭釐清，就多重選擇之間優缺點釐清，而不是就技術面給予一個公式。「迷時師渡，悟了直悟」，「師」就是原則，悟是指由實踐而領悟出來的方法，就是這個道理。

 ## 一、弱勢群體的需求

　　生存是個人最基本的權利，有了生存的能力與權利再談發展，但是並不是每一個人都有這種能力，有些人是不能 (uncapable)；有些人是不為 (unmotivated)。按照一般福利策略，對於不能的人要給予補助，不為的人要加強教育和社會化。事實上，不論是馬可若夫 (David Macarov) 的論點，或是高夫 (Ian Gough)、葛瑪 (Grammar) ⋯⋯等對於需求理論的看法認為，這些都是醫療衛生福利政策要照顧的對象。具體而言，「不能」有很多原因，例如生理發展上的障礙、慢性疾病、技能不足等；至於「不為」牽涉到意願的問題，往往比較棘手，例如生小病往大醫院跑、有工作能力不願意就業⋯⋯等。導致本身的不能與不為除了個人因素外，還包括社會結構因素所致。在威爾森 (William Julius Wilson) 所著的《弱勢族群的福利問題》(*The Truly Disadvantaged: The Inner City, The Underclass, and Public Policy*) (1987) 一書中指出：這些需要照顧的對象不是固定的一群人，不是一成不變的同質團體，更不是需要特別保護或施捨的人；他們是在社會變遷的脈絡中，社會結構的轉型下，基本需要如食、衣、

住、行、醫療照護，和次級需要如自信自尊、社會參與無法獲得及時與適當的滿足的人。這些人之所以被稱為弱勢是因為他們的生存空間較一般人狹隘，基本人權常容易被忽略。「少部分」(minority) 在民主社會大數法則 (majority) 的前提下，許多需求被掩蓋住、聽不到了。

大體而言，弱勢人口包括下列幾種（詹火生，1993）：

1.經濟上的弱勢人口

係指經過資產調查，合於低收入標準的貧窮或低收入戶成員。

2.體能上的弱勢人口

係指經殘障鑑定而領有殘障手冊的身、心殘障人口，含軀障和智障兩類。

3.就業機會上的弱勢人口

係指在勞動市場或就業機會上易受歧視或相對剝奪 (relative deprivation) 的人口，如婦女、老年人、未成年之青少年、兒童、原住民、單親家庭的父親或母親等。

4.教育機會上的弱勢人口

係指在教育環境上或教育過程中容易被迫中途輟學或遭遇學習失敗的學生，如低收入家庭的學童、偏遠地區的學童、少數族群的兒童等。

由於所謂「弱勢」人口之認定是比較之下的產物，因此，隨著生活水準的普遍提升或環境的改變，「弱勢」人口的界定亦可不斷調整修正，只要弱勢人口的標準能夠為社會大眾所認同即可。例如：對某一年齡（如年滿 70 或 80 歲）以上的所有老年人，或某一年齡（如 16 歲或 18 歲）以下的青少年和兒童，或家戶收入在某一水準以下者提供一些特殊的福利服務等。是以，「弱勢」人口的認定標準，一定隨著所在國家或地區的經濟水準、社會集體意識、道德觀念、社會或人口結構等因素而異，並依時間之不同而有相對應的更動。

在目前強調「政策的存在是為了滿足需求」的口號下，需求一詞受到普遍甚至過分重視。事實上，需求 (need) 一詞主要強調以下幾種意義：

⑴需求是必需的；為回應所處環境的要求所採取的行動。⑵需求發生的情境是有目標需要被履行，因此有明顯的工具性特徵 (instrumental character)。⑶需求意涵某種特定的社會意義，例如貧窮。需求可能是當事人依所處情境的認知所作的主觀判定，就像華頓 (Walton, 1969) 所言，雖然需求被認為彷彿是客觀的事實，但是它的定義卻總是充滿了價值的問題。需求也可能是局外人（如服務提供者或學者專家）透過情境的評估比較而客觀認定，例如龍垂 (Benjamin Seebohm Rowntree, 1871–1954) 所謂的「最低生活標準」。不論是在社會福利研究領域或是政策制定過程，需求都是其中一項重點。因為需求是社會福利的中心，因為它界定了服務的目標與主體；是研究社會行政的基本所在，以作為福利服務、社會計畫與資源分配的基礎。

臺灣地區自 1979 年以來有關需求的研究,若依研究取向和重點來區分，大致可分為「政策評估研究」與「需求分析研究」兩大類。屬於政策評估研究的文獻，多半是採鉅視觀點，以文獻檢閱及訪談調查為主。研究對象以行政人員居多，研究內容則包括了規劃與福利需求相關的各項福利政策、制度或法令；或是強調服務網絡的結構分析；或是評估政策執行績效。在屬於需求分析研究的文獻中，則多半是以問卷調查法為主，研究內容主要有三方面的重點：⑴找出需求的共同性，歸納研究對象所迫切需要的福利服務類型或項目。⑵界定需求的優先性，排比各項福利服務需求的先後順序。⑶瞭解需求的差異性，探討影響需求的各種因素。通常是以特定福利弱勢者為研究對象。此外，也有針對一般民眾對社會福利認知及未來福利需求推估的研究。

基本上，上述研究大多是以「需求評估」(need assessment) 為主軸。就臺灣地區各弱勢群體的福利需求情形而言，不論是福利服務提供的需求性、優先性或是差異性，上述研究大多已提供了豐富的訊息。然而對於受益對象群體的選擇上，幫助仍然有限，主要的困難在於這些資料只能做類別內優先順位，無法在類別間，例如兒童保護與老人長期照護之

間做一合理性的資源配置。

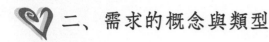

二、需求的概念與類型

經濟學所謂的需求，是指消費者透過市場機能的運作，而獲取特定的服務項目或商品。這種需求會隨著消費偏好的市場效果（經濟力），或是外在干預的非市場效果（政治力）而有所轉變。而從社會福利發展的角度來分析，福利服務主要目的是為彌補社會弱勢者或邊緣人，在工業化發展過程中所形成的社經資源匱乏，也就是要提供經濟市場中「需要」(demand) 無法滿足的部分，例如對老人、兒童、殘障者等所提供的特定福利服務。因此，政府藉由政策（政治）干預，使各種福利資源得以透過社會福利機構，免費或部分收費地提供給確有需要

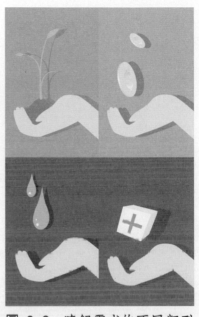

圖 6-2　瞭解需求的不同類型才知道如何提供不同的福利服務。

的個人或家庭，是較能符合需求「基本」、「必要」或「緊急」的本質，此種可稱為福利需求 (welfare need)。進一步而言，福利需求乃是指人們在所處的環境中，經由客觀比較或主觀感受，察覺在某些方面有所匱乏產生危機，但又缺乏透過經濟市場解決的能力，因而要求或是極度期盼某些團體或組織採取特定的行動干預，提供必需的物資或是服務，以解決困境，恢復或增進其福祉。

目前有關需求的分類，大致可歸成兩種形式。一是採用社會行政的觀點，側重對需求狀態的系統分類，以協助決策過程與方案執行。如史拉克 (Katherine Slack) 根據笛姆斯的論點，將需求粗分為短期與長期

(Forder, 1974: 40)；塔耶 (Richard Thayer, 1973) 認為需求可分為診斷性 (diagnostic) 與處方性 (prescriptive)；福斯特 (Foster, 1983: 24–28) 則根據需求的用途，將其分為供給者的需求與案主的需求。

另一種形式則是以歸納的方式來建構概念。布蘭蕭 (Jonathan Bradshaw) 在 1972 年所提出的四種類型：⑴規範性需求 (normative need)；⑵感覺性需求 (felt need)；⑶表達性需求 (expressed need)；⑷比較性需求 (comparative need)。佛德 (Anthony Forder, 1974: 39) 其後雖也提出類似的五種分類：⑴基本的最低標準需求 (basic minimum standard need)；⑵感覺性需求 (felt need)；⑶比較性需求 (comparative need)；⑷依特定技術範定的需求，以及⑸全國性需求。目前研究者和實務者最常討論和運用的是以布蘭蕭所提出的四種類型為主，以下就稍加介紹。

㈠規範性需求

需求由專業人員、行政人員或學者專家，依據專業知識和現存的規定（範），範定在特定情形下所需的標準。這種由知識授權所判定的共同性標準，將能克服潛在需求者不知如何獲得福利服務的問題。然而，此種規範性難脫父權意識，況且專家不同的判定標準，常會影響到對需求的界定。即使是規範性標準也經常是隨著知識發展與社會價值變遷而改變。此外，如首先即界定需求標準，則將會影響到後續發現情況的認定 (Clayton, 1983)。

㈡感覺性需求

當個人被問到，對於某一種特定的服務是否有需要，其反應即是一種感覺性需求。這是假定從個人受訪的自我報告中，可以反映出個人盼望的需求或是想要的服務。克萊登 (Susan D. Clayton, 1983) 認為這與所謂的「相對剝奪」有關，誠如米勒 (Judith A. Miller, 1976) 所言，需求的產生不是來自於我們所缺乏的，而是來自於我們鄰居所擁有的。此種需

求透過抽樣或普查，常被用在老年及社區發展的需求調查。它可以使個人避免不知道如何申請服務，以及受限於規範標準等問題 (Thayer, 1973; Mayer, 1985: 128)。但是這並無法完全瞭解到真實的需求。塔耶 (1973) 就認為個人的反應只是受助之前的徵兆，並不必然表示個人真有接受服務的意願；而且個人對需求本身瞭解的多寡，會影響到其態度反應。此外，測量的技術面（如調查詢問的內容、描述服務方式）與情境的影響因素（如地區提供服務的質與量、同輩團體的比較）上，都可能產生偏誤。

(三)表達性需求

當個人把自身的感覺性需求透過行動來展現，此時即成為表達性需求。例如：在健康服務上經常使用的等候名單 (waiting list)。此種需求的表達，不僅來自個人，也會來自團體 (Clayton, 1983)。然而，往往有感覺性需求的未必會有表達的行動，而且起始的感覺性需求，也可能隨時間而變質。因此，不利於計畫未來的資源分配與服務提供。當不瞭解某些特定服務的內容、缺乏行動的訊息與管道、或囿於社會烙印 (stigma) 的心理制約，都會影響表達需求的意願和作為。

(四)比較性需求

需求的認定是針對某種特徵所作的比較，如當事人具有與已接受服務者相同的特徵，卻未接受同樣的服務，其即為需求者。這通常是服務提供者針對具有接受「選擇性服務」資格的個人或社區，企圖將供給標準化，當個人或社區的某種情形是落在可比較的平均標準之下，即產生需求。假如接受服務需要具有特定的身分特徵時，則依據此標準就容易在相同環境中區辨出潛在的需求者 (Thayer, 1973)。但是，不論依照何種特徵來作為比較的標準，一旦在界定此種顯著的特徵時，就會遭遇困難 (Bradshaw, 1972; Clayton, 1983)，例如應如何選定適宜的參考團體，並且考慮所在區域中所有相關的環境 (Clayton, 1983)。

綜合以上對布蘭蕭需求分類的討論，需求的內含要素可有三種觀察向度：⑴規範性標準；⑵感覺性反應（含表達性行動）；以及⑶比較性過程。

第一種向度是透過專業知識的判斷或社會共識的形成，界定需求的衡量標準。界定此類需求有專業知識作為判斷的基礎，適用於規範共同的最低或基本需求；但需求的定義也常會受到專業本位主義的影響，忽略個體間的差異性。

第二種向度是假定個人與個人之間的感覺需求，會因個人主客觀因素的影響有所差異（詹火生，1988: 104）。個人價值成了需求的決定性標準 (Forder, 1974: 51)。此類需求能透露出個體對需求的主觀評量，適合用來比較需求的差異性條件（詹火生，1988: 104）。然而，個人可能因為接受福利服務的資訊不足，以及受到社會價值文化的牽制，而無法完整表達感覺或訴諸行動。

第三種向度是基於比較的基礎，可能是承襲規範性需求尋求共同標準的企圖，成為基本最低需求的延伸 (Forder, 1974: 48)；也可能是個人在展示感覺性或表達性需求的過程中所包含的社會比較。最大限制來自於界定比較基礎所涉及價值認定，以及隱含的規範性。

♡ 三、誰的需要要優先滿足？基於什麼理由？

要回答這個問題必須先釐清政府與人民的關係，德國著名公法學者耶凌涅克 (Georg Jellinek, 1851–1911) 將個人與國家關係區分為：⑴被動的地位，國民須服從國家統治的被支配地位，即一般的國民義務。⑵消極的地位，國民可要求國家（尤其立法及行政機關）須消極不作為的地位，換言之，即可要求國家不得侵害或干涉個人自由領域的權利，此乃由自然法、個人主義、自由主義等引申而來的思想，也就是一般所謂的自由基本權。⑶積極的地位，相對於消極的地位，在自由權受到侵害時，可要求國家須積極作為，以落實具體保障自由權的地位，由於此乃要求

國家作為，使國民享受權益的權利，故一般稱之為受益權。(4)主動的地位，國民乃國家主權者，可主動參與國家意思形成的地位，即一般所謂的政治權與參與權，工作權保障即屬於積極的地位。「憲法」中為了保障國民的利益，特別規定生存權的保障。例如有工作意願者，必須賦予適當職務，不能因為年齡、性別、種族、殘障受到歧視。在此情況下，國民與國家即處於一種積極的受益關係的地位，是一種基於「憲法」上義務而積極地形成的結果。國民此種地位，又稱為社會權。工作之權利、基本生活權利等皆屬之。在此社會權有時也被認為與耶凌涅克所稱之有關積極關係的權利——如受益權、積極的公權，具備同一性質。

　　除了依照個人與國家的關係來區分權利的類別外，依基本人權的本質與形成歷史背景，可區分為(1)國家形成之前的個人權利，即國家未出現，未成立之前，任何個人就自然享有的權利。此乃每個人與生俱來的固有權利，且人之所以為人，自應擁有的權利，故又稱為自然人權。例如，有關精神自由之信仰、思想、良心等自由，有關人身居住、遷徙、旅行等自由。但問題是這種屬於被普遍肯定的權利在國家出現後，常會受到壓抑或限制，因此列入「憲法」，只不過是為了警示國家不得侵犯，而藉「憲法」予以確認。(2)後國家的權利，即以國家存在為前提的權利。國家存在之目的，乃在保障國民之生命、自由及追求幸福等前國家的權利，但事實上這些權利若欲在現實社會生活中，具體實現其權利效果的話，必須經由國家權力的積極運作，方能獲得確實的保障，故又稱為「社會權」。即自然人權若無社會人權的配合，亦將成為空洞的保障。因為資本集中、勞資對立、貧富懸殊等原為資本主義自由經濟體制無可避免的構造性弊害，結果對於經濟貧弱如勞工、失業者、老殘孤寂等無產階級，在入不敷出、三餐無以為繼的情況下，財產自由、言論自由、甚至遷徙旅行等自由，已毫無實質意義可言。因此，必須由保障工作權、合理勞動契約基準、生活補助與保護、提供教育機會等，來改變此經濟上的不平等，進而享有實質的基本人權保障。同時，由於國家的存在，使資本

得以在有秩序的社會中形成與累積，且充分獲得保障，因此，當個人的生存受制於資本因素而陷入貧弱地位，甚至生存尊嚴受到威脅時，當然亦應由國家社會共同承擔責任。唯有經由社會權的保障，才可能縮小天生的不平等所造成的差異，此即為現代福利國家的共通理念，殘障者工作權的保障透過定額雇用措施強制實施就是一例。

　　在殘障者工作權透過法規強制實施的同時，雇主也有另一種聲音，並請求大法官解釋「政府有否違憲？限制他雇用的自由？」，這樣的矛盾就是自由基本權和生存基本權的爭論，在此有必要先就「自由基本權」與「生存基本權」加以區別。就二者形成發展的歷史背景加以觀察，前者主要係對國家權力予以消極的限制，強調「自由」的色彩；而後者則係積極地要求國家權力參與，強調「生存」的色彩。社會權與自由權並非異質與對立的，也不是要取代自由權的，而是要落實自由權的保障，因此，兩者之間有其相互關聯性。生存基本權之內容強調制度保障，截然不同於救貧時代，消極偶爾為之的恩惠濟貧理念。而是主張社會的每一成員，都當然享有立足於社會的生存權利，並且認為生存權理念的核心受教育權、工作權、勞工基本權、醫療保障等「社會權」影響。

　　就公共政策制定而言，任何一個政策的制定皆可視為一種社會分配的過程。如果我們將工作機會視為一項分配的項目，如何分配，分配給社會中的「誰」，怎樣的程序才是合理，才能達成公平性的政策目標；以上這些問題的提出顯示制定任何公共政策時所必須顧及的考量標準。殘障者工作權的保障代表

圖 6-3　透過法規保障殘障者工作權是政府正視殘障福利的開端。

著藉由法律來保障社會中在傳統上視為較為弱勢的團體以「加權」的方式，促使他們也有法令上公平的機會參與就業機會的分配程序。換言之，經由定額雇用制的實施，政府透過該項保障措施，一方面可確保引用該項法令安置殘障者就業機會，另方面傳達了政策在理念上對受引用對象之「加權」比重，以示精神上的宣示「政策的公平性」。因此，定額比例訂得愈高，保障性愈高，則政府的相關性配合措施上的投資獲預算上的支持也需愈強，才可使政策的精神不致流於形式或宣示的意義大於實質。

　　福利政策制定過程中所牽涉到的決策不是用成本效益評估等計量方式可以得到解答，也不是理性模式中所謂「……在許多代替性方案中做一個理性的判斷……」。它往往是受到規劃者、立法者和相關介入力量價值抉擇的影響。最後，藉由吉沃斯 (Alan Gewirth, 1912–2004) 對於價值抉擇的正當性 (Justification) 提出的原則，作為福利政策制定過程中思考的方向。

⑴政府對於個人基本生活需求如食、衣、住、醫療保健的保障，優於對於其他人自由權 (right to freedom) 的保障。

⑵而一個人的自由權優於他自己基本生活需求的滿足。個人有權決定要不要申請福利服務，要不要接受救助或服務。當然，如果該決定違反了他人基本需求或是危害他人身心，是以上述第一條原則為準。

⑶政府在維護與保障某一群體的基本人權，如基本生活需求、免於受到傷害、接受教育和社會救助……等方面的順位，優於他人財產的保障。例如政府有向人民要求納稅的權利，透過再分配的機能，保障特殊群體的基本需求。

　　既然價值抉擇的困境無法在福利政策制定過程中完全避免，至少可以做到正當性的抉擇 (justified choice)，使得福利政策的任何一項決定，都是為了達到分配的正義所做的謹慎考慮。

四、價值抉擇的釐清與判斷

　　社會福利最常面臨以下的問題：這項福利資源給予的對象是應該以婚姻地位、年齡、居住地區年限、收入、服務的年限、健康狀況中哪一項為標準？給予什麼樣的資源？是實物還是現金？輸送的體系是經由地方政府至社區到家庭還是由中央統籌？至於提供資源的財力是應該以民間財力為主？政府歲入支持還是以預付方式 (contributory) 的基金為主？這些議題都是爭論不休的價值判斷。安排這些價值抉擇的優先順序，或尋求這些基本價值的最佳搭配，是福利規劃中最受人注目的焦點。下列的三度空間圖，正說明了福利哲學、價值抉擇以及福利理論的可能性的組合。

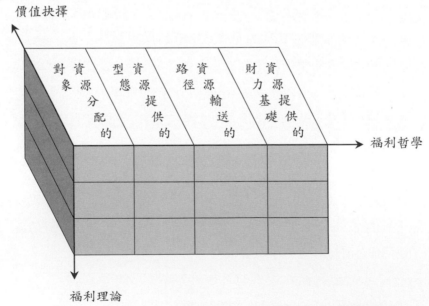

圖 6-4　福利哲學、價值抉擇、福利理論的可能性組合

　　基本上社會福利必須在下表的兩個價值取向間做一抉擇，上述的架構是以個人取向（個人對福利的追求）和集體努力（經由政府運作）取向作為兩個定點，分析福利政策中對於給付對象、資源形式、輸送方式和財力來源的決定。馬歇爾 (1965) 也曾將個人追尋福利和福利國家集體努力做了解釋，他認為個人對福利的追尋是一種自然權利 (natural right)，是不可侵犯的，但是福利國家的責任是保障整體 (whole community) 的福祉，這種福祉並非個人福祉的總和。個人的要求 (claim) 必須受到規範和限制才能在整體福祉中找到個人權利和大眾的好 (common good) 之平衡點。

表 6-1　福利政策四大議題的不同取向

個人主義取向	福利政策 四大議題	集體主義取向
給最需要的人：以符合最 大效用原則　　←	1.給付對象　→	所有的人都應該享有福利資 源：以符合平等對待原則
現金補助為主：以符合個 人偏好的選擇自由　←	2.資源型式　→	實物給付為主：希望達到間 接的社會控制
由各區域自行決定：以符 合差異性的自由 (freedom of dissent)	3.輸送方式　→	中央統籌、規劃和執行：以 符合效率和標準作業
地方自籌：以符合福利事 業共同參與原則　←	4.財力來源　→	中央提供：以符合福利國家 強調的聯邦責任

㈠就資源給付對象而言

　　給付對象選取上的兩個定點是：給那些最需要的人還是大家都能享有的普遍原則。在季伯特和斯派赫特的書中將前者定義為成本效果 (cost effectiveness)，也就是將有限資源做最大效用的發揮，將每一分資源分配給那些無法在市場競爭中得到他們應得的。根據這個原則，就必須制定一些區隔和選取的標準以幫助「選出」那些真正需要的人 (the truly need)，例如，依賴人口、沒有工作能力的人⋯⋯等。至於另一種是以平等對待

為主的普遍性原則，季氏和斯氏稱之為社會效果 (social effectiveness)，只要是在社會中的一員，應該給予平等的對待，不應該將有特殊需要的成員在行政手續的申請過程中給予不平等的對待，例如烙印的屈辱過程⋯⋯等。笛姆斯針對成本效果和社會效果做進一步解釋，他認為短期來看成本效果原則比較符合資源有效運用，但是在選取過程中的行政時間成本如果一併計算未必是真正的最大效用。再加上因為申請過程的複雜和資格選取上的限制，阻礙了有需要的人前來申請，造成間接人力資本 (human capital) 上的不當，也應該一併考慮。

㈡就資源的形式而言

政策在規劃福利項目時常徘徊在現金 (cash) 與實物 (in-kind) 給付的價值抉擇。現金給付的優點在於案主可以充分的使用配置發揮消費者主權 (consumer sovereignty) 的選擇自由；但其缺點則為無法確保受惠者正當的使用，以及在市場經濟體系下，能否購買到所需要的項目，也是考量的重點。若使用者作不正當的使用，無法達到原先的目標，更產生負面的影響。實物給付，如提供食物、醫療或器材、配給住宅、心理諮商與治療⋯⋯等措施，固然可以確保服務的使用，卻忽略了案主個別的需求，限制了選擇的自由，同時由於其轉換性甚低，使用者亦不可能自行調整。雖然使用者可以自行決定要或不要，但是福利項目往往將現金給付配合實物給付作為行為或態度改變的一種社會控制的方法。最明顯的例子是美國的困苦失依兒童家庭補助 (Aid Family Dependent Children, AFDC) 案中接受補助金的父親或母親也必須同時接受職業訓練或就業輔導或諮商服務，以「矯治」或控制他們的觀念與行為。

五、福利項目設計的連續性與整體性和適當性 ——以老人長期照護為例

　　不論是現金或實物，在項目設計上的重點是連續性與整體性。所謂照顧和服務的連續性 (continuum of care)，以老年人長期照護為例是指不論老人的身心健康情形或失能程度均能獲得充分和持續性的照顧，包括健康照顧、社會服務和個人照顧。在現代社會裡，老人的健康情形之變異很大，從身體健康、功能正常、罹患慢性病，一直

圖 6–5　圖為雲林縣老人長期照護協會在斗六開辦的老人托兒所，正在教老人做元氣操。

到癱瘓在床，老人所需的照顧內容和服務項目會因健康之改變而有異。因此，服務方案之設計類型有預防保健服務、醫療服務和長期照顧服務，俾使在各種健康情形的老人均能獲得持續而適當的照顧，以維持最大的獨立自主生活。依照 96 年 1 月份新修訂的「老人福利法」中，明訂各項機構、社區和居家福利服務，如交通服務、電話問安、健康檢查、家事服務、餐飲服務、社區連線、緊急救援、居家服務、住宅維修，社區服務如成人教育、老人文康中心、日托服務、社區心理衛生中心，和機構服務如退休社區、老人公寓、集合式住宅、老人住宿機構、團體之家、臨終安寧院、技術性護理之家、精神病醫院、急性病醫院、慢性病醫院。

　　具體來說長期照顧提供服務的重點是以增進老人的自立和日常的生活能力為主，這些服務包括：

(1)傳統的機構照顧（護理之家、醫院和診所）。

(2)非機構的社區服務（營養計畫、老人中心、成人日間照顧、竭息服務、

安寧照顧和交通運送)。

⑶居家服務(技術性護理和職能及身體治療、社會工作服務、零瑣服務、送餐到家、緊急反應系統、在宅服務/居家健康幫助、親善訪問和電話探問計畫)。

　為了連結醫療和福利共同提供上述三大類的服務,在長期照顧的相關機構上應設立不同類別的養護機構(如安養中心、日間托老、居家護理等),使病人依不同的需要而獲得適當的服務。以美國醫療照顧為例,分級制度包括:急性醫療(指住院一個月以上,即可出院病癒),慢性醫療,其中又可分為:⑴專業照顧 (skilled nursing care facility);⑵中度照顧 (intermediate care facility);⑶安養之家 (nursing care home);⑷日間醫院 (day health or day hospital);⑸日間托老中心 (adult day care center);⑹

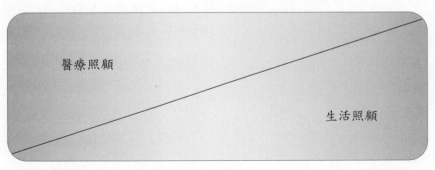

急性醫療	慢性醫療	長期照護		安養服務
		技術性護理	非技術性護理	
急性醫院	慢性醫院	居家護理、日間照顧護理之家	養療機構、居家服務、日間托老護養機構	安養機構

醫療衛生　　　　　　　　　　　　　　　　　　　　社會福利

圖 6-6　六種慢性疾病長期照護的分類標準

居家照顧 (home health care) 等。這六種慢性疾病長期照護的分類標準，是以醫療衛生和社會福利兩個極端來劃分（如圖 6-6），因此是個連續性的概念。可知，在連續體的概念中機構與社區兩種不同型態的長期照護措施不是那麼截然劃分，基本上只是專業介入程度上的問題，而不是有無的問題。

由實際的經驗中發現，社區與機構式照護的二分法並不是很正確，社區其實也可以提供如機構式的看顧，在社區中自由生活享受人性的尊嚴及擁有自由意識，而機構中某些老人其實不必長久居住在療養院或醫院中可轉往社區。社區中的老人也可能因健康情形變壞而需轉往機構接受嚴格而有計畫的照顧。在決定社區與機構之間的適當安置時，通常考慮下列因素：

㈠老年人的功能障礙

日常生活的能力是影響社區生活的因素之一。老人及其親人可依其主觀的判斷決定是否生活在社區中。社會工作者也可依據日常生活的能力 (Activities of Daily Living, ADL) 及輔助性日常生活的能力 (Instrumental Activities of Daily Living, IADL) 來判斷老人功能障礙的程度。

㈡老年人的精神狀態

老人多有健忘、沮喪、煩惱、緊張等狀況，這常會影響到其家人及下一代的日常生活；嚴重的精神分裂及不均衡的心理狀況也很可能使老人適合接受機構式的照顧，在社區中生活不僅他們無法適應，也影響到其他社區居民的身心健康。相對而言，在精神病院或精神健康中心的某些老人可能在社區中較能得到充分的照顧、享受正常的社區生活，若讓他們長久留在療養院或精神病院反而會加劇其身心的不平衡。

㈢非正式支助資源的質與量

　　家人、親戚、朋友或鄰居的存在與否也影響到老人的社區生活或機構式照顧的抉擇。若老人在社區中有非正式的社會網絡能幫助老人生活，則老人較願意留在社區；而那些無依無靠的老人多被迫居住在照顧機構下。但看護若是長久的，非正式的支助可能逐漸減弱，親人可能無法長期盡其義務與責任，朋友鄰居也無法全天看顧盡其道義；另長期而言，照顧的提供者的身心也會受到影響，照顧的品質可能會降低甚至老人會被虐待。若要使老人長久生活於社區而不轉到看護機構中，則對照顧的提供者可能需給予誘因，如喘息性服務 (Respitecare)，對老人則需予以各種保護服務 (protective service)。

㈣醫療及服務網絡的健全與否

　　社區與照顧機構之間的流通亦受到醫療照顧機構的健全性影響。在現代的社會，重殘者及慢性病患者可到療養院中接受照顧，不必一定留在社區中，親人及朋友的負擔也減輕些。

　　但是就目前國內的情形分析，社區與機構照護的流通性，未必是完全以上述四點作為最主要的衡量標準，另外還有兩個現實狀況：

⑴收費高低：目前老人長期照護機構服務收費不一，高價者號稱媲美五星級飯店服務，所費不貲；但卻也有同業間彼此削價競爭，遠低於成本經營。造成服務使用者無法選擇或是難以選擇的情境。

⑵小型機構是目前市場的主力：雖然近年來政府對於各縣市未立案機構積極輔導，且多已能完成立案。但依據民國 96 年內政部統計資料顯示小型老人機構（50 人以下）計 809 家占 82.72%。其硬體設施及照顧專業人力都面臨極大的考驗。

思索

　　自立自助是每一個社會最初的社會福利機制，也可以說是在國家、政府尚未成形前，部落社會共同面對天災、苦難的策略。從寡婦孤兒到貧病老殘，部落共同照顧相互扶持的精神，直到現在還被認為是社區照顧很重要的源頭。再窮、再貧困的地區也有自己的生存方法，有他自己的糧食分配原則，和生活必須遵守的倫理規範，例如誰有權力分配有限的糧食？先給誰？優先順序的排列如何？誰可能會被犧牲？為什麼是他（她）？基於什麼信念和價值？在福利人類學的論述中對於權力基礎、資源分配以及照顧責任有相當多的討論。

　　福利服務在對象和項目上，應以下列三點為思考的主軸：

(1)資源怎麼分配：包括以下五個問題→資源從何而來？分配給誰？給什麼？給多少？怎麼給？

(2)給與受之間的權利義務關係，立基於何種價值理念？

(3)非正式資源網絡、社會資本，包括家人、親人、族人和宗教組織，如何形塑、維持與增強？

　　福利的本意是慈善助人，但為了避免福利輸送的路徑和方式出了狀況，導致慈善的美意落空，因此社會工作者從 1980 年代開始放慢腳步重新思考：

(1)各項補助的背後，對於家庭和社區帶來什麼樣的影響？

(2)對救助的依賴與自力更生間，是否獲得均衡的發展？

(3)國外救援物資是否讓需要救濟者直接獲益？當地政府或私人組織有無干預或影響救助效益？

　　從原本單方面的給，到互為主體性 (intersubjectivity) 的給，是相當不同的概念，也是不同的權力關係。前者是一種強勢作為，後者是互相學習；前者是權力的主導者，後者是共同的參與者；前者在

給的時候，同時也在進行著教化和規訓，後者在給的時候透過文化
的瞭解不斷修正作法。強調互為主體性的慈善思維，包括了三個內
涵：

⑴對於受援助文化要有所瞭解。

⑵對於不同生活方式要有體驗。

⑶對於不同權力結構之下所呈現出來的語言和作為要有反省。

　　否則任何福利對象的選取和項目設計都是一種權力關係的延
伸，違反了原本的精神。

第七章　福利服務之輸送

　　王先生一個月前因工廠宣佈惡性倒閉而失業，想要申請社會救助暫時解決家中妻小的生活。他花了不少時間找出該向哪一個單位申請，可是單位電話怎麼打都是在占線中，之後好不容易通了，問接線生說帶些什麼證件前去申請，接線生說：「什麼都不用，只要與社工員當面解釋你的處境」，但是隔天王先生排了三個鐘頭的隊見到社工員的時候，得到的答案竟是「我需要你的繳稅證明、房租、醫療支出……等文件……，接線生是新來的，她不瞭解這裏的規定……」。於是第二天，同樣地在等待了三個鐘頭後，終於把準備好的資料送進了收件的小窗口，直到下午 1:30 他才被一位社工員正式的約談，得到的答案是不符合申請資格，原因是他曾拒絕過就業輔導安置的工作，王先生解釋那份工作離他家必須換三趟車，他不可能搬家。社工員說：「對不起我愛莫能助，這是規定，如果您不滿意可以打申訴電話，尋求行政解決……」。

　　上述的故事聽起來不陌生，似乎生活周遭常常出現。癥結不在於福利本身而在於福利的輸送，所謂福利輸送是指將福利服務從福利項目設計者送到需要者手中的過程。過程不當徒有福利項目也是無用。某私立大學接受家長捐贈兩百萬元，等到其子弟畢業後若干年都沒有運用。突然有天德高望重的教務長退休之際想到這筆錢，一問之下，大家彷彿記得這件事，但是帳目上卻無任何記載，錢到哪裡去了也不曉得，是污了？掉了？還是放到一般的收入中統籌運

用？沒人知道，這種行政界的烏龍事一直被認為是最大的問題，因此福利輸送過程是關係著福利服務成敗與否的重要關鍵。輸送過程中，實務工作者的態度、工作認同是很重要的關鍵，所謂上有政策下有對策是一種形式主義 (ritualism)，也是一種辦事的方法，問題是這種方法阻塞了福利輸送，許多中央政策到了地方沒有任何的動靜，有補助款項也不見地方來申請。原來公文到了辦事員手上，在多一事不如少一事的心態下，有一半的公文是存查歸檔。地方的需求永遠得不到回應，這是非常可惜的事。希望未來福利服務的輸送都能如同 Pizza 騎士一樣快速、準確地送到需要的人的手中。

圖 7-1　福利服務的輸送若能如 pizza 一般快速的送到需要者的手中，是全民最大的福祉。

　　多年來，在社會福利的需求不斷增加，供給量也有相對性增加的情形下，整體說來，兩者之間未必會達成有效的配合。即供給者所提供的福利服務，品質、數量與項目，未必能符合消費者及使用者的要求。而整個服務輸送體系 (service delivery system) 中，則顯現出資訊流通上的缺陷、機構資源的缺乏、機構本身對福利服務品質的認知及要求、法令規定上的不足、及管理監督上的不當等缺陷。

　　事實上，人類社會的發展是一個從同質到異質、由簡單到複雜的過程，這種過程伴隨著結構與功能的分化建立了工業社會中強調以互補與互賴原則為主的分工關係，職業種類的分化 (differentiation) 與專門化 (specialization) 更是發展過程中的重要現象。然而當分工變為過分複雜，對於有多元需求的案主而言帶來另一種傷害。人的需求是整體的，但是往往卻為了科層體系的分工，而切割成醫療、社政或就業……等類別，而忽略了彼此之間的配合與協調。若每個機構只強調自己的專業和自主而忽略相互合作的重

要，就會出現季伯特和斯派赫特在其《社會福利政策》(*Dimensions of Social Welfare Policy*) 一書中談到的分散、不連續、沒有專業的可信度以及可及性……等缺失，這些缺點唯有藉由不同的專業人員，運用各種專業技巧與知識，在不同的環節上、階段上提供各種專業的服務，並予配合、支援，方得整體的落實。一個完整的、有效的福利服務輸送體系更應是以協調合作運作方式達到助人的目的。

一、福利服務輸送過程有效性分析的指標

理論而言，福利服務輸送結構是將福利的「分配者」(distributors) 和「消費者」(consumers) 聯結在一起的組織安排。簡言之，是資源流向案主的遞送體系，法姆金 (Framkin, 1973) 依據社會服務的特性，將社會服務輸送體系解釋為：是一種互動的組織網絡，其重點在於針對特定目標人口群提供相互支持；艾倫 (Allen) 等 (1975) 則提出一個較具綜合性的觀點，將社會服務輸送體系釋義成：將社會服務的規劃與執行予以整合與協調；亦即指組織體系或組織群由環境中獲取資源，再將此資源轉化為方案或服務提供給案主，在探討服務輸送體系時，可有兩種取向：一為以其系統運作機轉 (system operational mechanism) 為架構，用輸入 (input)、轉化 (transfer) 與輸出 (output) 的概念，來分析體系的整體實況；另一種則是以其內涵因素 (content factor) 為架構，用可近性 (accessibility)、可及性 (availability)、權責性 (accountability)、整合性 (integration)、可負擔性 (affordability)，與品質 (quality) 等概念，來檢視體系內的運作情形。

另外一個例子是以可近性、可及性、權責性、整合性內涵因素分析社會救助福利服務輸送的有效性。所謂的可近性是指有需要的案主接近福利服務的能力，而可及性是指這項服務是存在的，是馬上就可以滿足

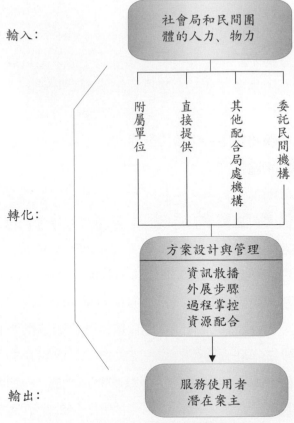

輸入：社會局和民間團體的人力、物力

附屬單位　直接提供　其他配合局處機構　委託民間機構

轉化：方案設計與管理
資訊散播
外展步驟
過程掌控
資源配合

輸出：服務使用者　潛在案主

圖 7-2　系統理論福利服務輸送架構

需求的。所謂的整合性也就是連續性，案主多元的需求無法只經由一個機構予以滿足，需要機構之間就任務取向 (task-oriental) 協調整合。權責性指的是中央與地方、政府與民間的權責要清楚、明確。

如果要以上述內涵因素檢視我國福利服務輸送的適當性，其結果是有點遺憾。國內早期由於資源的匱乏與德政施惠的觀念，對於福利服務輸送目標達成 (targeting) 的概念並未重視。相當多的研究報告顯示，許多有需求的貧困者對於救助方案的內容不知曉，亦不知道如何申請，導致有需求者無法根據需要，主動立即尋求救助服務。

在王篤強 (2007) 的分析中，提到現階段脫貧方案服務輸送的阻礙，

包括三大問題、四大落差。三大問題：⑴濟貧、安貧或脫貧？ ——服務
方案目標不清楚的現象普遍存在；⑵增權或消權？ ——控管福利津貼與
脫貧中增權自立的矛盾；⑶過剩與不足——資源重疊、個案重疊下的福
利資源分配不均的現象。四大落差：⑴服務使用者的服務期望與現行服
務內容間的落差；⑵服務方案設計內容與工作人員的評估有落差；⑶政
府強調配套式的服務方案，但民間執行機構缺乏專業人力與資源整合能
力之間的落差；⑷區域性差異造成服務推動上的落差。

　　至於社會救助的權責性在我國基本上係以地方責任為取向，中央政
府僅居於政策指引與經費補助的角色。但目前由於中央政府社政部門經
費擴增，因此若干項目直接由中央介入補助，例如生活津貼，此舉造成
中央與地方責任的不清，若中央有經費與能力可將經濟安全轉由中央直
接服務。除了孫教授對於社會救助福利輸送體系的分析外，王麗容教授
對於臺灣地區福利輸送過程提出以下批評：⑴行政運作疊床架屋、缺乏
整合和不經濟；⑵福利內容形成水平式、垂直式不平等現象；⑶資源分
配缺乏「目標群」導向；⑷方案內容缺乏「激勵工作」之誘因；⑸整體
服務各福利輸送上、項目上、分佈上過於分散、及可及性不足，甚至由
於轉介網絡整合之不力，使得服務缺乏連續性。以上是福利服務輸送較
顯著的問題，也是影響我國社會福利政策績效的重要因素。

二、有效的福利輸送前提

　　不論是系統分析或是內涵分析，有效的福利輸送需要有下列四階段
的準備：

㈠資訊的充足與流通

　　在系統理論中，資訊是輸入福利服務體系重要的一環，也是促成系
統互動交流的原動力，因為在整個服務輸送體系中，不論是轉化、或是

輸出階段的運作是否有效，均決定於資訊是否充足及順利流通。資訊的內容包括對需求、資源、及服務內容等的瞭解，例如可合作的相關服務機關，案主的需求及問題，應接受服務而服務不足的案主群體 (underserved) 及尚未被服務的潛在案主 (unserved) 等。其次，在機構提供服務過程中，所需運用的資訊，如服務人員所需的專業知能、機構運作的必須資源，像財力、物力、人力的來源等。

案主需求和服務群體的鎖定可由需求評定和外展步驟找到答案，所謂的外展步驟，是觸及 (reach) 到真正需要幫助的標定群體的有效方法。伯蒂 (Rino J. Patti) 在其所著的《福利機構的有效管理》(*Managing for Service Effectiveness in Social Welfare Organizations*) 書中以福利機構的角度將群體分為一般群體 (general population)、高危險群體 (high-risk population)、標定群體 (target population) 以及真正服務到的群體 (serviced population)。彼此之間的關係如下圖。

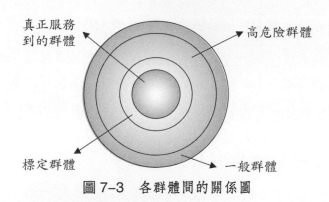

真正服務到的群體　　高危險群體

標定群體　　一般群體

圖 7-3　各群體間的關係圖

以發展遲緩兒童為例，一般 0 到 12 歲兒童是最外圍的群體，而生理、動作、認知語言在正常發展較遲緩的小朋友是特別要予以早期療育的對象，是高危險群體；而在高危險群體中容易被忽略的是學齡前 0 歲到 6 歲的小朋友，是某計畫的標定群體。然而一個計畫實施之後，服務到的對象未必是與原本鎖定的標定群體一致。而外展步驟最大的功能就是縮

小標定群體和真正已被服務到的群體之間的差距，這個步驟有賴於宣傳方面的用心設計，不僅是宣傳海報或通知本身，更重要的是放置這些宣傳品 (publicity) 的地點，必需要是高危險群經常出入的場所。例如一個婦女就業訓練計畫的外展步驟則包括了：

(1)宣傳單放置在各大便利超市、百貨公司婦女經常進出的地方；

(2)在社區性的報紙刊登一個星期的廣告；

(3)在機構的簡訊上刊登消息；

(4)在其他的就業輔導或職業訓練機構張貼廣告。

(二)資源的運用與開發

　　一般而言，資源可分為兩種，政府的財力、人力和物力是屬於制度內的資源，民間團體的資源大都是非制度內的資源。前者指該項資源已有一套制度化的規章、程序或辦法來取得和分配，後者則屬於個人性及偶發式的。來自政府部門的制度化財源主要是以稅收的方式匯集社會資源，以提供社會服務之所需；至於非制度化的資源，一是指個人性的捐款給社會服務機構。一是因某偶發事件所引起的捐款。以目前福利多元主義混合式經濟的趨勢而言，許多民間機構接受政府委託，以半民間半官方的定位運作 (quasi-public)。許多福利服務機構，它們的資源並不全然來自於非制度化，相反地，有一大部分來自政府的補助。政府透過與民間的合作不僅推展它的福利服務範圍，更希望能藉由非制度資源的運用和開發，彌補政府的不足；而就民間的立場而言，透過與政府的合作可以強化機構組織的功能。

　　這種政府與民間的夥伴合作關係的轉變對於福利服務輸送的有效性而言是否有所影響，以臺灣目前的狀況要予定論還言之過早，但是在執行的過程中呈現以下的問題 (柯三吉，萬育維，1994)：(1)委託對象難求，且品質參差不齊；(2)政府委託經費不足，以致經營者尚須張羅募款，間接影響服務之品質；(3)委託單位承辦人力不足，實無法落實各機構輔導；

⑷欠缺相關的法規以規範市府與受委託機構；以及⑸輔導監督及稽核方法不夠周延。理論上而言，政府主管單位應有足夠承辦人員，且具備相關專業及管理技術，委託一些有潛力的機構，藉著過程中的督導協助；同時積極立法以建立社福專業證照制度，才是針對民間資源開發與運用的長遠作法。政府直接提供福利服務功能的移轉並不表示規範(regulation)及經費補助(subsidy)功能也一併移轉，而是須轉而發揮管理、規劃角色。以目前政府在委託式福利服務經費和人員編制的投入，不圖擴充補強而想移轉其所有功能與品質參差不齊，甚至體質積弱的民間部門，絕對會造成長期的不良影響。「為了委託而委託」、「因為政府也不知道該怎麼辦而委託民間來辦」，是在政府運作部門常聽到的理由。

就機構的立場而言，若要求發展，則必須要開拓新的資源，如何瞭解和掌握現在的資源就成了重要的課題。在資源有限的情況下可由資源點存的方式達到資源的開發與有效的運用。按照目前社會分工與專精化的程度，任何福利服務不可能單獨存在，也就是任何一個機構不可能是封閉的系統，一定和其他機構發生合作、競爭、互補、隸屬……等關係，關係的決定因素在於資源，機構本身不一定要掌握資源，但要瞭解資源。「資源應該是共享的，而不是獨占的」這個概念是相當重要的，資源點存(resources inventory)往往是被認為有系統、有效率瞭解資源的一種方法。它主要在分析一個特定地區之內，目標群體可利用的服務以及提供與需求之間的差異，可幫助機構避免服務方案的重複和競爭。藉著蒐集不同型態的服務和提供機構以及機構對受助群體不同資格要求，將對社區資源有清楚的瞭解。

圖 7-4　資源應該是共享的。

基本上，資源點存的資料蒐集分為四大部分：

1.提供者

服務提供者可以依照「地理區域性」（例：行政地區、學區）或「組

織」（例：機構的性質公立或私立）來分類，也就是提供服務的廣度。

2.提供何種服務

服務的分類必須符合：

⑴互斥性。

⑵符合政府分類要求。

⑶有地方性的意義。

依據上述可分成三個分類原則：

⑴服務的內容。

⑵案主功能的等級。

⑶申請資格的限制。

3.資格限制 (eligibility requirements)

⑴服務的提供應是每個人都可申請的，但不是每個人都可符合資格。

⑵資格限制可以和目標群體的特質相比較，以瞭解是否和提供的服務有所差異。

⑶各機關間目標群體的特質應彼此互斥，以達連續性服務的宗旨。

4.服務容量 (service capacity)

在資源點存時，除瞭解由「誰」提供「什麼」服務之外，也要瞭解提供多少服務。另外也應瞭解機構針對不同目標群體（例：不同社經人口特質、當地居民）提供的服務層次，以及有多少人利用該項服務。測量服務利用的指標包括下列五項：

⑴服務的人數。

⑵接案和轉案的數目。

⑶提供服務的單位。

⑷所花費工作人員時間。

⑸方案受益者的單位成本。

有了以上的資訊，對於各機構間目前推出的活動有更清楚的瞭解，重點是資訊要正確,否則錯誤的資訊只會增加輸送體系中不必要的成本。

　　事實上，除了財力、人力的資源外，機構授權和組織結構上的配合更屬必要。所謂授權是指為了配合新業務的推展，要賦予新的權力。最好的例子是民國 82 年修訂的「兒童福利法」及 83 年通過的「施行細則」當中有關兒童保護的執行就賦予社工員、警察和相關人員應有的隔離、監護與調查……等法定權力。賦予任務執行中應有的權力是有助達到預定目標的前提之一。同樣的例子也出現在「精神衛生法」當中強制就醫的規範。最後，除了上述資源之外還必須有結構的配合，也就是新的硬體建立或成立新局處共同推動預定的福利項目，相較於前者，這是比較次要的考慮。

㈢服務使用者需求的滿足程度

　　任何一項福利服務最終的目的是服務效果的問題，藉由服務輸出後對案主及環境所產生效果的反省，提供者方能有所改進，以作為輸入及轉化過程的修正參考。在此階段的相關議題有：⑴案主問題的改善情形或需求是否已滿足？⑵服務的提供對機構本身的影響為何？⑶對社會的正面及負面影響為何？基本上以使用者需求滿足程度來分析福利服務的輸送過程不外乎想要回答以下的四種問題：福利服務使用後——

⑴深度：影響有多大？這些影響可能是深遠的或表面的？

⑵廣度：效果是長期的或短期的？動態或靜態的？是否有一個最基本的影響結果或其中一些是最重要的，其他是次要的結果？

⑶範圍：對所有案主有同樣的影響結果或僅限於特定的人口群？效果是否隨生命週期變動？

⑷重要性：對案主可能造成的結果，重要性如何？

　　除此之外，對於使用之後中斷者 (drop-out) 的資訊掌握也是相當重要的，原則上使用的障礙可分成以下三點：

⑴個人生活上障礙：對某些人而言要參加福利服務在生理、財務、時間的限制等障礙很大。

(2)文化的差異：次團體對自己需要的認知有所不同，對不同解決方式的接受性也就不同。

(3)競爭：其他的機構提供相同的服務，特別在人力服務的方面，有許多「非專業」的替代方式存在。

若對上述使用障礙加以探討，可以增加日後福利服務的可近性。同時福利服務輸送過程中的可接受性，也應該一併納入分析的項目。所謂可接受性是指假如案主需要某些服務，案主將會利用此項服務。可接受性是依據案主對機構及機構所提供服務的態度而決定，而案主的態度又受到使用的心理成本影響。對於使用者而言，許多心理衛生及福利服務仍帶有烙印，降低了使用的可能性。

(四)服務提供者的困境與需要配合之處

在輸送過程中，會有許多直接或間接的阻力和助力的發生，有些是可以預期的，有些則否，就提供者本身的困境主要來自於對於工作壓力、工作特性、人格特質、對於專業承諾或是組織承諾的程度。在李美珍、郭華龍、賴寶雯分別針對《臺灣地區醫院社會工作者之組織承諾與專業承諾之研究》、《少年教養機構員工組織溝通與組織承諾關係之研究——以臺北縣市為例》、《影響社工員從事兒童保護工作的滿意度之相關因素探析——以臺北市社會局社會福利服務中心為例》的研究中都肯定上述的發現。

至於外來的干擾因素，若仍是以社會救助為例，發現社會救助業務的行政人員與社工員，在執行業務的過程中發現下列的困難，例如：

(1)民意代表的關切造成行政人員在資料查證上，以及低收入戶的資格註銷上的困擾。

(2)目前最低生活費用訂定標準不盡合理，福利項目過於繁雜，部分項目虛有其名並未發揮實質效用。例如，低收入戶電費補助、申請攤販證。

(3)社會救助工作人手不足一直是個有待解決的問題，再加上低收入戶輔

導的重要性並未受到工作人員的認同，以及會計單位對於各種請款程序上的要求，導致社會救助業務事倍功半。

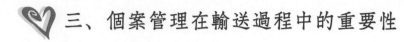 ## 三、個案管理在輸送過程中的重要性

貝爾 (Bell) 認為應以五種指標 (index) 來評定一個福利服務輸送體系的完整性 (comprehensiveness)。這五項指標分別是：品質的監督與保證，服務的可近性和可接受性 (acceptability)、彈性原則、集中責任以及結果的可評估性。以米勒 (Miller, 1991) 以及威爾 (Marie Weil, 1989) 的論點，若要符合上述五種指標，最佳策略是以個案管理的概念，用以控制進入服務 (access services)、品質控制和轉介、追蹤。因為個案管理的過程包括評估、照護計畫的擬定、整合與協調各項服務以執行照護計畫以及追蹤與監督，與上述五指標相互符合。

瑞普與波爾諾 (Rapp and Poertner, 1980) 針對個案管理運作提出四個工作要項：評定診斷、計畫服務、連接案主與資源體系、社區處置。波薩瑞普 (Ester Boserup, 1910–1999) 對個案管理的運作提出七個步驟：

⑴評估案主需求或需要 (evaluating the need or request)；

⑵審定案主資格 (determining client eligibility)；

⑶計畫服務的供給和安排 (planning for the provision and/or arrangement of services)；

⑷安排服務的輸送 (arranging for the delivery of services)；

⑸提供服務 (providing services)；

⑹監督服務輸送 (overseeing service delivery)；

⑺進行記錄直到達成服務目標與結案 (recording progress toward service goals and disengaging)。

　　沙克費爾 (Sackville, 1978)、蒙克 (Abraham Monk, 1990)，以及史坦伯格 (Raymond M. Steinberg, 1992) ……等人都指出個案管理者的角色不外乎下列七項：

(1)發現潛在的案主。

(2)確保照顧計畫的進行，並隨時修正。

(3)執行照顧計畫，利用所有適當的資源並進行服務協調和聯繫。

(4)監督進度，提出修正及其他可能的方法。

(5)召開定期檢討會。

(6)確實維持適當的工作記錄。

(7)安排案主在結案之後，繼續獲得適當的社會工作協助。

　　這七種角色可由下列的個案管理流程作清楚的說明。

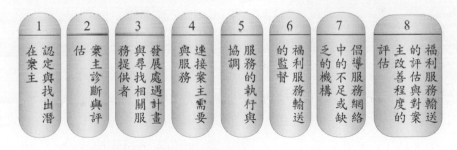

1	2	3	4	5	6	7	8
認定與找出潛在案主	案主診斷與評估	發展處遇計畫與尋找相關服務提供者	連接案主需要與服務	服務的執行與協調	福利服務輸送的監督	倡導服務網絡中的不足或缺乏的機構	福利服務輸送的評估與對案主改善程度的評估

監督過程

個案管理與服務網絡連結

個案記錄與相關文件保存

問題解決過程

圖 7–5　個案管理流程

資料來源：Weil, Karls and Associates, *Case Management in Human Service Practice* (1985).

　　希望能經由上述的方法和步驟將福利服務即時地、有效地提供出去，不僅對案主而言可以解決部分問題，對福利資源的運用而言更可以符合

成本效益的原則。

個案管理的運用是植基於二個相關概念。第一個概念是案主途徑 (client pathway)，此是指服務案主從第一次見面到結束的過程。第二個概念是指機構之間的協調合作。

1.案主途徑

個案管理初始的目標是要使案主在其需要福利服務的期間，獲得所需的適當服務。因此包括下列四個步驟：

⑴初評與服務計畫的擬定 (initial assessment and services plan)：在這個階段裡，最重要的就是收集完整並且深入的案主背景資料，包括案主的經濟、社會資源現況、過去的經歷、家庭背景、居住環境、婚姻狀態等等，此外對於案主的心理、生理運作狀態也必須做一番評估。如此才能真正瞭解案主的問題所在，進而配合提出一套比較完整而周全的「服務計畫」。

⑵協調安排服務項目 (arranging for services)：本階段中，個案管理人員必須盡力去探尋在社區中可資利用的各種服務項目，例如居家護理、在宅服務、免費送餐到府、水電或瓦斯優待、復健設施、巡迴醫療服務、文康中心、交通優待設施等等。此外老年人本身的人際關係網絡也是相當重要的一環，例如家人、親友、教會、鄰居等。總而言之，這階段的主要工作是按照所擬定的服務計畫來進行安排、轉介、協調服務的工作。同時代理案主爭取各種權益。

⑶監督與定期追蹤 (monitoring and follow-up)：定期以電話或訪視方式與案主及其家屬聯繫，以達到確保服務品質的目的。評估最初所擬定的計畫是否都如期進行。

圖 7-6　定期訪視案主以確認是否需調整服務計畫。

如果案主情況有變化，需要調整服務計畫時，可以有隨時應變的彈性，盡快的安排。以老人案主而言，他們因為心理、生理狀況都很脆弱，因此十分容易產生變化。

⑷再評估 (reassessment/evaluation)：評鑑工作是任何計畫都不可或缺的一個重要項目，在個案管理方面評鑑目的，是為了確定老年人因情況的變化某些服務項目的適當性，同時也評估老年人在接受服務之後是否還有未曾照顧的需求。當然，結果評估和老年人是否滿意所安排的服務也是評估的重點。

2. 機構間的協調合作

合作的意涵在於：放棄機構本位主義，以社區整體需求為考量，並在下列三點上共同合作：資訊流通、物理資源的共用和專業間的團隊參與。所謂「資訊的流通」指有關於社區資源的分佈、居民需求、活動推展……等訊息的流通，必要時基於服務案主的立場在個案管理的前提下，案主記錄……等相關資料是可以交換的。「物理資源的共用」是指活動場地空間上和其他設備上的共用，以達到資源最大效用，當然最重要的是「專業服務的團隊參與」。合作的模式有許多種，其基礎主要有二：其一是機構間之志願性的交換，尤其當機構在追求資源、相互支援以降低成本，在共同活動的範圍內消除歧見時，愈見其然。其二是協調的命令，此可為一種法令 (law)，也可是一種規則 (regulation)，用來制約機構之間的溝通。而這種互動的命令的形式可能是由外部強加的法令或規範，也可能是由參與互動的各單位及機構所訂定的正式協議。這兩種形式均以「交換」為關鍵因素。

除了上述「交換」與「法令」之外，機構間的協調尚可取決於下列之基礎（柯三吉，江岷欽，1987）：

⑴組織之間的互動頻率。互動頻率越高，達成協議的可能性越大。

⑵機構組織之間彼此的認知，亦包括工作的哲學觀是否一致。

　　不論是以哪一種合作的方式運作，都牽涉到機構與機構之間的互動關係。這種合作與互動關係會逐漸形成一種網絡。網絡應是個立體的概念，包括水平和垂直的整合與分工。不僅是各機構間平行的協調與分工合作，同時也有一個垂直的層級節制體系 (hierarchy)。基本上，福利服務網絡是一個專業整合的綜合體，「網絡」一詞則反映出服務過程中各部門的互動連結。服務網絡不只是一個抽象的概念或分析架構而已，它有其實際的運作效果。區域性的福利服務網絡能充分利用有限的資源，發揮福利服務整體的效用。

　　一個整合的服務輸送體系建構的重點，除了前文提及的指標外，更應注重服務的品質和回應性 (responsiveness)。前者以建立服務品質標準，並確實執行監督為主。後者則在顧及服務供給種類的多樣性：如提供時間、地點、規模、型式、和服務特殊需求。因此不能只考慮到單一的規格，而應同時鼓勵其他型態符合特殊需求的供給。多元並不表示分歧，分工應不表示獨立。

　　在過去福利服務的經驗中體會到，資源運用的成功與否關係著參與和合作兩個前提，然而，參與需要鼓勵；合作需要持續。鼓勵的來源可來自政府資源的贊助，以及社團機構活動設計的吸引，而持續的力量需要有認同有歸屬。希望日後不論來自民間或政府的主導力量，都能從認同開始，對資源有清楚的瞭解和網絡的運用，如此才能將社會福利帶往一個連續性和整體性的發展目標。

思索

　　非洲國家索馬利亞發生政變，成千上萬的難民等待國際援助，但是當救濟物資空運至索國機場後一個月，仍有數以萬計的難民因疾病、飢餓而死，究其原因是該國的運輸系統出了問題，不是交通工具不足，就是道路不通，堆積如山的物資成了廢物，資源與需求之間完全沒有吻合。這種遺憾也常發生在社會福利界，資源與需求

之間有四道圍牆，只要有任何一個阻礙，資源和需求就永遠也無法連接上。這四道圍牆包括：心理障礙、物理障礙、制度障礙和態度障礙，例如有需要的人不願意提出申請，或是申請手續太過繁瑣、或是申請資格雖然通過，但目前政府沒有預算、或是承辦人員態度不佳，令人感受到被侮辱。有位學者將福利輸送比喻成西餐的刀叉，刀叉要交錯，靈活的使用才可能將牛排送入口中，否則牛排仍是牛排，發揮不了實質的效用。若干年前為了簡化中低收入戶生活補助金發放作業，直接由市政府社會局出納將補助金匯入中低收入戶的郵局帳戶當中。這個簡化作業看似合理，但是有多少低收入戶沒有儲蓄？沒有戶頭？為了領錢要去郵局開戶，說起來是有點滑稽，若只就行政的有效性和方便性設計福利服務輸送，最後吃虧的仍是福利消費者。設計者如果多一分經驗，執行者若多一分體諒就不會出現文章楔子中的例子。法規是死的，是要靠輸送過程將服務輸送出去，如果執行者的能力、心態都對了頭，政策的落實也就不是那麼困難和遙遠的事。

第八章　社會福利資源網絡與行銷

　　資源網絡的建構是在社會工作中非常強調的概念與策略，不論是個案的資源網絡或機構間的合作關係，都是生存與發展的基本條件。然而，資源與網絡是兩個不同的概念。資源包括了資本與資訊，資本包括社會資本、人力資本和經濟資本，對機構而言，三者中最重要的是社會資本，也就是社會關係網絡，有了社會關係網絡，經濟資本就可以建立；而資訊包括了各個層面各種形式的訊息。不論是資本或資訊，若要達到網絡功能發揮整體力量，必須建立在信賴關係之上，這種信賴關係小至人與人之間、人與機構之間的信賴；大到機構與機構之間的信賴。信賴和誠信是網絡建構的基本條件，也是社會行銷的前提。有了信賴和誠信，各種資源才得以整合。

　　所謂「整合」，薇登 (Bjorn Hvinden, 1994) 認為應包括「合作」(cooperation) 與「協調」(coordination)；而合作與協調的機制則是透過「網絡」(network)，也就是所謂的社會資本。根據近來對機構間互動模式 (interorganizational behavior) 之研究發現，一個機構與其他相關組織間的關係愈密切，互動的頻率愈高，那麼其獲得必須之資源以維持機構的活動與功能的能力愈高。充分的資源以及資源來源的穩定常常是構成機構服務項目多樣性和高水準品質的必要條件，這種合作與互動關係會逐漸形成一種網絡。

一、從個案的角度來看資源的可欲性、互惠性和倫理性

　　社會工作面對到的案主可以分為過度使用資源 (over-utilization) 與低度使用資源 (under-utilization) 兩大類，前者指的是許多社會福利資源都集中在一個案家，後者是沒有申請意願或未能來使用福利服務但有需要的人。遺憾的是，愈是不願意來申請的人，社工愈不易觸及。也因此，資源不一定都給了有需要的人。問題是為什麼不來申請？不外乎四種原因阻礙了資源與需求之間的流通：心理因素、物理因素、制度因素與態度因素。**心理因素**是指對資源提供者的不信賴甚至反感，或過去有不佳的接觸經驗而不願接觸；**物理因素**是指申請上的手續、交通、時間……等所引起的不便，這些對有需要的人而言都是申請成本，阻礙其使用的意願；**制度因素**是指制度設計上的不良，例如使用上的設限或經費預算的有限導致服務的不足；提供者的**態度因素**，例如責難受害者、敷衍、應付、歧視和先入為主的觀念等對案主負面的對待方式。上述四點都會影響資源的使用，也間接的影響網絡的建構。

圖 8-1　想想看，假設你是案主，在申請福利資源時被責難，會是什麼感覺？

　　社會工作的角色之一是要資源連結，但是忽略了資源本身的可欲性 (desirability)、互惠性和倫理性，網絡也只是空泛。資源是中性的，但持有資源的人或機構就不是中性的了，有時候，需要資源的人如何看待資源或擁有資源的人和機構，就直接影響到這個資源是不是當事人所希望的，這就是所謂的可欲性。資源若要能生生不息，很重要的是互惠性，但互惠又不能違背倫理，否則就成了共犯結構或狼狽為奸，例如，老人

養護中心與某某商業副食品公司（糖尿病……等慢性疾病特殊配方的高營養食品）合辦中秋節晚會，即發揮了資源的互惠性，但若所有院內老人都購買該公司的管灌副食品，那就成了促銷活動，有違倫理。類似的狀況也可能出現在青少年育樂中心與某直排輪代理商。無論如何，資源連結時的最高指導原則仍該以案主的最佳利益為考量，而非機構的利益。

二、以機構間的合作、協調整合現有的資源，建構資源網絡

理想上，資源網絡是一個立體的概念，即包括水平和垂直的整合和分工。不僅是機構間平行的協調和分工合作，同時也有一個垂直的層級節制體系，藉著這樣的服務網絡的一個專業整合的綜合體，達成其實際的網狀運作效果。

因此，在論及資源整合與運用之際，機構間的互動是個必須討論的議題。按照柏蘭與威爾遜 (Boalland and Wilson, 1994) 的觀點，機構之間的協調聯繫變得更加重要的原因有二，其一是服務對象的多重需求（譬如：酒癮、長期照顧者、居家照顧者）；其二是成功的謬論：社區在改善有關公共健康問題方面經費花得愈多，照理說回收的品質將會更好，但是往往到了某一頂點後，投入愈多的金錢，所收的成果會愈少。針對成功的謬論做個簡單的解釋：更多社區機構紛紛出現的時候，它們之間是以競爭的方式來爭取更多的案主以及其他的資源，然而它們彼此之間卻很少以合作的方式來達成多元的目標。換句話說，嘗試去達成共同目標的不同機構數愈多，它們往往就愈少會以協調聯繫的方式來達成目標。因此，當提供不同服務的機構數增加，社區變得更有可能以綜合性的方式來滿足社會的普遍需要，同時更讓機構從一個協調聯繫的體系中來提供服務。特別是在心理健康、物質濫用、老人、兒童虐待，以及遊民的領域方面，顯示出所提供的服務缺乏協調聯繫。

合作的意涵在於：放棄機構本位主義，以個案或社區整體需求為考量，並在下列三點上共同合作：資訊流通、物理資源的共用、專業間的團隊參與。進一步而言，現今的研究視「協調聯繫」為動態的概念。舉例而言，瑞德 (Reid, 1985) 視機構之間的協調聯繫為介於兩個或更多獨立機構間「志願性質的交換」，相互補充必要的資源，以達共同的目標。綜上，資源本身是靜態的，要透過機構之內與之間的妥當運用和合作，才可能發揮到最大的效用；同時，資源也是有限的，不論是人力、物力或權力資源都有耗盡的一天，如何在動態的合作關係中，醞釀與創造新的資源是相當重要的議題。先前提及的資源點存和網絡連結的策略，就是為了能達到最有效的資源配置和管理運用。透過這樣的互助和互惠，結合政府、專業機構、社區、公益組織，排除持續性阻礙協調聯繫方式的原因，方能達成資源整合與運用的極大化。

♥ 三、以資源管理的概念經營資源，永續不息

在開發與運用資源的同時，資源管理的概念相當重要。資源管理牽涉到三個步驟：開發 (development)、連結 (linking) 與維持 (maintaining)，四種對象：專業、準專業、半專業和非專業，五項策略：率先啟動 (initiate)、說服 (convince)、議題設計 (set agenda)、活動設計 (activity design)、訊息管理 (information management) 以及成果分享和散佈 (dissemination)，不論是步驟、對象或策略，在考慮資源提供前，除先對現有資源有所分析，使用者的需求為何亦是相當重要的因素，供需之間契合方能對受服務群體有最大的幫助。因此，在推展榮民社區照顧之際，除對資源現況的瞭解有其必要之外，對於未開發但對榮民而言有需要的資源，應多建構，以補資源之不足。

資源管理的策略包括：

1. 建構以案主為中心的個人網絡 (personal network)

這種策略在集中與案主有聯繫且有支持作用的人，例如家人、朋友、鄰居等。使用的方法是社會工作者與上述案主有關的人士接觸、商議，動員這些相關人士提供資源以解決問題。另外，社會工作者也提供相關人士諮詢與協助，以維持及擴大案主的社交關係與對外聯繫。

2. 發展志工聯繫網絡 (volunteer linking network)

這個策略主要用在擁有極少個人聯繫的案主身上，是要為案主尋找並分配可提供協助的志願工作者。讓志工與案主發展個人對個人的支持（支援）關係，例如定期採訪、情緒及心理支持、護送或購物等。社會工作者可為志工提供訓練並給予所需的督導及支持。

3. 連結互助團體網絡 (mutual aid network)

此一策略的重點是將具有共同問題，或有共同背景的案主群，串連在一起，為他們建立同儕支持小組。這個策略可加強案主群彼此之間的支持系統，增強夥伴關係、資訊及經驗交流，結合集體力量，加強共同解決問題的能力。

圖 8-2　建立互助網絡能壯大支持的力量。

4. 動員鄰居緊急協助網絡 (neighborhood helping network)

主要是協助案主與鄰居建立支持關係，推動鄰人為案主提供幫助，尤其是一些即時性、危機性或非長期性的協助。

5. 社區增強力量網絡 (community empowerment network)

以社區為主體建立一個行動網絡或小組，為社區中的成員反映需要，爭取資源去解決本身的問題，並倡導案主的權益。另外，要去協助該網絡（小組）與地區領袖、議員或重要人物建立聯繫。

四、社會行銷是網絡建構的催化劑

　　社會行銷與一般的市場行銷最大的差別在於，它不是一個商品，而是一個觀念，或是福利方案或是安養護機構的宣導，例如「法入家門」的家暴宣導、「喝酒不開車、開車不喝酒」的觀念、政府各種類型的法令宣導或是醫療院所的衛教宣導，都是行銷，行銷成功，網絡得以順利建立，否則只是零星式、片斷式的資源，無法結點成線，更無法成網。社會性行銷最大的困難在於其方式（電視、單張夾報、宣傳車、電子跑馬燈等等）、地點（活動地點、宣傳品放置地點）與內容（簡潔易懂、清楚正確、易於實踐）是否得宜。此外，還有外部和內部環境的考量。以 SWOT 市場機會的分析法（strength：優勢；weakness：劣勢；opportunities：機會；threats：威脅）來探討機構的機會和威脅及優勢和劣勢，找出機構最重要的內部優勢和外部機會。

㈠外部環境分析 EPST —— 機會 (opportunities) 與威脅 (threats) 分析

1. E (economic) —— 經濟／人口

⑴經濟：城鄉差距、經濟所得均會影響當地居民對社會福利產業的價值觀念以及新觀念的接受度。

⑵人口：當地目前之需求人口數、供給面是否足夠及未來的潛在市場有多少？

2. P (policy) —— 政治／法規

⑴政治：要能洞燭機先爭取經費補助機會以降低成本。

⑵法規：以老人養護機構或兒少安置機構為例，機構設立時要整體的考量，包含建築及消防法規規定之符合。

3. **S (social)——社會／文化**

　　社會有都會區與非都會區的差異，以老人養護中心為例，都會區家庭的型態多為核心家庭（小家庭），故一般需求性與接受度較高，年長者較可能接受送至護理機構照護服務的模式。若是文化價值觀不接受這個安置方式，再便宜的價格也無法激起潛在顧客的購買慾望。

4. **T (technical)——科技／物質**

　⑴科技：機構在投資的硬體環境與服務品質之間的考慮，不一定需要昂貴的醫療儀器與其他高科技的成本。

　⑵物質：機構所使用的耗材、用品均反映出機構經營管理者的理念。

㈡內在環境 IPST——優勢 (strengths) 與劣勢 (weakness)

1. **I (input)——資源／人力**

　⑴資源：硬體為新建或改建？坪數大小？硬體建築空間是要新建或利用現有的空間加以改建？合作夥伴是否有公信力？

　⑵人力：人力取得容易否？成本高低？專業程度？

2. **P (product)——產品或觀念／服務**

　⑴產品或觀念的屬性：產品屬性及民眾接受度？例如生前契約或器官捐贈。

　⑵服務的內容：比較自己機構與其他機構之異同。

3. **S (system)——信用／品質**

　⑴信用：機構之在地形象、風評良劣，影響民眾使用意願。

　⑵品質：自己經營或是外包經營？重要的是，愈能掌控內部品質，服務品質才可能愈高，信用愈好，個案來源愈多。

4. **T (transport)——交通／接送**

　　交通是否便利？停車是否容易？

五、行銷計畫的發展及擬定

　　由於委外購買的趨勢，社會福利機構之間的競爭愈來愈明顯，只要有競爭就須去定位，因此，機構經營必須講求定位策略 (positioning strategy)，知道自己的主要消費者和次要消費者才能爭取競爭定位優勢 (competitive positioning advantages) 與掌握市場利基 (market niche)，無論是優勢或利基，都需要機構內部的團隊合作才可能掌握契機，然而團隊默契的建立有賴內部行銷的執行。行銷無法單槍匹馬作戰，須所有工作同仁都能共襄盛舉才能發揮功效（見圖 8-3）。

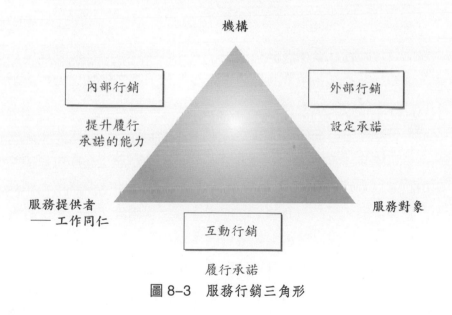

圖 8-3 服務行銷三角形

(1)內部行銷 (internal marketing)：內部行銷應在外部行銷之前，要讓所有同仁都體認到自己對顧客滿足的影響，行銷才能奏效。即機構應成功雇用、訓練及激勵同仁以提升員工能力，同時機構也要能滿足同仁、使員工熱愛工作，並以本業工作為榮，才能激發員工發揮團隊的力量，

使其能真誠地以顧客至上的共識，願意提供良好的服務給顧客。員工是提升機構經營者為顧客履行服務的承諾者，因而提升他們具有傳遞服務的能力、技巧、動機，故應①加強同仁態度管理及溝通技巧；②選擇合適的專業人員對同仁加強在職教育；③強化團隊合作精神。

(2)外部行銷 (external marketing)：機構對外的行銷活動，如以公關行銷活動來建立塑造細心、專業的形象，發展機構的特色，進而成為推廣的重點和賣點。

(3)互動行銷 (interactive marketing)：第一線工作同仁要站在消費者的立場提供服務，顧客評斷機構的服務品質時，除了考量技術性品質之外，也注重互動性品質。因而工作人員除了技術能力外，還必須學習如何以尊重平等的對待方式與案主保持良好的互動。

徒有外部行銷而不提升同仁的內部認同和專業能力是純粹的宣導面，無法持久；若只重視內部凝聚而忽略了對消費者的尊重和態度，也會讓人卻步。無論哪一類型的行銷策略都不外乎是在信賴與誠信的前提下進行，否則所有的關係網絡都是脆弱的。

資源是靜態的，是靠人的運作將它發揮到極致，可能解決了原本的問題但也可能帶來新的危機；網絡是無形的，是靠合作關係和信賴關係結點成網，但可能是個破網，也可能是個令人放心的安全網；行銷是短暫的，是靠後續的執行能力和承諾履行才能建立起對政府和民間社會福利機構的信心，否則只是更多的懷疑和不信任。

再貧困的地區都有原本當地資源，有它自己的生活方式和步調。資源的網絡建構中，必須在原有的基礎上逐漸展開，而不是行銷外來的，或是以正式的取代原有的能力，行銷的出發點不應是以機構或政府為主體，而是以服務的對象為主體，否則資源網絡只是壯大了機構聯盟，而行銷只是另一個不實廣告而已。

思索

　　一提到資源，大家想到的不外乎是大企業界、基金會、協會、志願服務組織的人力，也就是資源手冊中所列的名單。但問題是別人早就想到了，也許是早就連結資源辦過活動了，甚至於在資源的爭奪過程中，早就讓基金會的董事長或企業界的總裁拒絕與申請單位往來互動。因此，發掘資源與永續合作重點在誠信。這兩個字說來簡單，做起來就是社會工作所謂的責信，一種對贊助者、社會大眾、專業和執行機構負責的態度。然而在現今的社會福利機構生態當中，重視方案申請，輕忽成效結果，重視經費預算，輕忽單位成本。有時候我應邀前往帶支持性團體，成員加上工作人員與我共 4 人，當我簽收鐘點費 2,000 元的時候，心中總是嘀咕著不知贊助單位知不知道這麼高的單位成本？知道了會不會繼續補助？資源會有用完的一天，如何讓資源 recycle 再利用，再生就成了重要的關鍵。由受助者成為助人者是最符合充權觀念的一種作法，例如接受家扶補助的小朋友，到了高中回來擔任低年級孩子的陪讀；外籍新娘來臺灣多年適應後，擔任義務的翻譯；原本是紅斑性狼瘡的病友，現在自己出來帶病友團體，這些都是真實的例子，也是最好的行銷。有位好朋友曾經問我：「如何募款得到的資源會最多？哪一種募款策略最划算？」其實行銷最簡單的原則是說老實話、做老實事、報老實帳，經年累月，資源就會聞風而至，最糟的是，說誇大話、做表面事、報假帳，再多的資源也留不住。

圖 8-4　圖為曾受家扶補助的孩子（左），利用暑假回宜蘭家扶中心擔任課輔志工。

第三篇　實務篇：

現況與反省

在瞭解社會福利發展的歷史脈絡，制度之間的互動消長以及策略上的價值判斷和抉擇之後，進入社會福利實務面，分析它運作的方式，困境以及未來可能的努力方向。歷史脈絡、互動關係和策略抉擇如同一個人的骨幹、肌肉和人格，實務運作則是一個人展現出來的風貌，至於其風貌展現在哪些方面是一個藝術上的爭論。要為社會福利實務面界定一個範圍就如同第三章當中談到的，有其困難。為了避免這樣的爭論，就以季伯特與斯派赫特將福利的實務運作按照其主要的問題與需求分為經濟安全、就業服務、醫療照顧、住宅服務以及個人福利服務。每一個類別當中都會面對到服務對象上優先順位的選取，多元提供者之間的選擇，福利項目設計是以強調符合社會規範？或尊重個人意願為原則……等策略抉擇上的問題。面對這些問題有組合式解決的方法，並不是二元論。

　　某位縣長在會議場合慷慨激昂的說，為了思考縣內已發放二年的老年津貼該不該繼續，三天兩夜睡不著覺反覆思考，最後做出痛苦的決定「為了不影響其他公共工程的執行下，只有宣佈停止」。雖然欽佩他個人英雄式的方式，但是也為他對於社會福利應有的專業知識的無知感到遺憾。給誰或不給誰，不應該是痛苦的決定而是在倫理思維面優先順位的考量下理性的判斷，再說，津貼發放有很多種方式，不同的財源。

　　再舉老年人居住安排為例。雖然與子女同住仍是目前絕大多數老年人的居住方式，但是有愈來愈多的老年人表示願意自己住，由排隊等候進住五星級的老人自費安養中心的熱絡情形，可瞭解老年人居住偏好在逐漸地改變，政府為了因應這樣的需求，曾與某私人建設公司交涉希望在政府協助其低利貸款和購地方便下，挪出 20%-40% 的空間安置中低收入老人解決他們住宅的需求。但是建築公司考慮日後行銷市場上會不會因為這樣一群特定族群而受到影響，因而作罷。雖然生意沒談成，但是至少政府與私人營利事業在住宅市場上的合作空間是可以再努力的，這種多重組合的方式是未來福利服務在實務運作上發展的趨勢。除了老年人之外，在個人福利服務一章各舉了兒童保護、發展遲緩兒童、身障

朋友的居家服務的例子，分別說明執行的實際狀況與缺失。缺失有一部分是人的因素，例如專業訓練不足、對工作認同不夠、人格特質不合，有一部分是專業本身的瓶頸、有一部分是受到其他制度的牽制，還有一部分是未達市場規模的問題。

　　任何一項福利服務的提供都要靠人去執行去設計，沒有一分對工作的熱誠 (passion)，再多的教育也是枉然。如何在專業化的過程中養成這種熱誠、又如何在工作的過程中持續之，是教育者、實務主管、實務工作者需共同思考的。

第九章　經濟安全

　　「免於匱乏、免於恐懼」是「大西洋憲章」中揭櫫的主要精神，許多國家也紛紛以此理念作為立國根據，但是匱乏與恐懼是相對的概念，多少才算足夠？有多少才不會感到惶恐？對窮人而言，今天吃得飽就足夠了，哪管明天？更談不上儲蓄；對中產階級的人而言，買部陽春車一家人能溫飽就很好了；對有錢階級的人而言，如何給每個兒子置產一幢房子是拼命賺錢的主要目的，這是二十世紀各階層的人對於溫飽主觀感受的差別。其實聽起來並不陌生，以前的皇帝不是有問身邊的臣子：「百姓怎麼會餓死？沒有飯吃可以吃肉粥啊！」貧與富是一種生活經驗，相較之下才知道什麼是足夠？經濟安全包含主觀感受，見仁見智，但是福利國家在社會安全制度建立時，塑造出來的理想王國是「保障經濟安全，不因生老病死而造成所得的損失」。如何保障每一個人的經濟安全？保障到什麼程度？經由什麼方法保障？哪些人要優先保障？社會福利又再一次面臨理想和現實運作面的挑戰。

一、政府對於經濟安全可以採取的作為

　　二十世紀以來，受到「能提供最多服務的政府即為最佳政府」福利國家理念影響，各國社會福利制度之擴增尤為明顯。各種舒緩貧窮，預

防貧窮的作法以保障人民，從搖籃到墳墓的社會安全體制實現，一時之間似乎成了各國公共政策競逐的理想。歷屆總統候選人也都以維護社會安全政策的整體性目標作為爭取選票的政見。這種以公平、合理和適當性為主要訴求目標的社會安全制度，企圖確保家庭收入安全，使生活所需都做到不虞匱

圖 9-1　「從搖籃到墳墓」指人民從出生到死亡的一切生活保障皆由國家一手包辦。

乏、免於恐懼。當初各國推出福利國家的種種制度，雖有其歷史背景及全球性經濟大恐慌的因素，但是 60 年後的今天許多實證結果發現，福利制度未能有效的解決貧窮問題，或是保障人民的經濟安全，接受社會救助的人並未隨社會保險或國民年金的開辦而減少，反而同步成長。

　　理論上，經濟安全對個人而言是滿足其基本需要與欲望，這一基本的需要與欲望就是個人對食、衣、住、行與醫療照顧的需求。當一個人可以相對確定能滿足他目前或未來對所需必需品的需要與要求時，他就可以產生安全感；顯而易見的，經濟上的安全與所得的持續有關，一個人的所得愈多，他就有愈高的經濟安全。相對而言，經濟不安全係指國民對於目前或未來的需要感到匱乏。因此，經濟不安全包括了下列情形：⑴所得的損失；⑵額外的費用；⑶所得的不足；⑷所得的不確定性。

　　國內早在民國 82 年 4 月份開始正式規劃籌組成立「國民年金保險制度研議小組」，其涵蓋層面之廣、影響層面之深，想必是全民健保之後另一個引起國內多方關切的議題。以一個福利學者的立場，關懷點並不在於「國民年金與儲蓄意願」或是「私人保險業者」之間的關係，而在於國民年金對百姓的經濟安全到底有什麼正、負面的影響？

　　國民年金的規劃的確是以保障國民於老年、殘障或死亡時，其本人或遺屬的基本經濟生活為基本目標，其基本原則必須符合福利政策的精

神。(林萬億，1994；萬育維，1994)

1. 強制性

凡合於被保險資格者均被強制納入保險，目的是讓被保險人數愈多，基於大數法則，費用分擔愈低。

2. 繳納保險費

被保險人通常被要求繳納定額保險費，或與薪資相關的等比保險費。至於保險費的分擔比例則各國並不一致。當然也有可能是被保險人本身不必繳保險費，而由雇主繳納，如瑞典的基本年金與附加年金即是。不過，這種規定將隨前述的年金改革而改變。

3. 基本生活保障

年金保險旨在提供被保險人社會事故發生後的經濟安全保障，因此，提供足以維持基本生活的最低給付是必要的，否則即失去社會保險的意義。通常，與所得相關的保險，還必須考慮「所得替代率」，以免社會事故發生後，個人所得降低太多，而影響到生活品質。

4. 給付權利

社會保險的受益人是被賦予權利 (entitled) 領取給付。通常薪資相關的年金保險是以被保險人職業身分取得加入年金保險的權利；而普及性年金保險則是以國民身分而具有被保險人資格，所以是一種社會權 (social citizenship)。

5. 財務自給自足

不論社會保險的保險費分擔比例如何，只要是靠保險費收入為主要財源，給付不足(赤字)時，通常以調高保險費率為主要財務平衡機制，以達到財務自給自足。

6. 財富重分配

在普及式的年金保險制度下，社會財富重分配的效果較高，因為所得高者繳較多的保險費，但是年金給付是定額的，不論貧富一律領取定額的年金給付。

年金的給付須能維持一定的生活水準，通常具有下列二種意涵：

1. 紓困

基礎年金的設計必須能夠防止個人或家庭掉入貧窮的陷阱內。就老人基礎年金設計而言，其制度對象為全體老年人口，制度目標則在提供一可維持基本生活水準之基礎保障。

2. 維持過去的生活水準

附加年金的設計在於防止退休後，生活水準的大幅降落。我們知道就職業年金或其他提供相對所得保障之年金制度來說，其對象是勞動市場中之工作者，目的在於提供被保險人退休後之工資替代，使能維持退休前之生活水準。

二、薪資、經濟安全與社會安全制度之間的關係

以美國安全制度為例，基本上就是一種與薪資相關 (salary related) 的保險制度，因此美國社會安全制度與薪資稅有密切的關係，而在社會安全制度中非常重要的一個方案是「所得維持方案」(income maintenance program)，這個方案是由聯邦所支持的，基本上可以分成兩大部分：

第一部分是「社會保險方案」(social insurance program)，其經費是透過薪資稅 (payroll tax) 而來，薪資稅指的就是一般所謂的「職業稅」(employment taxes)；另一方面它也是一種所得稅 (income taxes)，但是薪資稅的稅基是有別於個人所得稅 (personal income taxes)，因為納稅者由其他來源所獲得的收入，並不列入計算的稅基之中，更清楚的說，薪資稅只考慮勞力，而不考慮資本及所得。許多工業化的國家都有所謂的老年年金制度 (old age pension system)，它與過去的薪資及年資有關，每一個勞工只要達到一定退休的年齡或投保年資，並且繳交一定數額的保險費之後，均得以享用。斯堪地納國家、加拿大及英國均提供「普遍年金」(universal pension)，或稱之為「國民金」(demogrant)，只要達到一定的年

齡且居住於此地的國民均可以享領。

　　然而，與薪資相關之給付也並不完全按工作年資計算，以德國為例，年金的年資把進修、職訓、服役、病假及產假的非工作年資也計算進去，而英國也同樣地把失業及生病算進年資之中。法國則把育嬰假也算進年資之中，瑞士則將繳納幾年保費之家庭主婦、離婚婦女和寡婦而暫留家中者，均納入計算，而不論其是否育有小孩。英國提供年金年資給男性或女性以照顧家中的小孩或依賴親屬可達兩年之久。

　　同時，有些國家鼓勵個人自願購買私人年金，作為補充與薪資相關給付的不足，或是因其不在法定保障的勞動力之內，奧地利、法國及義大利等國家停止或中斷工作，可因勞雇雙方共繳保費而得以持續。日本也允許他們的勞工購買「附加年金」(additional pension)，以提高退休所得。德國、英國和日本都可以允許從未加入勞動力的國民，繳費參加年金。而日本第二層的國家退休計畫 (second national retirement plan) 完全基於自願參加的方式。

　　上述第一層的保障，即是與薪資相關的年金。第二層保障是「公共救助（福利）法案」(Public Assistance)，是透過一般的稅收來支付。因此社會福利服務方案的經費則由一般稅收來支應，如困苦失依兒童家庭補助 (AFDC) ……等福利方案均是。雖然第一層的經濟來源提供保障，但是福利支出依然是無法排除的，有一些人不符合享領年金資格，或是享領的給付太低，所得不符所需時就必須仰賴福利支出，例如美國的「補充安全所得」(U.S. Supplementary Security Income, SSI)❶。

　　不管是以何者為主，其目的均在確保其「適當的所得」(income adequacy)。原則上是以與薪資相關的年金制度為主，至於那些因生活環境差異，不符合社會安全制度的享領標準者，只好轉而申請須財力證明

---

❶　美國「補充安全所得」方案設立於 1972 年，其目的是為了幫助貧窮的老者、盲者及殘障者達到基本需求的滿足。此一法案即為補充不符社會安全給付者所設計。1990 年時有 470 萬的美國民眾接受此項法案的補助。

的「補充安全所得」。

由上述的探討，不難分析出社會救助與國民年金在下列七項上的差異性（表 9–1）。

表 9–1　社會救助與國民年金之比較分析

比較項目	社會救助	國民年金
1. 精神意涵	慈善	福利權利
2. 行政層次	地方 (decentralization)	中央統籌
3. 工作誘因	工作倫理的懲罰、烙印	工作成就
4. 生活保障	社會最低標準	所得替代
5. 給付條件	資產調查	特定事件
6. 給付對象	貧民	非貧民（被保險人）
7. 財源	一般稅收	保險費

客觀的經濟不安全的結果就是貧窮。古今中外任何一個政府，都希望以各種條文、法令解決當時的貧窮問題，只可惜貧窮一直以不同的型態、不同的貧窮人口結構出現。不論貧窮政策是以預防、舒緩 (alleviation) 或消滅 (curing) 為主，都無法為貧窮問題畫下句點。例如 1601 年實施的「濟貧法」(Poor Law)

圖 9–2　貧窮問題是大眾皆應關心的議題。

或是 1911 年美國第一個「寡婦（或稱母親）年金」(Widow or Mother Pension)，都是希望經由眾人的力量幫助一些「值得幫助」(deserving poor) 的不幸的人解決生存問題。學者如艾克辛與賴維 (June Axinn and Herman Levin, 1992)、崔特納 (1989)、凡森特 (David Vincent, 1991)、凱茲 (Michael B. Katz, 1989) 以及丹席格與溫伯格 (S. H. Danziger and D. H. Weinberg)

……等人，都將貧窮政策與福利政策畫上一個等號。雖然濟貧的各項措施在型態上、方法上有異，其目的都是希望能達到保障最低生活水準、免於經濟上的匱乏與恐懼。

在所有貧窮高危險群當中，對於年齡已 65 歲的老年人而言，一直是研究者關切的對象。由於年老之後，因生理上的變化及勞動市場的制度性因素，使得老人退出勞動市場。此時，若無足夠之積蓄、退休年金或其他社會支持網絡（例如子女、親戚等）來支付退出勞動市場之後生活所需之支出，老人則容易產生生活困難的問題。

學者如柯木興、蔡文輝、徐麗君……等人曾指出國內老年人的經濟生活困難，來自下列因素（柯木興，1992；徐麗君，1985）：

1. 人口老化問題嚴重

醫療保健技術進步及生活水準提高，使得人類平均壽命延長，導致老年人口占總人口的比例逐年遞增，而老年退休人口占在職勞動人口的比例亦相對增加，形成嚴重人口老年化現象及在職勞工的負擔加重問題。

2. 就業機會減少

由於老年勞工自願退休的比例下降，社會保險老年給付與企業職工退休金的強調，致使雇主們不願雇用年紀較大的勞工，因為中老年勞工的服務年資有限卻應給予相當數額退休金，增加生產成本負擔，再加上工業化效果帶來生產技術的進步與機械化的規模，加速了生產過程中淘汰年老勞工的速度，並減少再就業的機會。

3. 養兒防老的觀念淡薄

社會結構的改變，農業社會養兒防老的觀念已逐漸被工業社會的自力更生所取代。再加上人類的自尊與自立觀念受到普遍重視，激發勞工憑藉勞務獲得薪資，維持本身生活安全的意願日益迫切。因此年輕一代的勞工年老退休後，已很難或不願求之於子女的奉養。

4. 額外花費的增加

諸如醫療保健、慢性疾病長期照顧的費用、休閒旅遊、娛樂費用……等。

臺北市貧窮人口中,老年人口比例偏高的現象,可以驗證上述的分析。

♥ 三、經濟不安全與貧窮的關連性

不論是經濟學家或是社會福利學者, 一般而言都從三個面向分析貧窮:

1.視貧窮為「生計的」(subsistence) 貧窮

即以維持健康和工作能力所需的最低生活標準為準則, 也是以維持生命和身體功能的能力為依據。

2.視貧窮為「社會不平等」的現象

即把貧民當作是居劣勢的弱小團體看待, 也是視社會為一整體, 而貧窮只是其中所存在的現象, 只是與社會中其他階級者隱含著一種相對的位置看待。

3.視貧窮為社會的外在 (externality) 形式

即認為貧窮是富有或健全社會的不良現象, 因此而以「貧窮線」為界線, 主張努力解決貧窮問題, 其宗旨與其說是注重貧民的要求, 不如說是為了減除貧窮對社會及其成員的影響。

理論上而言, 貧窮發生的原因, 學者們說法不一。不論是社會學者從社會結構制度面的批判, 或是經濟學者從勞動市場、人力資本的理論分析, 或是社會病理學家從個人、道德的角度探討; 對於致貧的原因大致可分為三種:

1.社會因素

指個人受到環境的限制, 而本身沒有能力去改善的社會環境因素。

⑴生而貧窮: 世代貧窮, 以致新生一代無法脫離貧窮。

⑵家庭人口眾多: 缺乏家庭計畫, 生之者寡食之者眾, 導致家計維艱。

⑶家庭破碎動搖: 家庭結構的改變陷入生活困境。

⑷就業機會缺乏: 雖有工作能力, 而無法找到工作或就業條件嚴格, 所

具有的才能無法發揮。

⑸就業機會惡劣：只能找到臨時性、季節性及不適合個人性向、能力的
　工作。

⑹薪資制度不合理：就業人員付出全部時間和精力，但收入仍偏低，不
　足以維持全家人的生活。社會變遷迅速，以致經營者受到衝擊而失敗。

⑺社會福利制度尚未建立：教育訓練制度、公共醫療辦法、收入安全保
　險、社會救助福利等制度，尚未普遍建立，以致人民發生各種意外事
　件時，無法得到適當的保障。

　　主張貧窮社會結構論的學者認為窮人雖有其特別的行為模式，但這
種模式的產生，是受到社會環境限制，個人無法改善他們的生活困境。
社會學家是由社會制度的結構問題來討論貧窮的產生，經濟學家則由生
產與分配的市場因素分析，認為要有效減少貧窮問題，需由改善社會結
構來著手。

2.事件因素

　　指個人無法控制的生活事件，及非在個人可預期範圍之內，而發生
對個人經濟嚴重威脅的意外因素，或直接對個人傷害的事件。

⑴疾病因素：因嚴重疾病的影響，致使個人無法有能力工作。

⑵意外事件：車禍、遭受天災（如颱風、地震、水災、火災等天然災害）
　等意外事件，使個人受到嚴重損害而陷入貧窮。子女遺棄或子女沒有
　能力撫養。事業經營失敗。

3.個人因素

　　指個人自身條件上的限制。

⑴生理方面：先天殘障等生理上的問題，致使個人在就業上受到限制。

⑵心智方面：個人懶惰、散漫等個人性格問題。

⑶習慣方面：如犯罪、酗酒、賭博、吸毒等。

⑷才能方面：個人能力受到限制，如低學歷或不善經營、不能控制預算等。

此外，墨尼罕 (Daniel Patrick
Moynihan, 1927–2003) 在 1969 年
提出另一貧窮循環理論，認為貧窮
者不僅物質缺乏，在非物質方面如
教育、訓練、各項社會參與之活動
等等亦遭受到不同程度的剝削待
遇。貧民由於諸方面受到了限制，
極難在現有的惡劣環境中產生自
我突破，是以易使一個人一直深陷
於貧窮的漩渦中而難以自拔。

依此墨尼罕的循環論點認為，
片面的干預是無效的，例如僅提供
就業機會，但卻未同時改善其健康
狀況、教育訓練背景或動機的話，
則無助於貧窮的改變。面對此種惡
性循環的現象，墨尼罕建議應採下
列三種兼顧的干預策略：

圖 9–3 墨尼罕 (Daniel Patrick
Moynihan, 1927–2003)，美國社會學
家，曾任美國參議員及大使。

(1)預防問題的發展：給予年輕的一代提供教育訓練之機會，改善其
　　社會化；並對其父母提供輔導及必要之協助，以減少其對子女所
　　產生的影響。
(2)對功能受損的成員提供復健：亦即對已成年並有工作潛力者提供
　　適當的復健服務措施。
(3)設法減輕生活無以自立者之生活上的困擾程度：如為老年人、精
　　神病患、或傷殘者提供適當之照顧服務。

四、貧窮、社會救助與經濟安全

誠如墨尼罕所謂，一個純物質（尤其有限的物質）的社會救助，雖然可以解除但並不能滿足他們長期的生活需要，更無法促成他們觀念和行為的改變。就業機會的提供，雖可增加他們的收入，但這種非技術性和非持續性的臨時工作，亦難以保障其生活。因此，從結構面重整，從個人面增強是有其必要的兩個策略。由此看來，社會福利對社會救助的介入，必須發揮需求的診斷者、專業服務的提供者、幫助低收入戶發現與發揮潛能的使能者，同時更是一個從制度面提出改革意見的倡導者等功能。

不論是任何一種角色，社會救助方案都具有以下幾個重要本質（萬育維，1994）：

(一)貧窮線的訂定

理論上，社會救助的受益對象是所得或資產低於「最低維生水準所得」以下的人口群，也就是所得低於「貧窮線」以下的國民，也就是收入無法維持最低生活的國民。至於什麼標準叫「最低維生水準所得」，各國的界定方法不一。以臺北市為例，在民國 94 年 1 月 19 日公佈修正的「社會救助法」之前，對於低收入戶的認定，只需衡量「家庭總收入平均分配全家人口，每人每月在最低生活費標準以下者」（見原「社會救助法」第 4 條）。而新條文則規定低收入戶的認定，係採平均每人每月收入、動產及不動產三項標準需同時符合之方式。其中，最低生活費則按最近一年主計單位公佈的每人每月平均消費支出 60% 訂之，96 年度臺北市最低生活費為 14,881 元。另外，家庭總收入以外財產總額之一定限額：臺北市動產（存款加投資）：每人以 15 萬元為限，不動產（土地及房屋）每戶以 500 萬元為限。

(二)最低合格原則 (less eligibility)

係指窮人所得的給付不能比最低工資的勞動者的所得高。由於有工作的窮人 (working poor) 也列入社會救助的對象，但是，社會救助給付若高於基本工資，仍然被視為有害工作意願。亦即，過高的社會救助給付將不具有工作誘因。

(三)補充原則

可支配所得低於最低生活費標準而考量其資產、工作能力和扶養義務等條件後，仍然無法維持最低生活者，始得成為生活保護的對象，這就是生活保護的補充原則。但是，資產的認定十分複雜，扶養行為的強制極為困難，若無合理的資力調查，可能會發生有資產者接受政府保護，而沒有扶養行為的低收入者卻無法接受生活保護的現象。

(四)家庭單位原則

生活保護的對象應以家庭為扶助單位，並依家庭結構的不同（家庭成員的人數、性別、年齡等），提供不同的扶助金額。若以個人為扶助單位，則家庭成員越多，年齡越小的家庭越有利，單身漢、夫妻兩人家庭最為不利。

(五)政府稅收支應

從 1572 年開始，英國即使用「一般稅」為濟貧基金。1601 年的「濟貧法」也規定「濟貧監察員得徵『濟貧稅』(poor tax)」，稅額依土地、住宅及居民的什一稅。當代社會救助財源通常由中央與地方稅來支應。且非指定用途稅，也就是從政府歲入中編列預算來支應。在上述五個原則中，最受到質疑的是貧窮線的標準，以及其他設限，如扶養親屬……等限制的必要性。

在筆者、陳昭妏 (1993) 針對困苦失依兒童家庭補助進行的研究中發現：這樣的補助並不是每一個有資格領取補助家庭中的兒童或少年都可以接受補助，也不是每一個申請的家庭都受到客觀的評量。主要的問題在於：承辦人員自由裁量權 (discretion) 應有適當的規範與原則之統一。雖然「彈性、符合個別需求」和「除細目化」(de-detailization) 的原則在近年來的行政體系中受到相當的重視，同時給予行政人員相當大的自由裁量權的處理空間，但是這種空間的使用往往受到承辦人員主觀價值的判斷，而有很大的差異。由於不同人員之間判斷的差異性，造成同樣的處境不同等的待遇的不平等現象出現。理論而言，自由裁量權的使用是為了保障申請者個別差異和特殊需求的滿足，如果這種權力的使用反而導致案主的不公平，則有必要重新考慮對於標準的統一訂定。

五、從結構性的角度預防經濟不安全

社會救助的最終目的在於自力更生，間接保障經濟安全，而自力更生的基礎在於就業。關於低收入家庭就業的協助，一方面有賴於工作能力的提升；另方面則需勞動市場運作的配合。前者是個人面，後者是社會結構面：

㈠人力資本的提升 (human capital)

一般說來，教育會影響貧民接受職業訓練的可能性（蓋大多數之職訓計畫皆具有某一程度的基本教育性質）、就業性質、收入多寡、及價值觀念（如：生育教養子女、衛生習性、日常收支預算……）等。以美國為例，為了提高貧民的教育程度，聯邦政府乃從學前 (preschool) 至大學擬訂一系列的補習教育計畫，以讓貧民的小孩為其將來機會的開展充分地發揮本身的潛能，並突破貧窮的世代相循。各項方案的主要目的在於：⑴增加認知的技術：以應付考試獲取工作；⑵增加教育的成就：以獲致

較高薪的工作,不至於被安置於不
適合的工作;⑶增加專門的工作技
術:使其易於就業,增加所得,不
至於被人排擠。另外一個重點是:

圖 9-4 藉由教育能突破貧窮的世代
相循。

㈡加強職業訓練與就業輔導

低收入家庭人力在職業分配
上之所以偏重於體力及無技術性
的工作類型,實乃因為他們缺乏適當的教育與訓練,以致難覓較為理想
的工作。因此,社工員應透過各種計畫給予他們短期的補習性基礎教育
及職業訓練,以擴大其被雇就業的機會。

尼克森 (Richard Milhous Nixon, 1913-1994) 總統在 1969 年 8 月 8
日全國新社會福利政策的演說內容,強調了人力訓練的重要性。他指出,
新的福利改革制度既是激勵貧民參與工作,因此亟需建立起完整的全國
性人力訓練計畫加以配合,提供有效的工作訓練與就業輔導。同年 8 月
12 日,尼克森致國會之人力訓練演講致詞文中,亦明白的範定了「人力
訓練」的概念:⑴使失業者,或勞力的邊緣人轉為全日的、永久的工作
者;⑵給予收入微薄者必要的訓練與機會,使其更具生產力,提升薪資。

對於接受職訓者,若在其結業時未能給予足夠的工作機會,則僅是
一味地訓練,卻缺乏就業的配合,往往會導致死巷 (blind alleys) 一般,
形同人力的閒置。因此,訓練的同時,亦應考量工作的創設與擴張,以
提供更多的就業機會。事實上,貧民的就業亦即其公民權參與的另一種
表現方式,因此,工作的創設 (job creation) 乃是提升勞動力參與的一個
基本先決條件 (a fundamental prerequisite)。

㈢規範勞動市場,訂定合理基本工資,消除就業障礙

除了增強教育和就業能力外,若要保障一個人的經濟安全,最重要

的結構性考量是，規範勞動市場的運作。貧窮不僅與失業有關，同時亦與其就業的工資高低有關。雖然透過兒童照顧、醫療保健等服務措施可以增加勞力的參與，若缺乏足夠之工作數量及非貧窮水平工資給付 (Pay non-poverty level wages) 的配合，亦無法藉由就業輔導的途徑有效地消滅貧窮。此乃涉及勞動市場的運作問題。勞動市場若有歧視的存在將會減少就業機會、浪費其潛能、阻礙其動機、限制其教育成就、及影響居住的選擇等。同時，最主要的是意含著對人性尊嚴的侮辱。以性別歧視為例，女性之受歧視現象，在勞動市場中頗為常見，此與女性傳統上以操持家務為主的社會化角色有關。女性在勞動市場中之所以多為低薪的工作，其主要的基本原因在於就業上的性別劃分 (sex-segregation employment)，以及絕大多數雇主的主觀預設，刻意安排給女性勞工某些比較沒有勞務價值的工作。因此，勞動市場的性別歧視對於低收入家庭中的單親母親之就業可說是另一項阻力。

除了消除就業歧視之外，另一個規範勞動市場重要的策略是保障基本工資。貧民由於缺乏技能，大多從事於體力勞務，亟需基本工資之保護。因此，最低工資立法對於貧窮的減少，扮演著不容忽視的重要角色。不過最低工資之設定有其相當的限制，因為往往會影響全面的就業情形。據相關的研究指出，許多勞工的薪資多集中於法定的最低工資左右；因此，若能謹慎地提升最低工資，當有助於工作中的貧民，同時減少所得轉移與工作激勵的潛在衝突。雖然此項保護性立法改變一般經濟體系的本質，但卻能減少再分配效果的不良影響，並提升自由市場中的公平機會。

總括而言，保障經濟安全的策略就政府的立場而言應採取以下措施：

㈠妥善規劃完整的、社會性的社會保險體系，特別是職業災害保險和就業安全

不論是社會救助或是社會保險都是為了解決與預防貧窮的措施，而完整的社會保險是預防貧窮最重要的一環，包括了退休給付、就業安全

與醫療保險。強調社會性和社會正義與平等的理念是為了避免社會保險的逆效應：只保障中高收入者的經濟與健康。由許多研究報告中發現，中年時期因為意外職業傷害而喪失謀生能力，須依賴朋友和政府的救助。若要預防因謀生技能的喪失產生的貧窮，應規劃職業災害保險，加強相關就業安全體系。

保險與救助體系被認為是保障經濟安全的兩大支柱，以老年生活為例，王正和鄭清霞 (2007) 在其〈降低貧窮與國民年金〉一文中有清楚的圖示（請見圖 9–5）。

㈡界定貧窮的標準應由最低生活標準改為最適生活標準

最低生活費用的標準計算，單純以「吃」的需求作為基本生活之需求，其標準自然偏低。以此標準作為選取救助對象之資格可能為救助功能帶來兩種負向的結果，即：(1)使社會上很多低收入家庭無法得到適時的救助；(2)等到合於資格得到政府救助時，則此一家庭業已受到嚴重的經濟創傷，而無法擺脫貧窮的圈套，老人進入社會救助體系之後很難脫離就是一例。應該以最適生活標準，也就是要維持一家身心健康、生活品質的花費來計算。

㈢針對中年人轉業之規劃

中年人在就業市場上常因為經濟不景氣工廠裁員，但又無法順利轉業，或因年齡已高，就業市場不願雇用而失業。另女性早期以依賴家裏或以家務角色為主，當其主要生計者或長子去世或失業，必須跨入就業市場，因為缺乏謀生之技能無法取得較有利的工作條件，只能以家務性質工作為主（幫傭、帶小孩、煮飯等）。因此在預防老年貧窮之發生，協助其順利轉業或工作條件維護之相關福利措施是相當需要的。

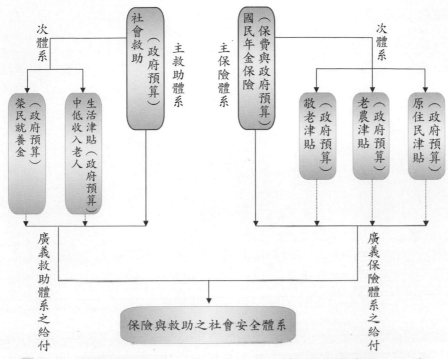

圖9-5 保障老年經濟生活之雙主流體系（王正和鄭清霞，2007）

㈣中央分擔地方保障經濟安全的責任，平衡區域差異

由於省市政府及各縣市政府財力裕絀相當鉅大，造成區域間有相當差距的社會救助內容，不僅造成區域間的不公平，也造成鄰近縣市（如臺北市、縣）之間貧窮人口的轉移。因此，中央在對於貧困縣市福利經費的補助，宜採差額補助的原則。同樣的，對於醫療資源的分佈也應加強低所得區域或是農鄉地區的醫療設施與居住環境，改善低所得地區的公共衛生，定期免費提供醫療服務以及增進身心健全的活動，以減低中下階層的被剝削感。此時，中央政府也應透過下列的方式擴充社會救助經費：

⑴明文規定中央與地方政府預算中，社會救助經費所占比例，並由中央撥款補助較窮困之地方政府，以協助地方政府社會救助工作之進行。

⑵修改「財政收支劃分法」，仍將地價稅與土地增值稅或證券交易稅撥入
社會福利基金，並規定固定比例充作社會救助經費。

⑶修改民間捐款之有關稅則及法規，以鼓勵民間興辦或贊助社會福利事業。

⑷發行社會福利彩券，以盈餘充作社會福利基金，並規定固定比例充作
社會救助經費。

㈤政府結合民間團體、基金會發揮互補功能

福利國家過度干預的結果，造成了原來私人福利服務的範圍，大部
分由政府接收過來。而事實上，私人福利服務不論是人民團體或是基金
會仍占有很重要的地位，因為私人福利服務有較具彈性、較易為個人所
接受、較能滿足個人的需要等優點。所以老布希才在他的演講中談到「政
府沒有辦法滿足所有的社會福利需求，幸而私人福利機構補足了這個缺
憾」。

然而，若要達到經濟安全的目標，無法經由單一的福利計畫或經濟
補助得到保障，必須是透過整體的規劃，例如職業輔導、就業安置、市
場結構與教育制度⋯⋯等幫助家庭脫離貧窮。小羅斯福 (Franklin Delano
Roosevelt, 1882–1945) 總統在就職典禮時發表的演說中曾提到：「一個國
家的進步與繁榮，不在於讓富者愈富，而是讓原本資源就擁有不多的民
眾，分配到多一點的資源。」政府在貧窮問題的解決上，一方面協助貧窮
者恢復自立，一方面要預防現在和以後陷入貧窮，對於貧窮的消除，不
僅在除去貧窮的外觀而且要除去致貧的因素。同時，中央政府應平衡區
域間的不平等，保障受助者的權益，並立法予以明確的保障；而地方政
府亦應籌措財源並結合民間力量，提供多種服務。如此，經濟成長的果
實，才可能為所有的人民所共享。

思索

記得有一次在某個有關國民年金說明會的場合中，有位與會人士舉手發言：「教授們在臺上談了半天國民年金的重要性，每位員工、雇主要繳錢……等等，這些我們都知道，但是我們擔心的是現在繳了這麼多，十年、二十年之後，要退休的時候領不領得回來？國民政府如果垮臺了，我向誰去要？」臺下一片叫好聲，臺上的教授們一臉錯愕……，此一場景反映出一般大眾對於目前政府許多所謂「保障措施」的懷疑與不信任，這已經不僅是對於國家未來經濟發展信心的問題，更是對整個政治實體的動搖。誠如本文一開始提到的，安全與不安全，足夠與匱乏是主觀的判斷，相對的概念，政府以所得維持的方法去保障經濟安全，並不是唯一的途徑，而是要在個人儲蓄、產經結構、就業安全和其他相關措施共同配合之下，分層次性的達到。

經濟安全，不只是現代國家的大有為政府該做的事，也包含主觀感受，在本文結尾之際，要多強調個人能力與經濟安全。個人能力如同有機體的抗體，對抗一些外來環境的威脅，對種種不確定因素有一免疫系統，個人本身有自主性，有選擇性，有趨福避禍的本性，會為自己的經濟安全做打算，以個人的本事追求他最大的利益，他所認知的世界可能並非最理性，但不必低估個人追求的意願與作為的有效性。百分之幾的臺灣居民目前可以感受到國民年金，老人生活津貼對他生活上經濟安全的保障？有多少臺灣人沒有存款？沒有在臺海危機時換美金，把錢轉往外國銀行，轉成外幣，換金條放在花盆底下保值？多少人沒錢可換？還有多少人有錢不知如何去換？海外關係也是臺灣人保障經濟安全中不可少的一環。

經濟安全不只是大系統的考慮，也是個人小環境的作為，保值未必是一個最安全的思維，個人技能不斷提升，尤其是賴以維生的

技能不斷提升，比「保值」更有保障。下一章將以就業安全為主題，討論如何讓有工作意願，有工作技能的人找到他要做的工作？如何把這個可能性提到最大？這比追求「保障」、「保值」來得更積極。

第十章 就業安全

　　如果說，政府辦理社會福利的目的是為了解決和預防社會問題，那麼直到二十世紀以後政府才開始介入就業問題。早期有工作能力的人 (able-bodied) 通常不被認為是社會福利主要幫助的對象。當時有工作能力者若欲申請貧窮救助金，必須同意進入貧民習藝所接受嚴格的管理及工作指派，而由於貧民習藝所的簡陋環境及嚴格要求，乃使得這些接受救助的貧民陷入比低薪受雇者更悽慘的境地。傳統上，社會福利要處理的是老弱殘疾的問題，這些人是被排除在有工作能力者之外，然而這樣的看法隨著許多當時貧窮調查和《貝佛里奇報告書》的發表而逐漸改觀。由於他們的研究指出，造成這些民眾欠缺經濟資源的主要原因，並不在於個人偷懶所致，反而大多是由非其個人所能控制的環境因素而導致。其中，老年、工作傷害、疾病、低待遇，以及失業等因素，占了相當大的比例，而老年人及失業人口又占貧窮人口相當大的比例。這些研究同時發現失業者之所以淪於貧困，往往並非出自個人自願或人格上的缺陷，因待遇或基本工資過低所導致的有工作的窮人一直是主要的因素。

　　直到現在，許多工業化國家都將就業安全視為社會安全的基本前提，因為根據貝佛里奇的估計，唯有在充分就業的前提下，才能確保社會安全制度在設立 25 年後達到財政上的平衡。如何維持一個充分就業的市場成為各國面臨的最大挑戰。這不僅關係到福利制度財源的問題，也關係到勞工福利和社會安定。同時，就個人的層面

而言，工作不僅是生計上的考量，若能找到一份適才、適性的工作，更可以提高生活品質，過得幸福、美滿。本章試圖從失業的成因問題探討就業安全的措施，此外再舉殘障者的就業服務為例，說明福利與就業安全之間的關聯性。

一、未充分就業、失業對個人和社會的影響

二十世紀以來，大部分市場經濟的國家都受到兩大威脅：失業與通貨膨脹，這些問題不僅帶來生活上的匱乏，也帶來社會不安和政治動亂。以我國為例：在民國 84 年以前，我國國民失業率均極低，每年維持在 2% 以下。惟自 85 年以來，因受全球經濟不景氣以及國內產業外移之影響，整體國民失業率逐

圖 10-1　失業率逐年上升，會嚴重影響到社會安定。

年上升，91 年平均失業率升高至 5.17% 高峰。96 年 4 月行政院主計處人力資源調查統計則為 3.83%。其中以低學歷、中高齡、缺乏技術者衝擊較嚴重。同時世界主要國家(地區)的失業率如下：德國 9.5%，法國 8.3%，加拿大 6.1%，美國 4.5%，香港 4.3%，日本 4.0%，韓國 3.3%，新加坡 2.9%（行政院主計處，2007）。

在探討失業問題之前應先瞭解「失業人口」的意義。「失業人口」係由 15 歲以上「經濟活動人口」中扣除「就業人口」而得，也就是所謂「非經濟活動人口」。所謂「非經濟活動人口」，係指在規定調查期間內，不能從事經濟活動的人口，包括料理家務者、未參與經濟活動的學生、老弱殘疾不能工作者、被收容的人口、孳息收入者、不受領報酬之宗教及

社會公益工作者，以及沒有工作意願的人。以上也稱為「非勞動力」。除去這些人，就是「就業人口」。

　　就官方從事勞動力調查統計時，界定「失業者」為：在資料標準週內年滿 15 歲，同時具有下列條件者：(1)無工作，(2)隨時可以工作（即有工作能力），(3)正在尋找工作（極有工作意願）。此外，尚包括等待恢復工作者及已找到職業，而未開始工作亦無報酬者。

　　前中華經濟研究院院長于宗先教授在 1994 年 7 月份的《天下》雜誌中談到，他對臺灣下半年景氣的預測，認為一般而言還是比較樂觀，然而對於教育程度高的人失業率尤其高的現象非常擔憂。因為人力資本的運用和資本累積的能力同樣被認為是決定一個國家經濟成長與發展的首要因素。造成白領失業的最大原因是，教育資源的配置與經濟發展不搭調。除此之外，另外一個可能的原因是：大學畢業生就業意願受到許多因素影響而延後。在大學任教多年來的觀察，只有一半的人要就業，另外 1/4 要出國，有 1/4 要考研究所。然而追求高學歷的風潮，使得我國可以為社會所用的勞動力降低。

　　就前述的情形，學者杜爾翰 (D. Turnhaw) 稱之為「奢侈性失業」。他認為開發中國家的失業主要集中於都市地區，失業者大部分為受過相當教育的年輕人，其在失業期間的生活費用由家庭接濟。根據此一假說，所得愈高的家庭，愈有能力負擔失業子女尋找工作期間的生活費用，故其子女愈容易放棄找尋工作的努力，而成為公開性的失業。所得愈低的家庭，愈無能力負擔子女長期找尋工作（或失業）的生活費，將迫使他們的子女更加積極找尋工作，其失業率因此相對較低。除了上述高學歷高失業的情形外，另一個令人關心的話題是：另一個年齡族群——青少年和老年人。就徐育珠、黃仁德於民國 80 年完成的《臺灣地區閒置人口之形成、觀測與運用》研究中指出，臺灣有兩個閒置人力問題值得關切，一是 15 至 19 歲與 55 歲以上的人口勞動參與率低，另外一個是高中教育程度的勞動參與率甚至低於自修教育程度的勞動參與率。

詳細來看，就年齡觀察，臺灣地區不同年齡組之勞動參與率呈倒 U 字型狀態——即勞動參與率隨年齡的增加而提高，自 35 至 44 歲組達到最大，而後隨年齡的增加勞動參與率降低。勞動參與率最低的是 15 至 19 歲年齡組的人口，值得注意的是從 1978 年起，15 至 19 歲年齡組人口之勞動參與率的不斷下降，到了 1989 年，這一年齡組人口勞動參與率已從 41.61% 下降到 24.02%。在這同一期間，55 至 64 歲年齡組人口之勞動參與率也有同樣下降的情形。雖然臺灣地區 15 至 24 歲學齡組人口的在學率從 1978 年至 1989 年均在逐年提高，這一事實固然會導致這一年齡人口勞動參與率的下降，但除此之外，可能還有其他原因，值得加以探討。另一方面，臺灣地區居民近年來平均健康及營養狀況不斷改善，預期壽命提高，55 至 64 歲年齡組人口的勞動參與率在最近十多年不但沒有提高，反而下降，也是值得深究。

簡單而言，失業的原因主要來自兩方面：個人的內在因素及非個人的外在因素。個人的失業可能來自本身——缺乏專業訓練及技能，對工作待遇、地點的挑剔，年齡過大或年紀過輕，性別不合適：有些工作只需要男性或女性來擔任，其他因素：如健康、缺少人情關係、工作意願。個人的失業也可能來自非本身的外在因素，即所謂總體經濟的健全與否。例如當經濟不景氣時，即使有專業訓練的人也找不到工作，而本身已有工作的專業人才也可能被解雇。

理論上而言，失業現象的產生各有不同的成因，可分為六種不同類型：

1. 循環性失業 (cyclical unemployment)

此種失業發生在工業先進國家，導因於經濟景氣的變動。每處於蕭條階段，生產總需要減少，則所得與就業水準都極為低落，就業市場無須雇用太多的勞工，導致失業人數顯著的上升，亦有將此種失業型態稱之為「總需要不足失業」(deficient or inadequate aggregate demand unemployment)，或稱為週期性失業。

2.季節性失業 (seasonal unemployment)

此種失業導因於季節氣候的變化，影響戶外作業活動，生產原料的供給；或消費者的嗜好影響市場的購買力，而有旺季與淡季之分，淡季時，生產萎縮、勞動力需求量減少，遂產生失業現象，在某些經濟的特定部門，如農業、建築業、造船業、漁業或旅遊業等最為顯著。

3.結構性失業 (structural unemployment)

大多屬於社會經濟結構發生問題，如產業結構的變化，企業倒閉或產業的衰退，天然災害，致使作物歉收，及人為的戰爭暴亂或人口變動，以致影響生產與消費，或者勞力供需雙方結構失衡，導致勞工遭致長期性失業的困境。

4.技術性失業 (technological unemployment)

係由於工業技術的改良與生產設備的更新所致，因此技術較差或設備陳舊之企業遭到停工或倒閉時，其所不用的勞力與新設企業所需勞動力之間因技術上的差異，即使在企業內調整仍產生過剩的勞動力，使非技術性或較劣勞工的需要削減，在彼等尚未訓練成技術工或技術較優之前，失業現象無法避免。

5.摩擦性失業 (frictional unemployment)

通常所謂「充分就業」狀態並非指完全無失業狀態，在達到充分就業狀態最高點間仍然殘存著摩擦性失業，此種失業往往淵源於人力需求之變更，即由原有工作或職業轉換到另一種工作或職業所造成的短期失業現象，實因勞動力供需失調、缺乏就業資訊及適當的就業輔導所致。

6.隱藏性失業 (hidden unemployment)

此種失業從表面上觀之，似無失業存在，然就實體而言，則發生失業現象。由於一個國家人力資源未能充分開發利用，雖然勞工從事某種工作並且有收入，但因工資差距或所得差距，有強烈地希求改換職業的意願，或者並不願完全轉換職業，以副業、兼職等或希求追加就業者就是隱藏性失業。另外，或因教育與社會經濟脫節，以致學非所用；或是

舊有的生產事業雖尚未淘汰，但將因新產品代替而遲早引發失業的情況亦屬之。此種失業在開發中國家是屬於經常的現象。

　　這六種失業是從總體經濟觀念分類的，美國勞工統計局 (U. S. Bureau of Labor Statistics, BLS) 卻從個體經濟觀點，把失業分為兩類：一為離職 (Job-leaving)；一為喪職 (Job-losing)。前者離職是指勞動者自願辭職，後者喪職則有不同的原因，一般可分為三種：一為公司關閉或撤離，約占喪職者 50%；一為景氣衰退，約占 40%；一為解雇，約占 10%。若再細分，景氣衰退下的喪職者，還可分為重返與不可重返工作崗位兩類。依此個體分類看，其中有不少是與總體分類雷同，例如景氣衰退下喪職，固然就是循環性失業，而職業被取消之喪職亦即廣義的結構性失業。

二、誰失業？為什麼失業？

　　按照行政院主計處 (2007) 的資料顯示，15–24 歲失業率為 9.53%，25–44 歲為 3.96%，45–64 歲為 2.15%，此種年輕者失業率較高之現象，乃因其絕大部分為初次求職，較缺乏求職經驗，且大部分的雇主也較偏好雇用有工作經驗者之緣故；失業者平均失業期間為 24.5 週，其中初次尋職者為 25.9 週，非初次尋職者為 24.2 週。從失業原因分析，民國 96 年4 月除初次尋職無工作經驗者外，臺灣地

圖 10-2　你曾注意過是誰失業，又是為什麼失業嗎？

區非初次尋職者失業的即占 82.1%，其中對原有工作不滿意者即占 41.8%，而因工作場所歇業或業務緊縮致失業者占 38.2%。

　　從上述的統計資料中令人擔憂的是，失業人口中約占 1/3 的無工作經驗的初次尋職青少年之問題，而約占 2/3 的非初次尋職者中不乏提供

家庭生計主要來源的 40 歲以上中年「一家之主」，此種勞動力的非自願性失業問題，亦構成我國臺灣地區失業問題的特徵之一。且一般失業者失業期間之生活費用來源，主要靠家庭支援與原有儲蓄，這對非自願性失業的人而言是相當不公平的事，因此相關的福利措施、失業補償或保險⋯⋯等規劃就顯得重要起來。

事實上，失業補償或保險等其他補救性措施並不能緩減非自願性失業的發生，因為有很大一部分是產業結構和雇主心態上的問題，例如以下兩點原因：

㈠科技變動所產生的技能無法配合

乃因減少了需求非技術與半技術勞力，致該等勞力面臨失業的窘境，但亟需增加技術勞力，來從事設計、製造、操作及維修高等設備。此等勞力有待較長期的職業訓練與再訓練，以維持生產較高品質、更為複雜、設計更好的財貨。然而，遺憾的是，國內企業雇主不太願意投資訓練其本身的技能勞工，因為怕員工訓練好後會離開，則其投資即無法收回，而對勞工來說也不太願意接受訓練，因為他們無充分的資訊來瞭解未來就業市場的技能需求類型，以免投資可能成為逐漸式微的訓練職類，致失去應有的機會成本；或私人的折舊率 (private discount rates) 與社會折舊率 (social discount rates) 大相逕庭，致裹足不前。

㈡少數資方的策略不當

即是企業雇主非薪資勞動成本 (nonwage labor costs) 的增加，包括勞工保險、「勞基法」的退休金、資遣費、積欠工資墊償基金等額外的邊際成本，及基本工資的規範等。雇主有時為規避此類成本，在需求額外勞力時，寧願增加現有員工加班的時數或雇用兼職勞工，尤其是已婚婦女，而不願進用正式員工，甚至提早裁退中高齡勞工。顯示法定強制性規定介入勞動市場過多，不見得對勞工有利。

♡ 三、傳統上對於性別和年齡設限的適當性

多年來,雇主在性別和年齡上的設限一直受到許多民間團體的質疑。以年齡為例,劉梅君教授在其〈銀髮族的勞動價值與新工作體系的建立〉一文中特別指出,銀髮族之勞動價值向來為雇主,甚至一般人所懷疑,如效率低、接受新知意願不高、教育程度差、調適不易、較固執不易溝通、不適合商場上的競爭等,但學者史塔格納 (Ross Stagner, 1909–1997) (1985) 及林顯宗 (1992) 與政府之勞動調查統計研究 (《臺灣地區中高年勞工統計》,1992;《臺灣地區企業雇用管理制度與勞工工作意識調查報告》,1992) 指出,銀髮族的缺席率、流動率、職災率、疾病率較低,做事嚴謹可信賴,守法守分,同時有較高的工作滿足度及正面的工作價值觀等。過往對於雇主在性別和年齡、或婚姻上的設限等諸多不合理情形,於民國 96 年 5 月 23 日公告新修正的「就業服務法」第 5 條中已明確規範:不得以種族、階級、語言、思想、宗教、黨派、籍貫、出生地、性別、性傾向、年齡、婚姻、容貌、五官、身心障礙或以往工會會員身分為由,予以歧視。很可惜的是,雇主在面對銀髮族時,仍著重在負面的刻板印象而拒絕雇用,甚至對 55 歲以上的員工以解雇資遣的方式替代退休給付,要求走路,這對可用之銀髮人力而言是一大浪費。

從另外一份對臺北市政府退休公務人員的調查發現 (許濱松、施能傑,1992),表示有工作意願的比例高達 80%。另有蔡青龍等人 (1994) 的研究指出,有工作能力之非勞動力中,有就業意願者以高年齡組 (60 歲以上) 的比例有逐年上升的趨勢。若就部分時間工作的資料來看,雖然部分時間就業人數僅占總就業人數的 5%,但若就年齡別而言,60 歲以上就業者中從事部分時間工作的比例為 19%,遠高於其他年齡組之比例。而有工作能力之高齡非勞動力中 (60 歲以上),表示願意從事部分時間工作之比例高達 52%,可見高齡潛在勞動力開發是相當樂觀。

上述的資料值得反省的是：傳統文化規範傾向於將高齡者的老年角色定位在非生產性活動中的刻板印象，其實是一種迷思，而此種迷思造成勞動市場無法如實面對並接受銀髮族勞動者仍是勞動力市場之可用寶貴人力資源的事實。另一個對銀髮人力繼續使用構成困擾最大的因素

圖 10-3　有許多銀髮族仍是充滿生命力的一群。

之一是限齡退休規定，這是資本主義追求經濟效益的結果，因此，退休與其說是一種基於生理機制的結果，毋寧說是一種人為性的社會制度。退休既是種人為的制度，設定此制度的標準是年齡，但各國所設定的年齡也莫衷一是，60-65 歲之間最常被拿來作為界定的標準。然而，以年齡作為一種劃一性的老年指標，失之粗糙，因為「老」是個多面向的概念，僅以年序年齡 (chronological age) 難以綜括其實際內涵。伯妮斯‧諾葛騰 (Bernice L. Neugarten) 與戴爾‧諾葛騰 (Dail A. Neugarten) 曾表示，在因應老化的過程裡，有必要淡化年齡的重要性，而強調需要、能力及注意老年人口中的歧異性，以作為政策制定時的參考。換言之，在一個諾葛騰及海吉史達德 (Gunhild O. Hagestad) 所謂「年齡無關緊要的社會」裡 (age-irrelevant society)，若政策的制定仍以年齡為依據，影響所及不僅是社會資源的浪費，更是個人就業機會的箝制。

四、從勞動力運用的觀點反省國內低度就業人力

1960 年代以後，各國人力問題的重點已漸由單純地探討「失業」轉成低度就業 (underemployment)，其涵蓋面較原來為廣，主要原因是考慮到一般的失業率或勞動力 (labor force) 之研究方法並不能真正的描述勞動力在市場經濟的動態行為，而必須以勞動力運用 (labor utilization) 的

架構來探討比較合理。簡單而言，從充分就業到失業之間還包括下列三種未充分就業的類型：(1)因工作時間不足形成的低度運用；(2)因薪資不足形成的低度運用；(3)因職業與技能配合不當形成的低度運用。若就勞工本身來區分，可分為沮喪勞動者 (discouraged worker)、非自願性部分時間工作者 (involuntary part-time worker)、低所得工作者 (low-income underemployment worker)、職業不相稱者 (occupational mismatched worker)。所謂沮喪勞動者即是目前有就業意願，但是長期找不到工作而放棄尋求工作的適齡工作人口；目前沒有工作，但正在找尋工作，或已經找到工作正等待開始工作的適齡工作人口則屬於失業者；希望能有全日性工作，卻始終找不到，只好屈就於部分時間工作的人是為非自願性部分時間工作者；如果工作為全日性工作，但其工作所得卻低於其個人及家庭特徵相當的貧窮標準 (poverty threshold) 之就業者，則為低所得工作者；當就業者的教育程度高於其同職業的勞工平均教育甚多，則是屬於職業不相稱的工作者。在美國，職業不相稱的測量比較偏重過度教育 (overeducation) 的意義。

根據行政院主計處與行政院經濟建設委員會於民國 78 年 2 月共同編印的《中華民國 77 年臺灣地區人力運用調查報告》顯示，臺灣地區人力資源低度運用的結構分配如下：

(1)未適當運用的就業人力（即低度就業者）1,602 千人。占就業人力 20.20%；

(2)工作時數不足的低度就業者，占就業人力 1.74%；

(3)所得偏低的低度就業者，占就業人力 8.98%；

(4)教育與職業不相稱的低度就業者（即高資低就者），占就業人力 9.48%。

由以上的剖析可以發現，臺灣地區將近 1/5 以上低度運用的人力資

源，主要的問題在於所得偏低，及教育與職業不相稱。教育與職業不相稱所造成的高人力資本低就業的情形在本章一開始就曾提到，不再贅述，倒是所得偏低的問題值得注意。就雇主的角度而言，在目前人事費用和勞工權益高漲的情況下已紛紛感到吃不消；但就勞工的立場而言，與通貨膨脹相較之下，總是覺得薪資追不上物價，雖然「勞動基準法」中保障七種行業的基本工資（農、林、漁、牧業；礦業及土石採取業；製造業；營造業；水電、煤氣業；運輸、倉儲及通信業；大眾傳播業），值得深思的是這七種行業占了就業人口的百分之多少？目前占就業人口大宗的服務業的基本工資是否也可受到此法的保障？

　　然而，一般人有了工作，未必就是充分就業，所謂的充分就業是任何一個國家就業政策的最終目的：適才適所，避免有工作能力的人有懷才不遇的遺憾。因此，如果一個人只是有工作，但是無法發揮才能、貢獻所學，還是無法達到充分就業的意義。譬如有些人並不想做社工員，可是別的職業都有相當多的限制，他想要進也進不去，因此他在原本的職位上很消極甚至不稱職，此一現象可稱為怠工，或按照雷蒙 (Frederic G. Reamer, 1953–) 的觀點是不當的專業 (malpractice)。在雷蒙 1994 年出版的《社會工作不當實務與責信》(*Social Work Malpractice and Liability*) 一書中特別提到：助人專業本身若因為工作量或工作壓力引起社工員的消極退縮或不當的處遇方式是一件違反倫理的事。

　　在廖偉君 (1992) 的碩士論文《臺北市有工作的貧窮雙親家庭之研究》中發現，有工作還貧窮 (the working poor) 的主要原因不外乎：家中主要生計者的教育水準低，缺乏專業技術（「人力資本」不足），因為從事職業以清掃工作者最多，這類型工作通常工時低、不固定且薪資收入較其他類型工作為低；為補足工作收入的不足，有 28.8% 的戶長或其配偶額外兼差。此外，臺北市有工作的貧窮雙親家庭戶內人口數較一般家戶多，顯示有工作的貧窮雙親家庭所需要的生活費用較高；每人每月平均收入較一般臺北市民為低，而戶內依賴人口數又較多，在收入較低，

生活費用較高的情形之下，有工作的貧窮雙親家庭的生活水準顯然較一般市民低。戶內依賴人口中以未成年子女居多，家庭在此一生命週期階段，養育及教育子女費用的支出較高；此外，住宅自有率低，租屋的家庭居多，臺北市高昂的房租費對收入已有限的貧窮家庭，更容易造成入不敷出的困境。

 ## 五、政府推動職業訓練和就業輔導的作法

　　職業訓練和就業輔導的主管機關，依照「就業服務法」規定，中央主管機關為行政院勞委會，但實際運作上相當分散。一般國民就業服務業務，由行政院勞工委員會職業訓練局負責督導；國軍退除役官兵轉業之輔導安置，由行政院退除役官兵輔導委員會負責；大專知識青年及海外留學生之就業服務又屬行政院青年輔導委員會的職掌。一般民眾之就業服務業務由勞委會負責督導推動，並在全省分區設置就業中心，各中心另視需要在人口集中處所或工業區附近設立地方性之小型就業服務站，以擴大就業服務網面。臺北市及高雄市就業服務業務則由勞工局設置之國民就業輔導中心負責辦理，並另在市內設置小型就業服務站，主要的任務是職業介紹、雇主關係、就業諮詢及研究分析。

　　遺憾的是，根據資料顯示，我國臺灣地區一般失業者之尋找工作方法中，以託親友師長介紹者居多（民國 80 年占 56.5%），較少求助於政府就業輔導機構（民國 80 年占 5.1%）。臺灣地區就業輔導在民國 80 年，求才人次為求職人次的 2.89 倍（亦即平均每位求職者將近有 3 個就業機會供選擇）。但安置就業人數僅占求職人次的 52.6%，表示 100 個求職者中，只有 53 人可望獲得就業；至於求職者未能安置就業的原因，除無工作機會能予介紹者 (17.5%) 外，餘依次為工作環境 (15.65%)、待遇及福利 (15.25%) 及技術 (9.80%) 等的限制；而求才機會未能充分利用的原因，除了無人應徵 (42.88%) 外，餘依次為待遇及福利 (8.98%)、工作環境

(8.90%) 及技術 (5.35%) 等之限制（職訓局，1990）。從此顯示勞力供需不平衡之結構性、技術性因素。

　　理論上而言，就業服務可分為下列三個主要的範疇：㈠職業訓練；㈡社區內的工作機會，以及㈢薪資及其他補助。

㈠職業訓練

　　此方案的目的在使參與者能順利進入或再進入就業市場。通常訓練對象為不屬於經濟活動人口的青年或正在求職的青年，但也包括失業的成年人或有失業之虞的成年人。訓練期間幾乎均提供津貼給付，以代替或補充失業給付，如參與者為求職者則更能享有此種權利。

圖 10–4　職業訓練能幫助失業者再次投入就業市場。

㈡社區內的工作機會

　　此類方案包括如法國的社區工作方案 (The Community Work Programme)，英國的社區方案 (The Community Programme) 及義大利創新的保護與保存文化資產方案 (initiatives to protect and restore cultural property) 等，其目的均在於為 25 歲以下而求職多時的青年，提供工作經驗或訓練活動的機會。

㈢薪資及其他補助

　　此類方案在於直接補助某些民間部門活動，以創造或保存工作機會。補助可提供給雇主或直接給個人，尤其是年輕的求職者，但也可給有失業之虞的受雇者。提供給雇主的補助金，通常包括全部或部分的薪資，

有時甚至包括督導、物料及設備等費用。

以下即以英國為例，分別說明社區工作方案，以及補助雇主雇用青年勞工方案的實施情況。

1. 社區工作方案 (Community Programme)

此種方案雖成立於 1982 年，但其前身為特殊短期就業方案（Special Temporary Employment，簡稱 STEP），原係為都市貧窮地區長期失業者（必須至少已失業 12 個月）在社區從事與社區利益有關的職業或工作，為期 1 年。其目的主要是針對那些缺乏工作經驗的失業者，在社區工作期間，由社區按工作小時給予工資。此項方案實施結果證實那些曾參加社區工作方案的失業者，獲得工作的機會約為其他未參加之長期失業者的兩倍。其工作項目包括清除廢土和水溝、興建社區中心、為社區孤苦無依的老年人鋪設禦寒設備和防潮設施、更新社區中心等。

2. 雇用青年勞工方案 (Youth Worker Scheme or New Workers Scheme)

此方案在 1982 年成立，其目的在鼓勵雇主多提供長期性工作機會給那些比較缺乏或不具工作經驗的年輕人，工資可略為降低。其主要對象是 17 歲的青年。雇主每晉用一名青年勞工，其部分工資即由政府貼補。

在李誠 (2003) 主編的《誰偷走了我們的工作》一書中，最後的結論分析臺灣在民國 85 年以後的失業率攀高原因有很多，諸如泡沫經濟的幻滅、世界不景氣、中國廉價勞力的競爭威脅、產業外移、產業結構調整、勞動市場規範擴大、勞動條件標準提高等；其他如全球化、科技進步偏利高教育者、失業福利制度的盛行、「數位落差」的現象、高學歷高報酬。這些因素有的影響整個勞動市場，有的只影響部分產業，不論前者或後者都進而影響到就業安全。書中同時也指出，鬆動勞動法規、健全勞動、市場的運作；修改「勞基法」，建立個人退休金帳戶；以所得政策取代基本工資制度；建立次基本工資制度；開發部分工時市場等，都是保障充分就業的基本和長期政策。

　　學者專家都同意加強職業訓練與創造終身學習環境，作為解決現階段的失業問題的有效機制。然而，因為時間限制、未能瞭解職訓的重要性，或資訊不足，企業與勞工對職訓的意願低落。有鑑於此，行政院訂定的「就業保險法」特別規定領取就業保險的失業勞工必須接受職業訓練，目的在於減輕領取者的道德風險，並增加他們的就業機會。但現有的職訓制度效益不彰，仍有待改善，加強評鑑，建立勞、資、政對職業訓練的對話平臺，並整合資源，緊密連接教育與職訓體系，才能避免無謂的浪費。然而，職訓也不是萬靈丹。雖然有助年輕的勞工找到工作，但對可塑性較差的中高齡低教育失業者卻助益不大，遠水救不了近火。因此，政府應積極開發適合高齡者的工作，如老人照顧及托嬰等服務業，照顧服務產業也在這樣的期待中於民國 91 年正式啟動，該方案之落實推動，藉由充實照顧服務供給市場、誘發潛在的照顧服務需求以及調整外籍監護工政策，預計制度萌芽之三年內約可增加 20,000 個就業機會，其中外籍監護工將由現行的 103,000 人縮減到 86,500 人，減少 16,500 人中將釋放出約 5,500 個國人就業機會；全日照護需求人數將由 2,640 人增加到 6,500 人，約可增加 4,000 個就業機會；短時間居家照顧服務市場，將可提供 8,500 個就業機會，至於結果是否如此則有待學者評估與觀察。

思索

　　其實，身為一位社會工作者，面對失業問題是很無力的，除了例行性的轉介、就服站、上網搜尋、媒合外，能做的很有限。多年前，桃芝颱風重創花蓮，光復鄉的大興村被土石流毀了，基督教長老教會在村內成立了關懷站。關懷站的傳道是我在玉山神學院的學生，要我去給村民們精神喊話：如何重建幸福美滿家庭？我硬著頭皮面對著阿美族、客家人、本省人和外省人的部分村民，講完二個小時的演講，臺下一片靜默，傳道鼓勵大家發問，這時有一位阿美族的媽媽站起身問我：「教授講的都對，但是我們種的蔬菜、編的籐

籃都賣不出去，不吵架也很難……。」在鄉下、在部落什麼叫做排除就業障礙？什麼叫做提高就業意願？這些實際的問題不僅考驗村民，更考驗社工員的生活知識。

第十一章　醫療照護

　　「健康」是每一個人都追求的生活目標，尤其是上了年紀的人！但是不生病並不表示健康，有些人身體狀況很好，但是心理不健康。以前我在某大學任教，聽到身旁的教務長對等電梯的學生說：「電梯旁掛的牌子你沒看到嗎？上面寫著本電梯供教師與殘障同學搭乘，你們怎麼不用樓梯呢？」學生答得很妙：「報告教務長，我們心理殘障」。相反的，也有些人死不肯承認自己生病，硬撐著繼續他熱衷的工作，最後一命嗚呼，從進醫院到去世不超過一個星期。健康與否有客觀判斷有主觀認定，前者是靠醫療專業的檢查診斷，後者往往是當事人心理上的認知，以及社會上對疾病的看法。一個被兒童心智科醫師判定為發展遲緩兒童的家長，遲遲不肯申請殘障手冊與就醫，原因是做家長的不認為他的小孩有問題，只是還沒開竅而已，到底醫療照護與福利之間有什麼關聯？有哪些因素影響到醫療服務的提供？老人是醫療資源使用的「大宗」，我國在面對老年國的人口結構之際，有沒有什麼因應的策略？又，全民健保開辦之後對於那些弱勢團體的醫療照護到底能有多少保障？本章試著從社會整體的角度來看上述的議題。

♡ 一、健康的社會意涵

　　健康，不僅是疾病的免除，還包括心理和社會的健康。古代的希臘及羅馬醫學、中國醫學以及其他地區的傳統醫學，大都強調個人的肉體與心靈是分不開的。要有健康的身體，就要顧及情緒及社會環境的情況。然而，自從十七世紀科學革命以後，在歐洲出現的科學醫

圖 11-1　健康，是生理、心智、社會全面的安好情況。

學，深受生物學的影響，偏重疾病與健康的生理因素。十九世紀初期，細菌學說的出現，更加強了科學醫學的生理取向，認為每項疾病都有其生物性成因，例如微生物和病毒，防治的方法，也就以生物化學技術為主導。這種以「疾病為本」的保健模式，在二十世紀中葉以後受到挑戰。因為威脅人類的疾病模式漸由急性傳染病（如天花、霍亂、寄生蟲病等）轉移為令人逐漸衰退的慢性病（如心臟病、糖尿病、癌症、老年失智……等）。慢性病的成因及防治較前者為複雜，除了涉及生物化學和物理因素外，也與個人的信念及生活習慣息息相關。因此，原本以細菌、疾病為導向的治療模式逐漸受到心理學、人類學和社會學的影響，也開始承認心理與社會文化因素對於健康的重要。時至今日，醫學界所強調的是「以人為本」的保健模式，要求照顧全人 (whole person) 的健康，包括生理、心理與社會文化等方面。世界衛生組織就曾界定，所謂「健康」，不僅是指沒有病痛，而且是一種全面性的生理、心智及社會的安好情況。

　　具體而言，健康與社會的關係反映在下列二方面：

㈠健康與疾病的定義受到社會文化模式影響

在傳統中國社會，身體肥胖是一種福氣，是地位的象徵，在現代工業社會卻常被認為是病態，需要治療。自殺、酗酒等行為在當今歐美社會常被認為是一種精神病態，需要醫療照顧，但在傳統中國社會這些行為並未構成社會問題，不能說是病症。由此可見，疾病與健康問題，有其文化相對性，同樣的身心狀態，在某社會被視為病態，在另一時間或另一空間的社會卻非病態。

㈡健康狀態關係到社會科技發展和社會資源的掌控

一個國家健康水準的定義視該國的科技程度而定。如果甲國對於外在環境控制的能力很低，「健康」的定義對甲國而言，不是營養均衡，而是生存，因此，「不良」的工作場所，不衛生的污水處理……等，都不算是什麼。而對一個工業化的乙國而言，「健康」的定義是生活品質，而不是生存。

此外，在每個社會中，疾病的分佈是不均衡的。一些團體的人比其他團體的人更容易得病，而一些疾病在一些團體中比在其他團體中更普遍。比如在煤礦礦工中，黑肺病是很普遍的。哈佛大學公共衛生研究人員於 1992 年發表的研究報告中發現，製鞋場工人白血球症罹患率比一般大眾高出 78%；焊接工的前列腺癌罹患率比一般人高出 156%；鉛工罹患食道癌比一般人高出 152%；木匠罹患多發性脊髓癌比常人高出 186%。環境與職業有關的疾病還有：紡織工人易患支氣管炎和肺氣腫。

除了職業之外，在全世界各地，貧窮和健康不良是連在一起的。鄉村及都市貧民區的窮人所接受之醫療照顧，通常不如那些中上階層的人所接受的。窮人常在不知不覺之中，因飲食不足、房子取暖不夠，和為了勉強度日而在奮鬥掙扎的壓力下，使健康受到損害，從而使他們變得脆弱，也更容易感染疾病。

近年來，由於社會福利與醫療保健政策的實施，已使得赤貧狀況消失，但是社會階層之健康差距仍舊持續下去。以嬰兒死亡率而言，1911 年至 1971 年英國的資料便顯示出死亡率的降低出現在每一個社會階層，然而階層之間的差異仍舊維持著。美國方面的資料亦有類似的發現。然而高社會階層者並非在所有疾病中占完全的優勢。對某些疾病（如冠狀動脈心臟病）而言，高社會階層之死亡率高過低社會階層，因此，社會階層與健康的關係具有相當的複雜性，並非完全是單一方向之關係。

值得一提的是低社會階層對職業與工業危險 (work hazard) 之暴露，是為多層面的。包括了機械工業上物質本身以及操作過程上的各種化學物、塵、溫度、噪音及震動之傷害，再加上超時工作，加劇了疲憊程度，使意外可能性增加。工業的危險並不僅限於工作場所，石棉場工人的家人會因衣物帶回的纖維而罹患間皮瘤 (mesoth elioma)。居住在工廠密集區域之居民亦會出現偏高的癌症罹患率。例如石化廠附近膀胱癌、肝癌之偏高；鑄造廠附近呼吸道癌之偏高，以及鉛廠附近居民血中含鉛量增加而影響到神經系統。

♥ 二、社會福利與健康

早在 1942 年英國之《貝佛里奇報告書》就將疾病認為是人類五大天敵，並規劃公醫制度及相關之社會福利，事實上，疾病與醫療是一種供需的問題。疾病代表「需要」恢復健康，醫療代表「供給」恢復健康，原本可在自由放任之經濟體系下運作，透過「醫療市場」(Medical Market)，個人可以選擇，隨己所願，獲得醫療照顧與健康。遺憾的是，在資本主義社會中醫療照顧往往是商業行為，醫師、醫院和藥品製造商三者組成了龐大的利益集團。導致不必要的檢驗、開刀和對藥品的依賴。近日哈佛大學公共衛生學院發表一篇臨床報告指出，對於中年人心臟疾病使用心導管診斷和不使用兩者之間的死亡率並沒有顯著差異，對於過

去心導管手術的療效結果過於誇大，使得與心導管有關的科技、設備和器材在醫療市場上大發利市。粗略估計，全美一年中完成 3,000 萬大大小小的手術，其中有 3/4 是有選擇性的，不是基於迫切醫療需要的考慮，如果能減少 10% 的選擇性開刀，相對的病人可以省下 10 億美元 (Illich, 1976)。

圖 11-2　醫師、醫院和藥品製造商三者組成了龐大的利益集團。

　　皮爾與艾可厚 (Robert Pear and Erik Eckholm, 1991) 指出，美國醫療界最大的問題是在於他們關心的是利潤，而不是人。此一情形也同時反映在醫師分科不均的現象，大家考慮的標準只是向錢看。一如預期的，內科、外科、家醫、婦產及兒科，為 18 個專科及 1 個外科細分科（整型）的「主流」。然而攸關優質照護的麻醉、放射線（診斷、腫瘤）、核子醫學及病理（解剖、臨床）等專科人力卻嚴重不足，從業人員只占全體專科醫師的 6%；更不要說公衛、預防醫學、精神科、復健科乃至基礎研究與教學工作的乏人問津了。但是若將醫療照護視為基本需求，政府有必要將醫療照護納入社會福利或社會安全體系中一併規劃。為什麼要使用公權力來干涉「醫療市場」之自由供需功能呢？至少有四個基本理由：

(1)凡是罹患疾病及身心殘障之人，不因社會地位，經濟階層能夠有所照顧。也就是所謂平等進入 (equal access) 醫療系統，這也是我國於民國 84 年 3 月推出全民健康保險主要的理由。社會上之每一個人都會感受到疾病與殘障的威脅，必須群策群力，來對付疾病與殘障。因此根據「社會連帶責任」之原則，採用強制性之保險來共擔危險 (risk sharing)。

(2)從社會正義與社會公平 (social justice and social equity) 之理由討論之，採取強制性之社會保險方式與危險共擔或分擔之原則實施全民健康保

險，可產生社會資源與財富或經濟所得再分配之積極功能，使得社會上之經濟弱者，不因罹患疾病的可能性較高，遭遇殘障之機會也較多（因為多從事於勞力粗工以及危險性工作），以致傾家蕩產，出賣妻兒醫病療養。實施全民健康保險對社會正義與社會公平之意義甚大。

⑶從勞工政策與經濟生產之理由討論之，一個國家需要強大之生產勞動人口來支援，蓬勃的經濟發展，必須具有高品質之健康人力資源，勞動力資源。在人力維護 (people power reserve) 之觀點，如果缺乏健康之男女勞工，就不可能造就高效率之生產事業。因此，全民健康保險之實施，對於國家經濟發展具有正面之影響。

⑷從現代社會觀念論之，健康是人類基本人權之一，人人可享之。世界衛生組織強調人民享有健康之權利。

基於上述學理上的觀點，國內全民健康保險的開辦也是在這樣的趨勢和影響下產生。其基本目標為：(1)提供國民適當醫療服務；(2)有效利用醫療資源；(3)減少就醫之財務障礙；(4)促進國民健康。為達上述目標，乃依下列原則制定「全民健康保險法」：(1)全民參加保險，強制投保；(2)單一支付制度，全民健保與其他社會保險分開辦理；(3)保險費由政府、雇主、被保險人共同負擔，收支不平衡時，應依精算結果修正保險費率；(4)提供保險對象適當綜合性醫療服務；(5)漸進實施總額支付制，增加醫師及醫療機構控制費用責任；(6)實施就醫部分負擔，加強稽核，減少不必要之醫療浪費。

依據最新資料 (1994)，在全球當中有 156 個主權國家實施全民健康保險制度，根據政府干涉自由醫療市場功能之程度，加以分類，由干涉最少程度至干涉最多程度者可分為四大類型：(1)企業化醫療體系，或稱為消費者自費式醫療照護 (Fee-for-Service)；(2)國營化公醫制醫療體系；(3)分散國營醫療體系；(4)社會主義醫療體系。這個分類不僅是就醫療制度來看，還是從人民的醫療權利、社會福利意識型態來看。

1. 企業化醫療體系 (Entrepreneurial Health System)

除了政府及慈善團體所提供的若干免費 (Medicaid) 或低廉服務以外，大部分的醫療服務都是私人經營，病人可以自由選擇但要自己負責費用，或由自願購買的醫療保險支付費用。因此，較富裕的人就可以得到較好的醫療照顧。原則上，按照市場競爭原則來看，機構為了多賺錢，吸引更多顧客，就會盡量維持醫療品質、提高服務水準。美國的醫療照護制度是典型的例子。

美國醫療保險制度之經濟來源，大都來自私人資源提供。在 2000 年之衛生經費支出，有 65% 係由民間支出，35% 由政府支出。民間部分包括了私人自願保險（占了一半），有數百個商業性及非營利性之保險機關出售健康、醫療保險。政府之支出來自社會安全立法之社會保險項目，一部分來自聯邦、州及縣政府之稅金。慈善機關及公司之員工福利，僅僅占了醫療保健經費支出之 5%。就國民生產毛額 (GNP) 而言，美國之醫療保健經費花掉了 11.5% 之 GNP，是全世界衛生經費最高的國家（臺灣 4.5% 之 GNP）。不過美國 15% 之人口仍然欠缺適當之經濟資源去購買醫療服務（他們需要醫療救濟）。

因為美國之醫療保健制度，在結構及功能上是多元化的，因此其基層醫療體系也是多元化的，大多數由開業醫師提供醫療服務，每次看病付費，不管其醫療費用係由私人或公家支付。最大之政府醫療是老人與殘障之醫療保險 (Medicare)，與貧民施醫之醫療救助 (Medicaid)。在這兩大項政府之醫療措施中，醫師及其他醫療服務提供者也是先提供服務給予病人再向政府機關申請醫療費用。

2. 國營化 (nationalized) 公醫制醫療體系

這個制度使得 100% 之全國人口均有機會獲得所需要的醫療保健服務，而且其財政支持均由政府一般稅收予以負擔，如英國、瑞典、加拿大和澳洲。政府雖奉行自由競爭的資本主義經濟制度，但卻負責提供或支付全國醫療衛生服務。人人都可以得到全面的醫療照顧，基本上是免費的。國內有私營醫師，其收費也由國家支付或補貼。

政府的開支，依靠高昂的稅項收支。因此政府提供的醫療照顧，實質上並非免費午餐，而是由全民分擔，使生病的人不會因費用問題而得不到適當的照顧。以下即以英國為例稍加介紹。

英國之公醫制度 NHS (British National Health Service) 的正式成立可以溯至《貝佛里奇報告書》。但是早在 1911 年就開始推行有限性之保險來保障低收入工人之醫療服務，支付一般開業醫師之服務費用以及必需之藥品費用。1946 年之衛生立法擴張了服務範圍，包括了所有門診服務，成為公醫制度的第一支柱。因為戰爭之緣故，英國之醫院分散到各個地區，由各地區組成醫院之董事會來管理該地區之醫院作業，這是全民健保之第二支柱。各地方之公共衛生機關配合訪視護士與醫療救護車服務，形成了第三支柱。最後為了教學特別預留了醫學院之附屬醫院形成一個特別行政體系。1974 年，英國之全民健康保險制度改組，重新整合所有之行政系統。在起初一段時期，所有之醫療保健服務在統一指揮與統一管理下，都被安置在 200 多個地區。在這個地區層次，只派一個受過專業訓練之專家擔任管理工作；他不但精於社區醫學，也同時具有傳染病之訓練。所有之地區醫院董事會均改組為地區醫療保健董事會，也兼有中央輸送衛生經費之線管 (conduits) 作用。在各地區，各級醫療保健單位均設置了社區保健委員會 (Community Health Council)，由地方之消費者代表與醫療提供者代表組成諮詢顧問。

3. 分散國營 (decentralized national) 醫療體系

如德國和日本。政府推行全國性的醫療保險計畫；保險的費用，通常是由個人及其雇主分擔。政府的主要角色，不是直接提供醫療服務，而是通過各地的行政單位，負責管理和監察的工作。因此，個人在生病時，基本上可以自由選擇醫師，而且得到保險計畫的資助。在政府的管制下，醫生及醫療機構難以濫收費用和敷衍塞責。

4. 社會主義 (Socialist) 醫療體系

如中國和蘇聯。政府擁有和提供全部醫療服務，所有國民都可以免

費享用。國內的醫生和其他醫務人員都是政府的雇員，按期受薪，並且由政府負責培訓和分配工作。全國各地醫療服務的種類、數量和分佈情況，都是由政府全權規劃和經營。因此，病人及醫護人員都難以作出自由選擇，但各地和各類民眾都大體上得到基本的醫療照顧。政府的龐大經費，來自國家經營的經濟企業。

三、健康保險與社會安全

　　不同的國家有不同的政治經濟制度和不同的歷史條件，也就有不同的醫療制度，孰優孰劣，難有定論，尚要做進一步的研究。近年來，由於各國的醫療經費急劇增加，加以各地民眾的要求提高，迫使各國的醫療制度不斷改革，而且在組織上有若干共同的走勢，例如加強基層保健服務和預防疾病的措施，改善各項醫療服務的行政效率以求減少經費支出，策劃保健分區化 (regionalization) 以求鞏固每個地區各級醫療單位（醫院、專科診所、普通門診服務等）之間的相互聯繫和支援。種種的改革，都是企圖控制經費的增長，並且消減醫療服務的不平等現象，使全國各地和各階層的人民都可以迅速和有效地獲得適當的照顧。這些努力是否達到原本的目標，則有待進一步評估發現才能予以證實。

　　以美國醫療照顧為例，分析低收入戶醫療救助與醫療保險之間的關係。健康維護、經濟保障和生活安排是規劃老年人養老制度最受注意的焦點。其中又以健康維護最受到老年人本身、家人和政府的關切，因為老年人的罹病率和醫藥花費都較其他人口高出許多，再加上退休老年人經濟力穩定性和自主性都較薄弱，使得老年人健康狀況直接影響到退休生活品質。因此政府在老年人健康照顧的規劃上投注許多人力和財力。

　　在所有已開發的工業國家中，美國是極少數未實施全民健康保險或全民性健康照顧制度 (universal health care system) 的國家之一。它同時有針對 65 歲以上老人辦理的醫療保險 (Medicare)，以及對一般低收入戶的

醫療救助 (Medicaid)。此外私人健康保險占了全國健康保險總人口 88%，且其中 73% 是透過雇主所提供的健康保險 (American College of Physicians, 1990)，保險費用及保險範圍不一。對於那些弱勢團體，如：低所得但未達到「醫療救助」補助標準者、失業者、自謀生計者、兼職人員、或雇主未提供健康保險者，則往往無法負擔昂貴的保險費用，而與健康保險體系絕緣。至於那些原本是被涵蓋在健康保險中的被保險人卻因耗盡效應 (spending down) 而終究被安排在醫療救助體系當中。

根據美國健康照顧財務總署 (Health Care Financing Administration, HCFA) 公佈的資料顯示，未來的醫療照顧支出將成等比級數擴張。以 1990 年聯邦歲出為例，醫療照顧占了所有衛生與福利支出預算的 26%，醫療保險占了 23%，醫療救助（對於各州政府的補助）占了 3%，總金額高達 1,000 億美元 (*Social Security Bulletin*, Sept., 1991)。成長的速度是所有福利暨衛生方案中最快速的一項。當然與人口快速老化的現象和高漲的醫療費用有直接相關。醫療照顧支出的去向，除了有醫院、醫師、療養中心之外，近年來快速膨脹的在宅服務、居家看護和護理 (home health services) ……等以社區為主的支出是一個新的趨勢。

為了解決不斷上漲的醫療支出，1983 年起實施「診斷關係群」(Diagnosis Related Group, DRG)。所謂診斷關係群，係根據住院病人疾病名稱、年齡、治療方法，以及有無合併症等診斷資料，以國際疾病分類第九版的病例分類為基礎，將疾病診斷歸類為 467 種，另加上 3 種難以歸類的，共有 470 種，而彙編成診斷關係群表。而診斷關係群採用預估價格制度 (prospective pricing system，簡稱 PPS) 核付醫療費用。即每一種診斷關係群只有一個價格（費用），事先議定妥當。每一位住院病人的全部醫療費用，視其主要診斷落入何項診斷關係群而定。醫院若過分提供服務，使成本超出此一價格，即需自負虧損之責。反之，醫院若能有效利用醫療資源，不提供不必要的服務，即可多獲利潤。此種償付費用方式已由過去傳統式按量計酬方式 (fee for service) 改為類似包辦費用

制。其主要目的在於對住院醫療費用合理的限制，用以抑制醫療費用過度上漲的不合理現象，並期提高醫院的經營效率及對醫療資源做較合理的使用。目前已擴及對門診費用方面的研究，至於作法上的有效性 (effectiveness) 有待進一步的評估。

醫療資源是否有效利用，其中的「升級效應」就特別值得重視（江東亮，2004）。所謂「升級效應」，是指民眾未經轉診，直接到中大型醫院就醫的現象。平均每年貢獻 2.1% 的費用成長率。其主要病根是醫院大型化。從 1996–2003 年，醫學中心的急性病床增加 44%，區域醫院增加 55%，地區醫院卻萎縮 25%。現在，醫學中心的急性病床總數，已達全國 1/3，甚至比地區醫院總數還多。也可讓人體會，最近地區醫院走上街頭的辛酸。

江東亮 (2004) 也指出，推動健康管理，將醫療品質擺第一：醫師應以實證醫學為手段，以病人健康改善結果為依歸；建立醫療品質監測制度，定期公佈醫療院所的品質水準。其次，以論人計酬取代論量計酬，錢跟著被保險人走：不同層級醫療院所整合為健康管理組織，以照護全人為目標；被保險人則根據醫療品質報告，選擇健康管理組織。第三，建立新健康保險市場，兼顧公平與效率：透過風險平準基金，建立一套機制，讓被保險人依照自己的經濟能力繳交保費，而健康管理組織則依照被保險人健康情況收取論人計酬費用。健保改革我們起步雖晚，但是可以借助國外的經驗，積極開發「購買健康」的知識與技術，迎接第三波健康保險時代的來臨。

四、老人福利與醫療照護

不論任何一種醫療照護制度在一個國家之經濟發展階段可依下列四種主要成分加以分析：醫療資源、醫療組織、醫療管理、醫療經濟。

1. 醫療資源

一個醫療照護制度之醫療資源，包括了專業人才、醫療設備、醫院、衛生中心、醫療物品以及醫療知識資源等等，這些資源可經由生產而得，或訓練栽培，或採購而得。

2. 醫療組織

醫療照護制度可由不同之主持者或贊助者(sponsorship)，加以組織，或提供醫療組織體系。幾乎所有制度都有一個政府主要部門來負責。其他有關衛生醫療之政府機關加以協助，尚有志願團體，醫療企業，私有之醫療保健市場配合形成醫療組織。

3. 醫療管理

一個制度要有績效之管理體系，包括一定的過程與步驟：先由保健與醫療計畫開始，接著行政管理監督、諮詢與協調等等，規範與立法，達成一連串之管理目標及醫療效果。如何推行任何一個步驟，端視一個國家之國情以及主流之政治意識而定。

4. 醫療經濟

一個全民健康保險制度之實施，依賴著一種或多種財政結構。有的採用政府之稅金，由各級政府課稅來支援，有的採用強制性之社會保險稅來支付，有的則依賴私人志願保險來支付，有的動用慈善基金會私人積蓄來支付醫藥費用。

理論上而言，醫療照護運作是受到上述四個主要成分的影響，然而在社會變遷和人口結構改變的情形下，同時也必須考慮到其他因素，例如國內人口老化的事實和未來的速度在規劃醫療照護上是最常被討論的話題，以下即以此加以說明。

截至 2006 年底，老年人口為 228 萬 7 千餘人，占全國人口 10%，已是一個老化的國家。又由於光復後出生率與死亡率的大幅下降，據行政院經建會的推估，未來臺灣地區的老年人口將會大幅增加，到西元 2021年，由於戰後嬰兒潮邁入老年，老人人口將占總人口的 15.0%，屆時我們將是一個十分老化的國家。隨著人口逐漸老化的趨勢，老年人口中盛

行的慢性與退化性疾病，已為我社
會流行的健康問題，深切影響民眾
的健康，更甚者，由於近年醫療科
技的發展，已能控制許多慢性疾
病，其結果雖可延後慢性問題所導
致的死亡，但卻因此而殘留長期的
身體障礙與功能失常，需賴長期照
護以維生存，因此慢性病與慢性失

圖 11-3　臺灣已進入高齡化社會的
時代。

能的長期照護問題,已成為我國今後面對的另一個重要醫療照護的問題。

　　原則上，老年人的醫療照護依服務性質分為：(1)預防保健服務，(2)
醫療服務與(3)長期照護等。預防性的服務可用於促進或維持老人的身體
健康狀況，因而可預防或延後疾病的發生，維持已發病或身體功能已受
損害老人的現存功能；醫療服務可用於治療或控制疾病，包含急性病和
慢性病的醫療技術服務，可幫助急性病的治療和慢性病的控制；長期照
護可用於照護因慢性病或因衰老而需長期療養的老人，提供無法獨立生
活而需人照顧的老人各種健康及生活的照護。以上三類服務均有其特定
的功能，分別對不同身體狀況的老人提供不同的服務，故其為一個完整
的老人健康服務體系不可或缺的服務。

　　在此理念之下，國外發展三大層級的醫療照護服務以因應各種不同
狀況老人的需求，包含機構式照顧、社區式照顧、與居家 (in-home) 照護
等。機構式照護包含醫院與護理之家，醫院可提供急性密集的醫療服務，
而護理之家可提供住院後的非急性照護，並可提供慢性失能老人的長期
療養服務；社區的服務包含衛生所、診所、日間照護、短期照護、與安
寧照護等，其可分別提供預防、醫療、與長期服務；而居家服務包含居
家護理服務、家事服務、與家人親友的非正式服務等，其可提供醫療、
護理、個人、與社會服務。

　　相較於其他的醫療照護，老人長期照護是我國最欠缺的一環，目前

醫療體系投入資源極少，在服務措施方面包含居家護理服務（每年可提供約 15,000 人次）、護理之家試辦服務（約 200 床）、日間照護試辦計畫（約 240 人）、及醫院中 5,000 多床的慢性病床；在人力的培育上，目前僅養成 27 位居家護理師，其他長期照護需要人力的培養，則一片空白。相對於上述正規醫療系統中少量的長期照護供應，未立案安養中心的反應較正規系統為快，正如雨後春筍般的快速成長，由於其未立案，政府無法登錄列管，亦無法評估或保證其服務品質。根據呂寶靜與吳淑瓊的研究發現（民 84 年），這些未立案安療養中心不願意立案的主要原因在：⑴建築物使用執照變更有困難；⑵建築物規格不符合規定；⑶消防安全設備不全；⑷家庭式，規模小（認為沒有必要）；⑸擔心要繳稅，加重其負擔；⑹合格人員之遴聘有困難；⑺立案表格填寫有困難；⑻不清楚各項申請程序，也不知道向何機關申請；⑼房舍所在的樓層不合乎規定；⑽不符食品及衛生的檢查標準。上述問題若不盡早正視謀求解決之道，一方面其會快速增生，而增加改善的阻礙與複雜度；另一方面，老人的機構服務品質無法得到保障。

除了上述醫療照護體系之外，家庭非正式照護為老人長期照護的最主要來源，其對老人的照護或生活素質幫助極大，也減輕許多社會照護老人的負擔，成為老人長期照護十分重要的資源。因此如何維持非正式照護者的照護意願，應為我國發展長期照護系統不可忽略的重點工作之一。國外對於家人提供醫療照護服務所給予的措施如喘息服務、諮詢、現金補助、減稅、及購屋優待等均可供我國規劃之參考。

事實上老人健康照護問題不僅侷限於衛生體系之內，和社政體系亦息息相關，老人在長期照護上不只有健康服務的需要，也同時有社會服務的需要，例如前文提及的居家看護、在宅服務、日間托老……等，因此在規劃老人醫療照護體系時，應力求二個體系的整合規劃，不但可求資源之整合與有效運用，並可共同為提供老人完整與適切的健康服務而努力。

五、醫療制度與福利之實踐

民國 91 年 5 月 18 日，全國社會福利會議總結報告建議成立「社會福利及衛生部」或「衛生及社會福利部」，至民國 96 年時已 5 年，似乎毫無動靜也遙遙無期，醫療與福利聯合之實踐是如此遙遠。其實不論是老人健康照護或任何一種醫療和福利制度，在規劃時必須注意到下列之基本原則：

㈠全民性 (universal coverage)

全體國民必須納入醫療體系，使每一個人在遭遇醫療保健問題時，均能夠及時獲得照顧及健康之保障。

㈡公平性 (equity)

對於危險責任之分擔，要有詳細與公平之計算方式，不能夠讓中下層之薪水階級過度負擔。

㈢適當性 (adequacy)

醫療服務或給付要適當，符合實際之經濟損失之比率，更要避免浪費醫療資源。

㈣可行性 (feasibility)

在經濟意義上，要考慮被保人之經濟負擔，如果低收入或貧窮者，應由政府之一般稅金代繳保費，由救濟改為保險。

㈤穩定性 (stability)

對於醫療服務之項目，事先計畫周全，不該經常變動，或提高保費，

增加被保人之負擔。

㈥融通性 (flexibility)

對於醫療政策與實務之推行一定要有相當程度之彈性，在法規上之解釋不能刻板。

㈦預防性 (prevention)

對於國民全體，要實施健康保健之預防教育，不論是醫療服務之提供者或接受者，都要提醒他們不要浪費寶貴之醫療保健資源，對於酗酒、酒醉駕車、吸煙者加重其保費，對於不守法令或醫療倫理之醫療人員加以處罰。

㈧完整性 (comprehensive)

照護制度應提供完整性之診斷，治療與復健之各種服務措施，使醫療保健與社會服務互相配合。

簡言之，要實行全民性之醫療照護，一定要很清楚且重視這個社會面臨之社會變遷，社會理念，人民所持有之福利意識與醫療政策之目的，並且考慮到財政來源之籌措方式，以及適用之範圍。若規劃健康照護制度只著重財政收支平衡或政治上的討好，而忽略了國人的生活習慣、求醫行為……等社會結構、文化……等因素，對於整體的健康保健和生活福祉之增進並不會有太大的意義。

思索

一位美國朋友發現目前對醫院而言，在政府這麼多的成本控制規劃下，新的財源是開一個醫院附設的療養中心 (Hospital Affiliation)，一方面將久占床位的長期照護病人轉往自己設立的關係企業，增加床位的使用率，一方面因為政府對療養中心的給付標

準比一般醫院要寬鬆，因此不失為一個彌補醫院成本的有效策略，我相信這個現象在未來會成為一個趨勢。在這個趨勢之下，最受到影響的是那些中收入者，因為病人轉往療養中心要自行負擔的比較重，不久之後即出現所謂的耗盡效應，當他耗盡家財，身無分文的時候，再申請醫療救助，一直終老在療養所，這在美國是被視為「理所當然」的既定事實。但是就保障國民醫療照護權的精神而言，是背道而馳的。我國全民健康保險實施最主要的目的之一，是為了保障接受醫療服務的公平權 (equal access)，不因為個人的經濟而有不同，然而就醫療提供者而言，例如開業醫師、醫院，重點是如何在政府對於醫療院所種種的要求下求生存求發展？健保開辦後最常上報的爭議之一是，醫師為了健保給付的緣故進行不必要或過多的手術，而犧牲了原有的專業倫理和判斷，例如子宮切除、剖腹產、不當的侵入性檢驗器材的使用……等，為的就是一個「收支平衡」，這種因為健保開辦反而損及病患權益的現象又怎是規劃者當初想像得到？

第十二章　住宅與社會福利

　　食、衣、住、行、醫療照顧是人類的基本需求，透過社會福利制度的運行，應該滿足上述的需求，但是就目前的體制來看，食、衣、行已不構成威脅，但是住卻是大部分中產階級心中的痛。中研院社會意向調查也發現，貧富差距擴大已經成為臺灣近幾年惡化最嚴重的社會問題。民國 74 年時認為貧富差距嚴重的民眾只占42.4%，79 年增加到 69.3%，81 年已到 75.6%，91 年則是 82.71%。

　　若從社會福利正義、公平關懷的立場而言，針對這樣的社會現象應該要採取行動，因為房事不僅是中產階層購置不動產的困擾，對某些群體而言是基本生存的問題。由於房租昂貴與工資不成比例，造成遊民問題的嚴重也是在國外常見的現象。本章先介紹以往社會福利對於低收入住宅問題的關懷，再探討針對「房事」社會福利工作者能做些什麼？最後再分析遊民問題的形成與未來努力的方向。

一、低收入住宅社區工作的緣起與方法

　　低收入社區工作是社會福利對於住宅服務的原點，這樣的淵源可溯至十九世紀末的睦鄰運動。「科學性的慈善運動」所造成的影響不僅是慈善組織會社 (COS) 的成立，更促成睦鄰運動的發展，而後者對於社會福利政策中貧窮社區的改建與福利服務方案有更深遠的貢獻。這些歷史性

的發展在第一章「互助的制度化」中探討過，在此不再多做說明，倒是社會福利對於低收入住宅的社區工作可以多做探討。

美國維斯康辛大學教授克立那爾德 (Marshall B. Clinard) 在其所著的《貧民區與社區發展》(*Slums & Community Development*) 中，以他在印度擔任德里市都市社區發展顧問的實地經驗，指出社區發展的原則與方法，可以有助於都市貧

圖 12-1　貧民區的景象。

民區問題的解決。他對貧民區作縱（歷史）的分析與橫（地區）的比較後，認為貧民區是一種社會現象與文化現象，也可以說是一種生活方式。一般貧民區所顯示的是：艱難困苦的生活，簡陋的設備，擁擠髒亂的環境，邊際偏差的行為，與一種漠視的性格。許多居民的心理狀態是：冷漠、依賴、與懷疑、貪圖近利，由於自卑與缺乏自信，使他們自陷於孤立，而常以一種無助、無望的心情，來承受一切命運的安排。他認為貧民區問題並非單靠社會福利計畫或經濟就業機會所能解決。他主張要推行低收入住宅社區自助教育，培育當地人才，創立新組織，給予貧民榮譽，並掌握急難的時機，喚起更生的願望。因此在運作上通常透過以下四點進行：(1)喚起社區意識；(2)促成社區自助；(3)訓練當地人才；(4)配合政府援助等四項。

低收入住宅社區工作的目的，按照人類學家路易士 (Lewis) 的說法是要打破貧窮文化。在他的一本書《五個家庭》(*Five Families*, 1959) 中，指出：貧窮文化是屬於社會中的次文化，但有其特殊的結構、理論及歷史。他列出了 70 項這種文化在經濟、社會、心理各方面的特性。例如經濟上，貧窮文化的特徵是：為了生存不斷地掙扎、失業與未充分就業造成家庭所得的短絀、低薪、非技術性尚未專門化的職業，經常更換工作、市場購買力弱、依賴童工、家庭缺乏食物的儲存、手邊有點錢就隨意亂

花,並且幾乎都不儲蓄,以及常常典當家產。一些社會上和心理上的特徵則包括:住宅擁擠、群居生活沒有隱私、高比率的酒精中毒事件、時常使用暴力滋事、體罰小孩、毆打妻子、很早就接觸到性問題、婚姻的結合通常很隨便因而穩定性低、家庭成員被家長遺棄的比率很高、有母親為家庭中心的趨向、與母方親戚較為熟稔、核心家庭占大多數,十分傾向權力主義,以及觀念上很強調家庭的一體感。

在心理特徵上,路易士認為最主要的是一種無固定歸屬的邊際感,而常有「不歸屬感」。對於社會制度、政府和政治人物常抱著挑剔的態度,一般說來缺乏安全感,但具有冒險的精神。同時,貧窮文化為了滿足一些天生的需要與探險的欲望,在文化及心理上也產生了一種特色——熱衷於官能享受,以及喜歡尋求刺激,由於常有「不歸屬的感覺」而有見外、無根、不經心,甚至玩世不恭、嫉恨、仇世的態度,他自慚形穢、感到失望、覺得被遺棄、不被接受,否定自己的努力,缺乏自尊心、自暴自棄,而形成一種涂爾幹所謂的「無規範 (anomie) 的次文化 (subculture)」,這種文化一旦形成,便難以消失,而且一代傳一代。因此,低收入社區的社工人員的主要任務就是重塑社區文化,打破這種代間貧窮的傳遞。

我國以有組織、有計畫的現代方法推動基層社區工作的歷史可以追溯到抗日戰爭前。梁漱溟 (1893–1988) 等人在河南推動村治學院和在山東鄒平縣成立實驗社區設立鄉村建設研究院、發行《鄉村建設》半月刊,以社區教育推動基層社區的改造;晏陽初 (1893–1990) 等人創立的中華貧民教育促進會、山東省政府、燕京大學、南開大學、清華大學、金陵大學、北平協和醫學院共同成立華北鄉村建設協進會。協進會設立鄉村建設訓練所,訓練所分設農業、經濟、教育、工程、衛生、民政、和社會行政七種科系,並設立社會實驗站實地進行研究、實習、試驗與服務工作等,這些都是我國住宅社區工作的先鋒。晏陽初、張鴻鈞等人推動的基層社區改革工作後來因為 1937 年中日戰爭爆發而被迫中輟。但是日

後晏陽初在菲律賓推展農村建設運動，張鴻鈞在聯合國負責社會發展工作等，均對聯合國在世界各地推動的當地社區工作有直接而且深遠的影響。

政府遷臺之後於民國 54 年頒佈的「民生主義現階段社會政策」是我國社區工作上的一個里程碑（劉脩如，1986；王培勳，1985；徐震，1985）。該項政策綱領依據民生主義而制定，目的在促進經濟與社會之均衡發展，以建立社會安全制度，增進人民生活品質為目標；社區工作則是其主要的實踐方法。依據「民生主義現階段社會政策」，行政院在民國 57 年頒佈「社區發展工作綱要」，在各級政府行政部門成立社區發展委員會負責推動社區工作。當時推動的重點是基礎工程、精神倫理與生產福利三大方向，希望能藉由居住物理環境和經濟的改善，達到生活品質的提升。這樣的社區工作一直持續到民國 80 年，直到新的「社區發展工作綱要」出爐為止。

其間特別值得一提的是民國 60 年初為了消滅貧窮而推行的臺北市安康和臺灣省小康計畫。這兩個計畫之所以被認為是臺灣地區少數計畫中最富積極性與進步性，致力於消滅貧窮計畫之原因，在於這兩個計畫都是以低收入社區居民為基礎，注重社區環境的改善，如：注重人力資本的投資、所得稅再分配、心理重建、社區居民參與、集體性與選擇性的經濟措施。具體而言，是希望透過教育養成低收入居民良好的生活態度，並針對居民生活上實際需要，興辦民生福利設施，如辦理技藝訓練、推廣家庭副業、加強貧民救濟及就業輔導、設立托兒所、改善家戶衛生、推行家庭計畫等，以自動自發方式，配合政府有限的經費，來解決社區的問題，使失業者就業，使失學者就學，貧病獲得醫治，老弱獲得照顧，以積極性生產來取代消極性的救濟，使他們收入增加，生活獲改善，以脫離貧窮。

♡ 二、實務工作者在低收入住宅社區的策略

按照社會福利學者的看法，低收入社區的社工員具體作為應包括需求診斷，也就是他（她）必須依據縣市規定的「低收入戶查定辦法」，審查申請者的條件，包括收支比、設籍時間及扶養親屬……等，確定申請者是否有資格。因此，社工員在蒐集資料和查證的過程中，對於申請者真實或假性需求必須作客觀和正確的判斷。確定申請者的資格之後，社工員的角色轉變為提供者。在社會工作三大方法當中，除了前述以社區工作為主外，團體工作方式對貧民的服務，被視為是較為經濟、可行，以及有效的途徑。運用團體工作程序使貧民子女能從同儕互相接納，支持與增強作用中，培養他們積極的生活態度，良好的社會人際關係，以及健全的人生哲理信念，恐怕是比較有效的「治貧」辦法之一。上述這種觀念也可運用於學校設施內和鄰舍組織內的貧困家庭子女之團體工作服務方案中。

至於對低收入戶的個別輔導則強調「行動」、「引導」，同時要滿足「實質」需要，更重要的是「資源協調」。

1. 要重「行動」

是指專業人員要盡其所能地，自動向外式地設法接觸貧民，並對貧民說明何以要求接受專業人員的幫助。並且，也說明這種幫忙的性質和程序是如何。

2. 要作「引導」

是從與貧民接觸開始，就向貧民說明，他的問題，所處的情況，以及他應努力的方向。

3. 要正視「實質」需要

乃指對貧民的一些生理、物質，以及精神方面的實質需求，要即時提供。比如一個飢餓中的貧民，要給予充飢的物品；一個身上有病痛的

貧民，要協助他獲得應有的治療，然後才開始談到貧民的感受和態度方面的改善。

4. 要「資源協調」

是指界定貧民的問題和需求之後，專業人員要自我思索和聯絡有關的社會資源。這些資源可能是為了(1)健康的維護和疾病的治療；(2)物質生活需要和精神生活；(3)家庭內夫妻、親子與手足關係，以及個人情緒生活適應，社會人際關係；以及(4)職業技能與工作機會等。

然而，根據國內學者對於貧民心理和行為的研究，不論是平價住宅，或老舊社區的居民有下列的特點：

1. 主動尋求幫助的意願低

大多歸咎於命運，不自動找人幫忙；而需要別人幫忙時常找親友為多。所以，貧民自動找專業人員幫忙的情形是比較少的。因此，如何採取對貧民自動向外 (reaching out) 的服務，是必要的措施。

2. 依賴性強

雖然他們也感受到受助是羞恥的，但大多數的貧民，也把各項福利措施當成是應得的。

3. 對接受幫助的期待不高

因為他們感到所得福利對於貧窮問題本身沒有幫助，問題是很難解決的，對貧困境遇抱持一種悲觀和失望的態度。因此，我們必須對貧民的問題作一全盤性和統合性的研究，以達致改善貧民服務的效果。

因此，若僅就傳統的個案輔導進行個別化服務是不夠的，還必須透過社區工作幫助低收入居民意識到自己的需要，並配合制度的改善。因此，在相關的研究報告中指出：對於低收入住宅的居民而言，社工員應該扮演的角色除了需求的診斷者、福利項目的提供者之外，更應該是能力的充實者，以及制度的倡導者。學理上的應然面是如此，但是實然面卻發生了一些運作上的困難。

三、社會福利在中產階級住者有其屋運動中的角色

社會福利對住宅問題的關懷繼 60 至 70 年代低收入社區福利服務方案之後，另一個群體的住宅問題引起福利學者、社會學者與心理學者廣泛的討論和關懷，一是中產階級住宅需求的問題，另一是遊民問題，兩者之間有其因果關連性。本章一開始描述的現象是前者，如果住宅問題不解決，遊民（或稱街友）問題會浮現出來。「住者有其屋」是中山先生對於人類基本需求之一的住宅需求的洞悉和尊重，然而這樣的目標在國內一直無法透過有效的住宅政策和管理逐步落實。

學者麥庫里 (Chester C. McGuire, 1981) 則認為住宅政策乃政府及私人機構合力為市民提供住宅服務的活動。在每一個社會，房屋的生產需求的程度偏好，皆受政府活動、習俗和市場力量的綜合影響。一般而言，政府介入房屋市場，主要透過四種方式：⑴直接提供公共房屋單位 (direct provision)；⑵津貼 (Grant/Allowance)；⑶管制 (control)；⑷稅項寬免 (Tax Concession)。很明顯地，過去國內的作法是以第一項為主，直到近年來由於壓力團體的大聲疾呼，才透過稅法給予部分的寬免。

臺灣的國宅政策在政府不敢做，怕被冠上與民爭利，或圖利他人等罪名的保守心態下，任由建築商、地主炒作，運作結果在臺灣的情形就是：有資本、有錢的人有好幾幢空屋，一般中產階級的人只能租屋，買不起房屋，造成空屋率上升，擁有率下降的現象。行政院主計處作戶口和住宅普查時發現，民國 79 到 89 年間，臺灣地區自用房屋總數成長了 4 成，但是閒置的自用住宅卻成長 8 成。反映出沒有房子的辛苦追趕房價，有房子的則繼續置產，又放任資產閒置，社會資源嚴重浪費，既不符合社會公平原則，也不符合經濟原則。依照行政院主計處主管物價統計的官員表示：通貨膨脹和物價指數在政府的嚴格控制下一直維持

4–6% 的穩定狀況，但是房價就無法無天了。從地政系教授張金鶚和劉秀玲的〈房地產品質、價格與物價指數之探討〉研究報告中可見一斑。

　　值得一提的是集結中產階級的無殼蝸牛在上述的歷程中所扮演的社會運動的角色，臺大城鄉所學者指出民國 76 年起房價高漲已把臺灣社會分成有屋和無殼兩個階層。這二個階層雖然在消費支出總數接近，但是二者在「質」上面有很大的差距。無殼者往往最先犧牲居住環境、交通運輸通訊、教育娛樂費用，在衣著、燃料燈光、家具及家庭設備、保健衛生等方面也要節省支出；被迫降低生活品質，才能圓一個有屋的夢。「省」可能是無殼家庭最共同的消費語言。以寸土寸金的臺北市為例，無殼家庭平均 1 年要花 21 萬元租屋，為了支付租屋費用，無殼家庭食物方面的花費比有殼家庭將近少了 6 個百分點，運輸交通及通訊費用少了 3 個百分點，娛樂及教育支出少了將近 9 個百分點。這樣的差別造成無住屋者的不平和不滿，這樣的情結形成了所謂的無殼蝸牛運動。

　　他們透過夜宿忠孝東路，扛蝸牛模型遊街等幽默詼諧的方式，表達他們的抗議和不滿。無住屋團結組織在策略上，相當特別的便是幽默及嘲諷風格，不論其運動形式及內容都充分地表現出這一

圖 12-2　民國 78 年無殼蝸牛族發起萬人夜宿忠孝東路的景況。

點。例如，該組織號召無殼蝸牛以電話干擾仲介公司、散佈消息以降低房價等，有別於其他的社會運動，令大眾耳目一新。然而，住宅短缺的問題並未因此而受到重視。社會福利學者和實務者在這個議題上可以做的事情是以倡導辯護的角色，一方面為中等價位的國民住宅催生，另一方面是協助無殼蝸牛組織發揮更大的制衡力量。

　　只可惜在社會福利實務界的教育中有意或無意的忽略了社工員在社
會運動中倡導辯護和組織人民的功能，將社會福利與維持社會和諧畫上
等號，而一談到社會運動聯想到的是抗議、示威、遊行與暴動。事實上，
非武力抗爭的社會運動方式是值得社會福利實務者深入瞭解的哲學與行
動理論。非武力抗爭的最佳典範是印度聖雄甘地 (Mahatma Gandhi,
1869–1948) 為對抗英國「食鹽法」(Salt Law)，爭取印度獨立所發起的不
合作運動，以及美國金恩 (Martin Luther King, Jr., 1929–1968) 博士所領
導的黑人民權運動。二者都號召了群眾以非武力的方式展現人民的力量，
改變既有的不正義制度。王增勇先生在民國 84 年輔仁大學主辦的「社會
工作倫理研討會」中，曾就社會福利實務工作者如何突破現有體制上的
困境，從事體制外改革的實踐步驟提出以下四點，可作為日後協助無住
屋運動相關團體的參考。

(1)社會福利工作者應在日常實務工作中，以「開放的耳朵傾聽」
　　(listen with outer ear) 社會脈動。
(2)社會福利工作者應去除以往「社會運動脫離不了暴力」的刻板印
　　象，而應瞭解社會運動中的各項抗爭理論，如非武力抗爭，思索
　　實務運用的可能性。
(3)在體制內的社工員應覺醒到自己日常實務與政策的互動關係，並
　　瞭解身為專業人員也有參與政策決定的途徑。如此的覺醒將進一
　　步給予專業人員力量 (empower)。
(4)社會福利教育中應加強基變社會福利的教授，使實務者具備結構
　　性透視能力及推動改革的專業能力。

 四、社會福利能為遊民做些什麼?

按照洛司 (Roth, 1985) 等人的定義，遊民有下列特徵: (1)一段時間沒

有或很少有棲身之所；⑵居住在庇護中心或貧民暫時收容所；⑶居住或企圖居住在廉價的旅館少於 45 天；⑷居住於無固定地址一段時間，或企圖停留於該處少於 45 天的時間。在特徵上雖然已有明確定義，但是在計算或推估遊民的數量上一直是個問題。主要原因是他們居無定所，不一定會被別人發現。遊民的問題發展到現在已不是「有多少」的爭論，而是如何協助和輔導的問題。按照林萬億教授民國 84 年進行的遊民問題之調查分析研究報告中指出，除了失業、去機構化、家庭暴力、都市更新是導致的因素外，國民住宅或平價住宅短缺是很重要的遠因。

在潘淑滿 (2005) 的文章中以凡馬赫 (Robert Jürgen Freiherr Von Mahs) 的數據推估方法，臺灣至 2007 年時應該有 23 萬人左右曾經經歷過一段居無定所的生活；不過以達里 (Daly) 的觀點推估（取平均數 2‰），那麼臺灣在 2007 年應該有 45,000 到 46,000 的遊民人口。

圖 12-3　一名流落街頭的遊民。

根據《內政部統計年報》(2004) 資料顯示，2004 年臺閩地區受理或查報的遊民人數卻只有 3,755 人，而在 2001 年到 2003 年之間每年平均遊民人數都在 2,200 人左右。遊民人數推估與相關法規對「遊民」的定義有高度關連。我國各縣市（除北、高兩個院轄市之外）對遊民福利業務的辦理，主要是依據「臺灣省遊民收容輔導辦法」之規定，根據第 3 條規定：「流浪、流落街頭孤苦無依或於公共場所叫化必須收容輔導者都稱之為遊民」；由此可知，我國對於遊民資格的認定是採取較為模糊定義而非列舉方式，凡是流落或流浪街頭，或在公共場所行乞者皆稱為「遊民」（潘淑滿，2005）。

鄭麗珍 (2004) 在《遊民問題調查、分析與對策研究》的報告中指出，有 7 成左右的遊民將自己成為無家可歸的事實歸因於「失業太久」，而有

5 成以上的遊民則歸因於「沒錢繳房租」。因此，遊民服務內涵應朝向「經濟安全」與「住宅」雙軌並重，而非只是著重於經濟生活補助而已（潘淑滿，2005）。英國政府早在 1970 年代後期就建構出一套以保障遊民的居住權為主軸的遊民政策，又稱之為「住宅法案」(the Housing Act of 1997)，主要包括兩個部分：(1)提供長期性住宅 (permanent social housing) 給無家可歸的遊民，若地方政府無法提供長期性住宅，則必須提供給遊民暫時性的住宅 (temporary housing)；及(2)建立弱勢團體的「優先需求」(priority needs) 審查機制，由地方政府負起審查的責任，對於高齡、健康與身心狀況不良或身心障礙者等「非自願性遊民」(unintentionally homeless) 均視之為「法定遊民」，對這些屬於高危險群的法定遊民提供居住權利的優先保障 (O'Connell, 2003)。隨著 1980 年代倫敦市區街友逐漸增加，倫敦開始設置以街友為優先服務對象的方案 (The Rough Sleepers Initiative, RSI) 讓街友優先住進暫時性住宅或青年旅館、廉價旅館 (hotels)。1997 年工黨上臺後，更進一步整合各項社會服務方案，建立「社會排除中心」(Social Exclusion Unit, SEU)，積極協助街友重返主流社會生活。雖然 2002 年通過的「遊民法案」(the Homelessness Act) 緊縮政府對遊民的各項支持服務與住宅方案的經費補助，但從未實施，甚至後來英國遊民政策的發展，更逐步擴大到法定遊民以外的非優先需求遊民 (O'Connell, 2003)。整體而言，英國的遊民政策源起於提供給遊民緊急與長期性的居住場所，逐漸發展為包含健康、就業、經濟補助等各項支持方案（潘淑滿，2005）。

　　歐洲其他國家的情形與英國類似。大量的東德人民湧進西德後，住宅供應也出了問題。西歐，甚至丹麥所推行的公共住宅民營化，讓民間來蓋住宅，以減少政府的公共住宅支出，並沒有解決低收入者的住宅問題。因為民間興建的住宅價位高於政府所補助予低收入者的貸款額度甚多，以致低收入者買不起這些民間興建的住宅。此外，另一個重要因素是都市更新、拆遷戶安置的問題。國內 7 號、12 號公園預定地的拆遷成

功雖然被當時的市長認為是在位的貢獻，但是這些拆遷戶拿了補償金之後去了哪裡？有沒有地方住？都很少人過問。以香港為例，這些拆遷戶都會被安置在臨屋中心 (Temporary Housing)，等待國宅興建後分配到住屋，至於要等多久就不可預期了。雖然香港於 1986 年在官方房屋委員會的報告書中建議：國宅的租金不再直接按成本而釐定，不會著眼於租金能否抵銷建設、財務、管理、維修等方面的開支，而是以住戶的經濟能力 (affordability) 為主要考慮因素，但是無屋可住的情況並未改善，主要原因是建商抵制，而政府又無足夠財源補貼差額。

　　大多數分析遊民需求的研究中都指出，遊民的服務方案最常見的不外乎：⑴暫時性的庇護 (temporary shelter)，⑵永久性的低收入住宅，⑶生理與心理健康照顧，⑷職業訓練，⑸就業服務，以及⑹公共救助給付，這些方案都是針對前述的遊民形成的原因而來，至於遊民本身需不需要這些服務則是另外一個考慮。根據林萬億研究發現（民 84 年）：過半數的遊民並不認為收容機構、就業輔導、家庭輔導、慈善救濟和社會保險可以解決問題，更有 52% 與 45% 接受訪問的遊民不願意被收容、不願意回家。既不願意進入收容所，又不願意回家，「露宿街頭」自然成了最直接解決問題的方法。以臺北市為例，遊民大都聚集在以下的六個點：龍山寺、臺北橋、臺北火車站、萬華火車站、迪化街和老松國小，其中光是龍山寺和臺北橋就占了 1/4 左右。遊民不喜歡進住收容所是可以理解的，他們認為「進入收容所就好像被捉去關，失去自由」，另一原因是怕收容所主動調查其身分，通知家人。

　　就理論而言，收容所是一種暫時性的庇護中心，是提供庇護所、食物、衣物、財力援助、醫療照顧等的地方。這一類服務最典型的是緊急庇護中心的提供。目前美國的遊民服務是「庇護中心為基礎的服務」。暫時庇護中心被批評最烈的是暫時性解決問題，也就是治標不治本，而且提供的服務也經常是品質很差、環境不安全、遊民避之唯恐不及。所以，遊民庇護中心的收容率並不高。依美國住宅與城市發展部的調查統計發

現，1988 年的遊民庇護所使用率只有 6 成。庇護所只是短期救濟，如果沒有永久性住宅安置，遊民即使離開一家庇護所，還是會到另一家去，或是再度回到街頭。通常遊民庇護中心的停留期間不得超過 45 天，在那裡享有食物、衣物、床位，但是，這都只是救急而已，根本無法解決複雜的遊民問題。

然而就一個長期解決的策略而言，應該是提供低成本的住宅，並輔以職業訓練、諮商以及就業輔導。提供低成本住宅有兩種方式：一是以房租津貼的現金給付方式；另一是優先安置進住國民住宅。然而，各國在解決遊民問題上，提供固定住宅給遊民究竟是少數。大部分都市還是以短期住宅來處理遊民住的問題。因為發展長期固定的住宅建築成本、房租津貼、維修成本、土地取得等，都較短期庇護服務昂貴。再加上遊民都是一些連基本房租都繳不起的人，其補貼需求更是高於一般低收入者。

國內對遊民的關懷尚在起步當中，相關的研究不多，大都僅止於新聞媒體的記錄性報導。唯一有系統的田野調查是民國 84 年由行政院研考會委託臺大林萬億教授進行的遊民問題之調查分析。相較之下，民間教會、社會福利機構的行動就積極得多了。

事實上，遊民問題所顯現的不僅是住宅需求，經常是多重問題的組合。例如，無家可歸、身體不健康、精神疾病、失業、貧窮等。因此，結合住宅供應與社會服務、醫療照顧是必要的。除了上述服務之外，也有一些宗教性質的社會服務是低成本且有效的，例如衣物供應與營養食物提供。「免費食物」(free food) 是最普遍的一種協助，特別是教會的「湯廚」(soup kitchens)、「廚房」(food pantries) 對於遊民的健康提供立即有效的協助。這與中國早期的「粥廠」、「施粥」，以及之前臺北市「創世社會福利基金會」所提供的「遊民吃尾牙」，「天主教聖母聖心會」的「平安居」所提供的「週末便當」都有些類似。然而，這些都只是治標不治本的作法。

國內對於這個新興的社會現象，除了提供上述人道主義的關懷外，社會福利工作者在未來可以朝下列三方面努力：

㈠觀念的帶動上

一般大眾都將遊民視為罪犯，或有礙市容觀瞻的人，這樣的概念可由民國 39 年臺灣省政府與臺灣省保安司令部所公佈的「臺灣省取締遊民辦法」規定中看出。當時規定遊民包括下列四種人：

(1)居住在本省無合法戶籍，且無身分證件足資證明者。

(2)強銷文具書刊等，及其他強行索取之行為者。

(3)乞丐。

(4)不務正業，沿街遊蕩，或露宿公共場所之無業遊民及流浪兒童。

顧名思義，舊法中對遊民的處置就是「取締」。如何取締呢？依「遊民取締辦法」規定「為嚴密取締遊民，除警勤區警員應利用勤區查察經常注意取締外，並由各縣市（局）警察局（所）隨時舉行安全檢查、戶口臨時檢查或遵照規定舉辦保安檢查取締之。」雖然臺北市將「取締辦法」改為「輔導辦法」，主管單位也由警政轉為社政，但在業務的執行上和經費的補助上，仍是做得有限。甚至有位議員曾表態：只要她在位一天就不會通過「遊民輔導辦法」的預算，她認為「哪有那麼好的事情？不工作不努力四處遊蕩還有飯吃，地方住？我也要去作遊民。」這種概念一日不修正，福利機構和其他社會資源對遊民的關懷不可能增加。福利工作者應該倡導：將遊民視為「需要協助的人」，而非「罪犯」來處理。使遊民問題回歸到經濟、社會、衛生、住宅匱乏的滿足，而非道德或規範的淪喪者。

西方國家在處理遊民議題時，大抵從經濟安全與住宅政策兩個層面切入。基本上，我國遊民政策主要是將遊民福利納入「社會救助法」中

規範。無論英國、美國或德國，對於遊民議題與福利的回顧都扣緊住宅政策，而我國自始至終都與住宅政策沒有任何連結。從過去五十年來我國遊民政策與福利服務變遷過程，大致可歸納出兩項改變（潘淑滿，2005）：⑴從威權時代的罪犯化到解嚴後的除罪化；⑵從社會控制到殘補式社會福利思維。除此之外，我國遊民政策對於遊民身分的界定，經常隨著外在政治經濟與社會環境變遷而改變，但是遊民福利服務內涵與理念卻沒有太多變遷。

㈡法令的健全上

觀念帶動之後是法令上的努力，不應將遊民另外歸類成一類，他之所以成為獨特的身分，是因為沒有或不願告知戶籍，其實他的需求和任何一個兒童、老人、社會救助者、殘障者……等是一樣的，應將遊民列為各種社會福利立法的服務對象之一，如「社會救助法」、「殘障福利法」、「老人福利法」、「兒童福利法」中均應於修法時加入遊民條款。並且將遊民業務移為社政業務範圍，視為是社會福利的一環，各級政府視情況需要成立遊民服務協調小組，由社會福利主管單位召集警政、衛生、住宅、勞工、教育等單位配合辦理。

㈢網絡的建立上

法令完整之後是執行的問題。為避免資源重複與疏漏，一套服務規劃 (service package) 和網絡建立是有必要的。不論是遊民自行申請、警察轉介或福利機構都應進入社區性的服務中心或庇護中心，再透過過渡服務，例如醫院、職業訓練……等機構做穩定性的安置，最後再安置到永久性的機構中，例如國民住宅、安養中心……等。

長久以來社會福利對於低收入住宅社區的改善，不論是物理或社會環境有許多的投入，相較之下對於遊民或無家可歸的健康與福利提供非常不足，這不僅是現有社會福利制度的漏洞，更是價值觀念的不同，若

是一個福利工作者，將自己的定位放在弱勢族群的關懷上，遊民問題是
很值得去做的。

思索

　　福利工作者在住宅需求的關懷上應有主動、積極的作為，有倡
導辯護的勇氣，為國內的住宅政策催生。長久以來，在政府的帶動
下，社會福利的運作已成為政策執行的機制。透過社政體系、中央
對地方的補助款和地方與民間團體之間的委託關係……等方式，將
政策轉變成種種的年度計畫、中長程計畫實施出去，使得社會福利
的運作得以持續。這樣一套由上到下的方式並沒有什麼不好，其優
點在於有錢，有人去做；但是最大的盲點是政策沒說要推動的，就
不必做。光是執行那些既定政策的福利項目內容就已經人仰馬翻了，
更何況是那些沒有明定的需求。中產階級的住屋問題和遊民問題即
是很好的例子。這兩個問題的交集點是住宅需求，然而國內並沒有
住宅政策。所謂的「住宅政策」任由民眾在市場中各憑本事、自力
救濟去貸款購屋，頂多給予稅法上和貸款上的購屋優惠，對於高價
位的房屋並沒有任何介入的意願。官員的說法是不願意破壞市場經
濟供需法則，事實上大家都知道民意代表有多少是以房地產起家的？
所謂擁護政府的財團和大資本家有多少是以土地發跡的？在這樣的
生態下又怎能期待由政府或立法院制定一套合理的住宅政策滿足大
多數中產階級的住屋需求？其實社會福利真正的動力不應該來自由
上到下的政策，應該是由下到上的社會力。這種草根性的社會福利
需要人力和物力的介入和各相關團體間的合作。如果福利工作者能
透過上述的努力，發揮洞悉需求，連結資源，制定民間版本的住宅
政策白皮書的力量，雖不一定能完全解決結構性的住宅問題，但是
會引起政府和國會的重視，一起討論和面對廣大的住宅需求，長遠
來看，對問題的解決是有幫助的。

第十三章　個人福利服務

　　福利服務的關懷除了結構面、制度面之外，個人面一直是服務的主體。若將個人自福利中抽離，服務本身也失去了意義。在前面的章節中是以經濟問題、就業、健康……等社會問題為出發。事實上，個人社會福利服務有很大一部分是在幫助社會問題下的受害者，例如受虐兒童、發展遲緩兒童、需要長期照顧的老人……等。本章就以舉例的方式介紹不同群體的個人福利服務，希望能對不同的群體有具體的認識。

　　朱安是一個12歲國中一年級的學生，最近他的導師將他轉介到學校的輔導中心，成為輟學生預防方案支持性團體的成員之一。最近，朱安被發現在學校時常與一群年紀較大且是當地幫派分子的學長交往，並且常常曠課，沒有按時完成家庭作業，與其他同學打架，甚至與老師吵架。在過去的2週朱安吸安被逮到，甚至對同學動刀子。學校的輔導老師與朱安以及他母親約談，建議朱安參加學校支持性團體，以及轉介朱安和其母親到當地青少年福利服務中心接受諮商。

　　6個月前，朱安的雙親離婚，母親帶著他和5歲的弟弟搬到只有一間寢室的公寓裡。朱安母親的親戚以及朋友，全部都是虔誠的天主教徒，他們皆反對朱安的母親離婚，甚至不給予任何的支持。當朱安的母親尚未找到工作時，朱安嘗試去成為母親的支柱，煮飯、打掃房間，甚至照顧弟弟。當朋友要求朱安與他們一起從事活動時，

他總是沒有答應，因為，他必須照顧他的弟弟，或者是他沒有錢去參與同伴的活動。但是逐漸的他發現有些新朋友，這些新朋友年紀較大，且對他感到興趣，使得朱安覺得自己是個重要人物。因此，當這些大哥邀請朱安成為他們的一分子時，朱安很興奮，因為家庭和學校生活是枯燥乏味的，白天與大哥們在一起，下課後還可照顧弟弟。大哥答應朱安要給他很多錢，只要能幫助他們賣安非他命，朱安正在考慮要離家出走，與大哥的朋友們住在一起……。

上述的故事只是青少年問題或整個社會問題的一個小部分。

社會學大師彼得‧勃格曾說過一句有名的話「人在社會中，社會在人群中」，正是朱安故事的寫照。樣子中的朱安發生了輟學逃家的問題，有一部分是家庭因素，有一部分是社區幫派因素，當然也有社會結構的因素。人的行為有很大一部分是受到生活脈絡中各種情境的影響，但是個人也會帶動他所處的情境往某一方向去發展；因此人不是完全受制於環境，相反的對於環境有相當的掌控力量，問題是個人的潛能能否發揮出來。朱安的問題若單靠學校輔導老師的力量不可能解決，還牽涉到家庭和社區環境。因此，現在探討問題解決的方法已經不再是像以往一樣，將問題視為個人問題，而是一個整體性的考量。所謂整體性是指從生態系統的觀點，強調人與環境互動中的結構性問題、過程問題和個人問題。

由於這種生態觀點受到重視，個人福利服務的運作通常從四個切入點進行問題的診斷和處遇：(1)個人因素，例如懷孕之前的照顧水準、智能發展、情緒心理健康、社會功能的水準、年齡、種族、文化、動機、生涯發展。(2)家庭因素，例如支持體系、家庭型態、結構、價值觀、經濟水準、就業情形、家庭危機。(3)社區因素，例如社會階層、不同階級的態度與價值、社會角色、社區支持、經濟情況、就業機會、教育機會、環境壓力。以及(4)社會結構因素，例如社會態度和價值、種族歧視、性別歧視、貧窮等級、政策的支持與否、大眾媒體的角色。我們常說青少

年問題萌芽於家庭、發展於學校、成形於社會就是這個道理。以下先以中途輟學青少年問題為例,解析福利服務該做什麼事。

❤ 一、中途輟學青少年福利服務

　　朱安的例子對青少年輔導工作與福利服務實務界的朋友而言,是每天都要處理的問題。事實上,不論是教育界、福利界或司法界都逐漸重視非經濟因素而輟學的青少年問題,且都談到中途輟學的問題所帶來社會面或個人面的影響,包括:⑴教育投資的浪費;⑵職業對教育水準要求的提升,中途離校者之謀職處境將日趨困窘;以及⑶中途離校少年之失業率和犯罪率與同齡青少年相較,顯然有偏高跡象,造成社會問題……等。

　　根據早期民國 83 年臺北市少輔會進行的《中途輟學少年生活適應情形及需求期待問卷調查報告》中指出:

> 學業不佳、本身不想唸書、與老師關係不好、受到朋友同學的影響是造成少年休學的主要原因。決定休學時,近半數的少年覺得很茫然不知道要做什麼?擔心別人的異樣眼光;但也有一些人感到快樂和自由,可以做自己想做的事,因此很滿意此一選擇。對於子女的這項決定,一半以上的家長產生強烈的負向情緒反應,他們非常不能接受且堅持其返回學校,這情況與學生之需求不同,雙方很容易產生衝突。一些學生認為老師知道他休學的決定時,會說服或強迫他繼續完成學業,可見得老師會如同學般的表示關懷;但有學生認為老師通常會採漠視不管的態度。輟學孩子有許多休閒時間,大部分在看電視、上網以及四處遊蕩。大半的少年離開學校環境後會自行賺些生活費,以彌補父母供給不足,亦有不少人完全自給自足。休學後家人的態度經常是嘮叨、輕視、責罵……。

　　由上述的描述中可瞭解中途輟學的孩子因為無法適應學校制度而自教育系統中撤離，由於沒有了方向感，輟學的多餘時間也不知道做些什麼事，就因為這樣的無所事事，受人利用的可能性也比較大。所以輟學事件並不是問題的根源，問題的重心是造成輟學的原因與輟他的福利服務相當分散，分別屬於教育、社政、警政、司法。

　　至於各單位提供的項目如下。

表13-1　依據中途輟學者的需要相關的福利服務項目

福利服務項目	現有社會資源
技藝訓練	職業訓練中心、國中技職班、國中技藝訓練班、建教合作、慈暉班（北縣江翠、嘉縣民和國中）
職業介紹	學校輔導室
心理支持	學校輔導室、各區中等學校心理衛生諮詢中心、衛生局青少年健康諮詢中心、大型醫院青少年身心門診、華明心理輔導中心、張老師等
課業輔導	學校教師、攜手方案（大哥大姊）、電腦輔助教學
健康照顧	全民健康保險、大型醫院青少年身心門診
生活輔導	學校教師、輔導室、少年輔導委員會、勵友中心、家扶中心、張老師、璞玉方案、朝陽方案、認輔制度
經濟補助	社會科局、助學貸款、各地區慈善基金會、家扶中心
其他	親職教育、家庭協談

　　青少年福利服務的工作者除了執行交辦的方案外，的確應該思索以下四項問題：

(1)對於不想讀書的學生，能提供些什麼？

(2)對於父母親的態度和情緒，能幫助些什麼？

(3)學校老師對輟學生的認知和幫助意願上和能力上，能連結什麼資源？

(4)在制度上、行政組織的合作上，角色定位是什麼？

　　這麼多福利項目要透過學校的發現通報、家庭以及各專業間的合作，提供多樣性的福利服務，幫助青少年重新就學或就業。提供服務的流程

如下：

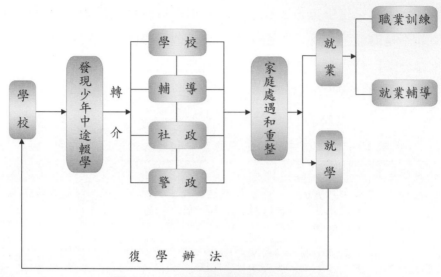

圖 13-1　中途輟學青少年輔導流程

這樣的流程是站在教育規範者的立場思考，認為每一個青少年都應該完成學校的義務教育。其實學校制度只是教育的一種形式，一個人可以透過許多可能性去學習，例如自我教育。古時候的私塾教育、或是跟著一個師父學習技能、知識的師徒式教育……等等，「按照孩子的本性去教導」是大家都認同的目標，但是同時卻又要求每一個學生符合制度中所有的要求，這是相當矛盾的。幫助孩子作他自己是福利服務與教育制度最大不一樣的地方。

❤ 二、兒童保護服務

兒童權益保護運動在國內受到多方的關切與重視，不僅是立法、修法，在實務運作上都有相當的突破。兒童保護服務被認為是現階段兒童

福利三大重點之一，其他兩項是兒童托育服務和發展遲緩兒童的服務。保護服務 (protective service) 是福利服務中一特殊領域，它的特殊性在於其法定的強制性和專業的整合性。所謂的保護服務係指當兒童或少年有被虐待、疏忽或剝削的情境發生時，由保護服務機構針對問題的本質，運用支持性、輔助性及替代性服務措施，協助家庭去處理。

以 2005 年為例，各縣（市）政府受理之兒童及少年保護個案舉報案件計有 10,722 件，查獲實際受虐人數 9,897 人，其中兒童計 7,095 人，少年有 2,802 人，分別較上一年度增加 22.4% 及 37.3%，在諮商服務人次上也較前一年度大幅增加 29.6%（內政部兒童局，2006）。在安置狀況方面，2005 年對受虐兒童及少年進行保護處理或安置者計 9,806 人次，其中個案於住家中接受家庭輔導者 7,512 人次，由親屬、寄養家庭或機構緊急安置者 909 人次，繼續安置（含寄養）者 1,120 人次，死亡者 34 人，其他安置服務者 231 人次（內政部兒童局，2006）。

卡杜辛與馬丁 (Alfred Kadushin and Judith A. Martin, 1988) 根據兒童少年保護工作的流程來看（下頁圖 13-2），可將保護服務的要件分為三大部分：通報舉發、查證評定與安置輔導等三大部分。

保護服務的第一要素為「通報舉發」，讓服務內的任何機構皆能接收到訊息，並各依權責給予必要之處理後而彙整於主管機關。其次是確認訊息之真實性，予以分類而施以適當之協助，減少可能產生之誤會，降低認知之差距，而不致影響少年之權益，因此「查證與評定」是保護服務之第二要素。確認了少年的不幸，則導致不幸發生之內在因素與外在環境必須被解析，而依危險之輕重研擬相關之輔導安置方案：輕者，或可逕要求少年家庭與輔導單位之配合；重者，則必將遭遇暫時或永遠之分離，因此，「安置與輔導」是服務的第三要素，這三種要素強調專業間例如醫院、警察和司法體系的合作和整合，以下就針對此三大要素分別介紹。

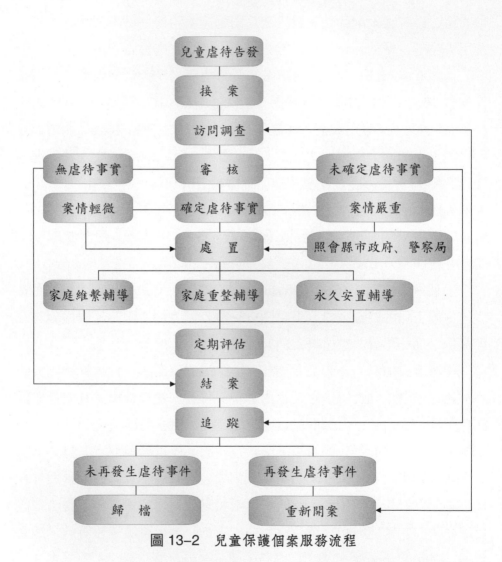

圖 13-2　兒童保護個案服務流程

㈠通報舉發

以美國為例，法定報告人雖各州之規定不同，但大致都包括下列的責任通報人員（許釧娟，1990；江玉龍，1990；余漢儀，1989；Deuk-mejian and General, 1982）：

1. 兒童教養人員 (child care custodian)

包括教師、兒童福利行政人員及督導、公私立學校的教職員、育嬰及托兒所設施的教職員及行政人員、先鋒計畫的教師、負責核發執照的工作人員及評估者、公共救助員、學生宿舍之督導與保母、寄養家庭之父母、兒童教養機構之工作人員、社會工作員、觀護員、與政府簽訂合約專為被虐待或疏忽兒童提供緊急庇護、照護及諮詢服務之社區組織的工作人員。

2. 醫療人員 (medical practitioner)

包括醫師、外科醫師、精神科醫師、心理治療師、牙醫師、實習醫師、住院醫師、骨傷醫療師、護士、藥劑師、眼科醫師、物理治療師、語言矯正師、實驗室之技師等。

3. 非醫療人員 (nonmedical practitioner)

包括州及郡政府為未成年者治療性病或處理任何情況之公共衛生人員、婚姻家庭及兒童協談員、驗屍之法醫、為兒童診斷、檢查、治療之宗教執業人員。

4. 兒童保護機構 (child protective agency)

包括警察局、監護部門或社會福利部門的工作人員。

㈡查證評定

當兒童保護單位接獲兒童虐待通報後，立即指派社會工作員進行調查。並依規定作相互通報 (cross-reported)，使法定機構、地方檢察官及兒童福利機構等均能同時接獲報告。舉發案件如屬緊急狀況，社會工作員

必須立刻做家庭訪視；如一般案件，可於 24 小時內進行調查訪視。在進行家庭訪視時，社會工作員可要求檢視兒童，並觀察兒童與父母之言行互動，評估診察家庭生活狀況，必要時也要察看其他兒童生活狀況。如果必須在外地（如學校、醫院）檢視或詢問兒童，各州法令均要求學校、醫院或社會福利機構配合。另外，社會工作員可申請對兒童做健康檢查、醫學診斷、心理測驗；醫療機構亦可將兒童強制留院檢查及保護，毋需徵求父母之同意。若父母反對或有異議時，社會工作員可向法院申請正式命令，執行兒童保護，並剝奪親權（李宗派，1989）。當舉發案件所言不實，即予撤銷；如所言屬實，則依情節輕重，提供不同的服務。

㈢安置輔導

兒童保護服務措施之內容分為三大類（許釗娟，1990；李宗派，1990；江玉龍，1990）：

1.安置前預防服務 (preplacement preventive services)

此一服務包括二項方案：

⑴緊急處置方案 (emergency response program)：兒童福利機構必須提供一天 24 小時，全年無休的緊急電話專線服務，受理兒童虐待、疏忽案件之報案，並提供初步接案調查與危機處理。如調查發現情節嚴重，則馬上會同警察處理，將父母與子女隔離，即將子女送至緊急庇護所。但社會工作員必須在 48 小時內向法院提出申請訴訟報告 (application for petition)，而法院亦須在 72 小時內開拘留聽證會 (detention hearing)。

⑵家庭維護方案 (Family Maintenance Program)：當兒童虐待情況並不嚴重時，為維護兒童家庭結構之完整，仍讓兒童留在家中，由社會工作員進行輔導，並提供保護措施以預防或矯治虐待或疏忽情形，其服務期間以 6 個月為限。

2.家庭重整方案 (family reunification program)

當被虐待之兒童確實不能在其家庭中得到安全的生活時，法院會裁定暫時剝奪父母親權及監護權，兒童即被送往寄養家庭或緊急庇護所接受保護，其父母或監護人則被強制接受兒童保護單位所提供之治療與重建服務，期使家庭獲得重整。其服務期間以一年為限，必要時，得經法院核准，將服務期間延長半年。

3.永久處置方案 (permanent placement program)

如果兒童因被嚴重疏忽、虐待或剝削，而無法於家中安全生活，也不可能再重回原來家庭生活時，兒童保護單位必須為兒童提供永久安置處所。而法院在做此裁決時，必須依下列優先順序安排：

(1)領養 (adoption)。

(2)合法監護 (legal guardianship)：由其親戚朋友監護。

(3)長期寄養或機關教養 (long-term foster care)。

圖 13-3　當兒童被嚴重虐待而無法在家中安全生活，政府應適時介入處理。

臺灣地區在兒童保護工作上，雖然提供了包括通報調查、機構收容安置、寄養家庭服務以及領養服務等多元並存的服務輸送體系，經多年發展及演進，政府與民間機構據以發展出全托、補助、協辦以及自辦四種不同的兒保策略。但是，有關兒童的保護工作一旦落實在工具性層次時便顯得效果不彰，例如工作人員過重的負荷以及工作情境的不可控制所造成的無力感或工作壓力；民間部門的專業知能與經費資源極度匱乏；施虐家庭與施暴父母的不肯合作；行政處分的未能強制執行；受虐情境的採證困難；專業人員自身安全深受威脅；醫療和警政單位的配合度低和專業認知上的差

異；強制性親職教育輔導難以實施及缺乏對原生家庭長期性的規劃等（郭靜晃，2007）。

　　未來兒保工作應該朝制度面、專業面和教育面三個方向努力。詳細來看有以下八點：⑴通報制度的確實執行及普及性，且需要集中通報體系之運作，如以各種誘因及罰則屏除「知情不報」之障礙，集中通報以利檔案建立，及時調查與後續轉介服務；⑵結合各種體系，如社政、衛生、教育、司法及警政機關成為平行之網絡做專業的調查並給予必須的協助；⑶完善的保護服務的處遇並確使工作人員之使能原則（empowerment principle）；⑷兒童最佳利益之選擇，規劃家庭重聚服務及家庭維繫服務等之長遠規劃的方案；⑸執法人員之再教育，因為兒童虐待是屬於法律（legal issue）也是兒童福利的議題；⑹消除社會與家庭之暴力規範與迷思；⑺減少社會造成激起暴力的壓力；以及⑻結合家庭與社區之間非正式的支持並加以整合成為完整的社區網絡（郭靜晃，2007）。

♡ 三、發展遲緩兒童早期療育服務

　　前文曾提及發展遲緩兒童也被視為是兒童福利的重點工作，事實上，對於學齡前智障嬰幼兒的發現與治療，近年來才逐漸受到國內福利界、特教界、甚至福利經濟學家的諸多重視，都認為早期發現與介入是促成特殊教育成功的一項重要因素。因此，民國82年2月份修訂「兒童福利法」第13條第2款中明定「對發展遲緩之特殊兒童建立早期通報系統並提供早期療育服務」，同時在83年5月間通過的「兒童福利法施行細則」中，對於發展遲緩兒童之定義、主管機關和相關專業人員的認定都有清楚的規範：社會福利、衛生、教育等專業人員應以團隊合作方式提供必要之服務給認知及生理發展、語言及溝通發展、心理社會發展或生活自理能力……等方面有異常或可預期會有異常之0歲到6歲之兒童，從事與兒童業務有關之醫護、教保、社工、警察……等人員負有通報之責，

而主管機關接獲通報之後，應結合機關單位共同辦理。

就運作面而言，完整的早期療育工作可分為四大部分：⑴個案之發現，⑵個案之轉介，⑶個案之評估與鑑定，⑷個案之療育與安置。以下將就此四部分內容分別說明：

㈠個案之發現

發展遲緩兒童按照「兒童福利法施行細則」之界定分為⑴兒童在動作控制、感官知覺、語言溝通、認知心理、社會適應、情緒發展等方面有全面或部分的成熟速度或順序異常，或有特殊的人格發展現象；⑵經診斷其生理或心智狀況有極大可能會導致全面或部分發展障礙者。

此類個案之早期發現來源，大致可分為四個途徑：
⑴經醫院或診所或衛生所之門診檢查，由婦產科醫師、遺傳門診醫師、小兒科醫師；及各科醫師負責不同階段的個案發現。
⑵經由公共衛生護士，可以新生兒訪視工作來作個案初步篩選及發現。
⑶經由家長和學前教育機構的保育人員，也可能因與個案多方面接觸及觀察，發現有問題的兒童，尤其是照顧嬰幼兒的家長或保母，若能具有一般兒童發展遲緩的常識，應可提高個案早期發現的機會。
⑷社福機構中，發育遲緩兒童占很大的比率，若工作人員也具備兒童發展之常識，則也有利於個案懷疑及早期發現。

㈡個案之轉介

轉介的目的是負責二個階段的工作：⑴接受所有個案來源之通報、個案資料與登錄，並進一步轉介到鑑定中心作評估與確定病徵；⑵將鑑定後回送之個案，依其需要與程度，轉介到合適的安置單位。

㈢個案之評估與鑑定

評估鑑定中心接受轉介中心轉來之個案，由各類醫療人員和其他相

關專業人員對個案進行診斷與詳細的評估。此中心之任務包括：(1)執行並詳細記錄各項評估結果；(2)確立診斷與障礙程度之分級；(3)根據評估結果給予個案治療訓練計畫之建議；(4)將評估結果與建議直接回覆轉介中心，並給予安置機構建議；(5)安排個案定期追蹤，確定個案治療的成效。

㈣個案之療育與安置

　　個案之療育與安置措施，是早期療育制度成功與否的關鍵。因為早期療育之最終目的，即在於使每個個案均可依其所需，得到適當的醫療照顧及教育。至於安置措施，乃依國內目前現況予以考量，可包括：(1)醫療機構：各級醫院診所或復健中心，可提供個案必要之醫療服務如：物理治療、職能治療、語言治療、心理治療、復健諮商等。有特殊問題（如耳鼻喉科、眼科）需處理時，也可藉由照會方式，尋求相關醫療專業之支援。(2)特殊照顧安置機構：如兒童發展中心、兒童教養院、日間或留宿托兒機構（托兒所、幼稚園）。(3)一般幼稚園：經評估後 3–6 歲、較輕度障礙的兒童，可考慮回歸到一般幼稚園接受學前教育。若有其他醫療問題，則由醫療或復健相關專業給予協助。(4)回歸家庭：相關的醫療教育及社福機構專業人員，應提供父母個案治療、教育之知識與技巧，使個案家庭也能配合早期療育制度之施行。

　　在筆者與莊凰如「從醫療與福利整合的角度探討我國發展遲緩兒童之早期療育制度之規劃」研究中已對國內發展遲緩兒童衛生福利服務輸送流程有了具體規劃。

流　程　　　　　　　　　　　　　　　　說　明

(I)發展遲緩個案之發現

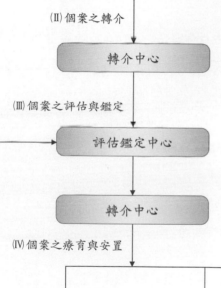

個案發現的來源

一、經由醫院或診所
　1. 產前檢查
　2. 新生兒篩檢
　3. 健兒門診
　4. 各級醫院或診所
二、經由社區護士
三、經由家長和教育單位
四、經由社福機構

醫院或診所部分：希望經由婦產科醫師、遺傳門診醫師、小兒科醫師及各科醫師負責不同階段的發現

社區護士：由公共衛生護士負責新生兒訪視工作

家長和教育單位：由幼稚園、托兒所的保育人員以及家長

社福機構：在社福機構中的兒童有很大的比率是發展遲緩，因此由社工員及輔導員負責發現

(II)個案之轉介

轉介中心

負責接案、資訊管理等工作
將通報來的個案進一步轉介到鑑定中心作評估與確定病徵

(III)個案之評估與鑑定

評估鑑定中心

進行量測與診斷
由各類醫療人員和其他相關專業人員進行評估與診斷
並將診斷結果送回轉介中心
此外還要定期進行追蹤的工作以確定接受治療的成效

轉介中心

將經鑑定後回送的個案依其需要與程度轉介到合適的單位

(IV)個案之療育與安置

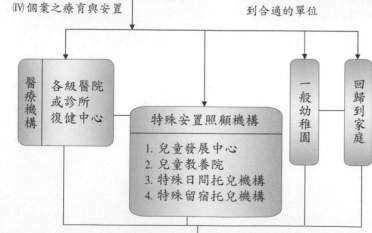

醫療機構

各級醫院或診所復健中心

特殊安置照顧機構

1. 兒童發展中心
2. 兒童教養院
3. 特殊日間托兒機構
4. 特殊留宿托兒機構

一般幼稚園

回歸到家庭

圖 13-4　「我國發展遲緩兒童早期療育制度福利服務輸送」流程

然而透過實驗性計畫在真正運作的時候，發現了以下的困境：

1.專業人力質與量的不足

發育遲緩方面的醫療社工特教專業人員，目前就個案發現和療育設計上質與量都不足。相關專業知識各自為政，缺乏各專業間橫向的溝通。

2.評鑑工具有待標準化

目前醫療界在診斷工具、診斷標準化方面並未一致化，也有部分相關的醫療專業不認為在發展遲緩兒童之評估鑑定上需要其他專家，或進一步的在職訓練，才能做出完整全面的評估。

3.安置機構的不足

4.缺乏參與早期療育的誘因

目前私人機構聘用醫療特約專業人員的意願不高，多數專業人員證照制度尚未建立，缺乏專業地位，工作素養參差不齊。

短期之內為了解決上述困境，開展各種福利服務，包括以下四點：

⑴依據民國 84 年衛生署和健保局編製的《兒童健康手冊》作為家長、托兒所、幼稚園和各市立醫院、衛生所個案發現的標準。發現個案後將名單送交福利機構為主的轉介中心。

⑵醫院健兒門診的發現或追蹤門診的品質，應配合健保相關法規，予以制度上的誘因，以提高醫師的參與和配合。同時醫師對於發展遲緩兒童篩選的在職訓練更屬必要。

⑶托兒所、幼稚園、福利機構與家長有關發現與療育計畫實施之方法的在職訓練和親職教育、講座課程，宜盡速展開。

⑷強調個案發現的同時，安置機構的執行能力和數量應該及時增強，有哪些現存的機構有潛在也有意願在短期內可以委託，應該展開調查和訓練。

四、身心障礙居家服務

　　自 2002 年國內全面推展「非中低收入失能老人及身心障礙者補助使用居家服務試辦計畫」以來，居家服務的提供，由志願服務方式發展至專業服務；服務對象由低收入戶、中低收入戶擴及至非中低收入戶；並由地方自行辦理發展至中央訂定相關方案辦理（居家服務流程請見圖13-5）。服務項目有二，(1)家務服務：衣物洗滌修補、居家環境改善、家務文書服務、餐食服務、陪同代購用品、陪同協助就醫，及其他服務；(2)身體照顧：協助沐浴、協助穿脫衣物、協助進食、協助服藥、翻身、拍背、肢體關節活動、上下床、陪同散步、協助使用輔具，及其他服務等。

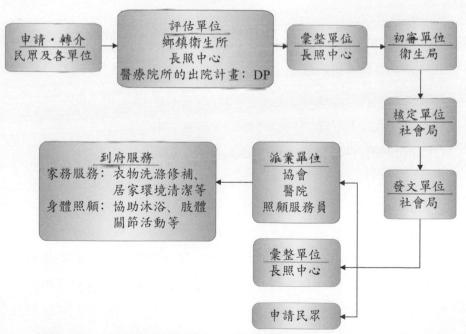

圖 13-5　居家服務流程（花蓮縣長期照護管理中心，2006）

　　然而，現實的生活中，申請程序是否順暢？居服員與案主和案家的關係是否和諧？居服員的服務品質是否令人滿意？在陳妍樺 (2007) 的論文中分別針對主管機關和培訓單位、居家服務督導、居家照顧服務員提出建議：

1.對主管機關和培訓單位的建議

⑴照顧服務資源通報系統應定期更新資料，以隨時掌握服務使用者的需求。

⑵建立成人個案管理系統，以掌握福利服務輸送的完整性。

⑶照顧服務員的訓練課程應確切實施，以維護、提升訓練品質。

⑷有效控管、維持照顧服務員的「質」與「量」。

2.對居家服務督導的建議

⑴應強化行政、教育、支持、調節等功能的發揮。

⑵應定期關心、探視服務使用者的狀況。

3.對居家照顧服務員的建議

⑴正視服務使用者的權益，依循服務計畫、契約提供服務。

⑵在照顧關係中，可運用人際溝通技巧確實掌握保密隱私原則。

⑶應多加精進人際溝通技巧和專業知識與技巧。

⑷藉由不同的方式，增進自我專業上的才能。

思索

　　不論任何一種福利服務都需要工作人員的設計、執行才可能將靜態的福利服務項目，轉化成助人的力量。遺憾的是，根據相關的研究發現，目前國內社會福利機構工作人員普遍有：流動率高、工作士氣低、挫折感重、工作壓力大、專業認同和工作滿足程度偏低等現象。目前國內公私立福利機構之基層社會工作員能久留其位者，大都具備三個條件：一是宗教信仰的支持或社會工作專業價值的執著；二是經濟狀況尚好，不需負擔家計；三是家人對工作的認同和

支持。過去國內社會工作員改行或異動的情形相當頻繁，在缺乏專業認可和制度的保障下，高度的專業期許與社會期待之間帶來許多矛盾與壓力，甚至造成高離職率與高職業倦怠。平均而言，社工系學生畢業之後如果仍留在社工實務界服務，轉換工作的速度是 4 個月一換，主要的原因不外乎事情多且雜、常要加班根本沒有時間補休、沒有督導、自己瞎辦、沒有發展、更沒有前（錢）途。因此，在既不易得到成就，又需不斷奉獻的狀況下，常需面臨自我成長的期待，以及超越現存的內在壓力。使得投入助人工作要花費雙倍的精神去承受各種壓力。福利服務的品質在人才的培訓，而專業社會化能成功不僅是教育界的努力，更是整個社會結構和認可的問題，這個問題不解決，個人福利服務的意義和價值將受到嚴重的挑戰。社會工作教育界的前輩徐震教授在〈全球互依：社會工作教育的新挑戰〉一文中曾提到，未來社會工作教學的發展方向有三，即「新」、「廣」、「深」。(1)「新」：即社會工作教學的課程應求新；(2)「廣」：即社會工作教學的內容應求廣；(3)「深」：即社會工作研究的方法應求深。這三點也許是未來教育界和福利實務工作者努力的方向。

第十四章　社會福利的趨勢與未來

　　研究社會變遷的學者最後歸納出一個結論:「世間恆常的只有一個字『變』」,既然「變」是不變的定律,問題是從哪裡變到哪裡?變好還是變壞?怎麼變?社會福利服務從善行義舉到制度化的國民年金,從概念到理論,從個人到政府……等,這些改變不可謂不大。其實在這些現象的背後是人口結構的改變,政治意識型態的改變和價值觀的多元。任何一個改變不可能單獨、真空存在,它一定是受到一連串連鎖反應之下的結果,當然也可能是刺激另一個改變的因。社會福利和任何一個制度一樣,是在社會變遷的脈絡中,和其他制度的互動之下自成一個系統,起承轉合,以臺灣的福利服務而言,起源於慈善,承受西方理論和中國價值觀,轉向福利國家的發展,最後還是會回歸到本土發展。

　　國內社會福利學者常思索:「社會服務的發展可否跳開福利危機直接進入理想的福利國家?」這種「跳躍的發展模式」的說法受到許多學者的質疑。臺灣正處於整個未來社會發展轉型之際,福利國家的論點是否適用?更值得進一步省思的是,上述的社會趨勢,實質上是歐美先進國家的經驗,是否真能對稱本土的社會景象?是否有其發展上的必然性?

　　作為本書的最後一章,是希望能透過反省與趨勢分析進入預測和未來,將本土的特性融入國際的趨勢中。更重要的是不同制度間和專業間的努力與合作,讓人民的生活在真正理性的福利中,逐步

實踐「大西洋憲章」中「免於匱乏、免於恐懼」的理想。

在 1994 年出版的《社會福利與未來》(Social Work Practice in Future) 一書中，特別提到人口結構、家庭結構、產業結構、科技發展以及政府與民間的關係五種改變及社會福利界必須要去面對的挑戰。作者馬可若夫在結語的時候提到：有越來越多的事物在改變，但同時也有事物依然不變，譬如經濟體系結構上一變再變，但是相對貧窮依然存在；儘管家庭結構的變遷，家庭的重要性依然存在。然而，唯一可以確認的是「變遷」是一定會發生。這些變遷包括人口老化、家庭、產業、科技以及私有化，再加上這些變遷互動之後產生的力量，都會影響到未來的發展。再者，並非所有的部門的變遷都在相同的比率或相同的程度範圍，更增加了未來的複雜性和不確定性。以下就上述的人口結構、家庭結構和科技發展對於社會福利造成的危機、轉機與契機作進一步分析。

♥ 一、轉機與契機

(一)人口老化與福利設計

沒有一個變遷是單獨的發生，它是以持續性的動態的交換與其他方面產生互動。老人人口的增長影響到家庭、就業市場，此外人口老化也使得私人服務的提供快速成長；再者，家庭結構也會影響老人，同時也受就業機會、家庭成員，以及科技的影響，甚至要求提供私人性質的服務。同時，科技也會影響老人、家庭、就業狀況，以及私有化的程度。最後，服務提供的私有化也影響到老人、家庭、就業機會，甚至取代科技或被科技取代。

從老人福利需求人口中，在詹火生先生為「邁向二十一世紀研討會」

發表的〈公元二千年社會環境趨勢及課題分析報告——社會福利課題分析報告〉文章中特別指出，無自顧能力的老年人口以及安養需求之老年人口會增加。隨著人口之快速老化，臺灣地區步入高齡化社會之時日漸近，因此，老年依賴照顧的需求必然日增。老年人由於家庭支持系統的差異，居住型態的不同（個人獨居或與家人共住）、個人需求與興趣的差別，加上經濟狀況和個人期待生活品質定義上的參差不齊，因此，未來為老人提供的安養方案和模式，應朝向多樣性、多選擇性的途徑發展；例如可為經濟能力較高者提供自費安養機構，或為經濟收入較低者提供公費安養中心，或也可以透過三代同堂的提倡，增進老人和家人同處的選擇機會。在徐震與筆者的《爭議年代中老人對家庭認知與需求之探究——兼論家庭政策之規劃》研究中指出，父母與子女之間的期待與承諾由於受到家庭結構、成員互動關係品質、經濟性資源及外在大環境影響，使得成年子女即使有孝道義務感來照顧父母，但常陷入認知與現實的兩難困境之中，為了幫助成年子女，不僅是政府，民間企業也逐漸重視員工為照顧老年父母所帶來的問題。至於政府、民間企業界和社會福利機構對於家中的照顧者和老年人的協助可以由下圖作一說明。

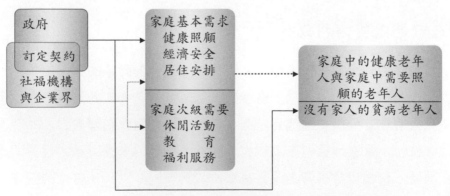

圖 14-1　政府、民間企業界和社會福利機構對照顧者和老年人之協助圖

對於家庭基本需求，政府有責任擔任一個直接的提供者，但是就次級需求的部分，未來更趨向與民間營利或非營利團體以共同或委託辦理的方式間接提供。

另外一個與老年人口結構改變有關的重點議題是就業與退休。年齡未必和健康成反比。許多年長者除了享受休閒生活之外，由於時間較為寬裕，也常願透過工作的參與，一則增加個人的社會網絡、人際互動的機會，一則也豐富個人的生活，減少迅速老化。因此，如何結合企業界或各有關機關學校，充分運用老人人力資源（包括志願性服務工作、社會參與性較高的輕便工作），並且建立人才體系，搭起供需之間的橋樑，當為未來老人福利服務的重要課題。

㈡家庭結構與婦女議題

未來社會工作在有關家庭這個議題上有二個應考慮的主要領域。一個是職業婦女的增長——婦女進入勞動市場，影響到家庭關係、兒童照顧、老人照顧；另一個關懷重點是離婚和再婚。

因為婦女就業的普及，有關老年人和兒童的照顧將會特別成為一個問題，未來，有關兒童照顧問題被重視的程度將遠超過目前的狀況。兒童保護、發展遲緩兒童與兒童托育將持續性地受到關懷。此外，大部分兒童照顧服務將趨向於由營利機構來提供。近年來每年企業界逐漸重視到員工為了照顧家中老年父母所帶來的工作間斷問題，特別是對職業婦女而言，由於傳統照顧者的角色期待，使她們失去陞遷或訓練機會，基於此，至今已有 10–15 家企業以不同方案，如個人諮商、支持性團體、社區性成年看護中心，來協助員工照顧老年父母。而為了獎勵企業界，美國於 1987 年通過了所謂的家庭照顧假 (Family Leave)。雖然當時只有 4 州實施對於老年父母的照顧假。然而，柯林頓在 1993 年對國會演說中強調如何經由政策支持提升家庭的照顧功能，更於 1993 年年底通過「家庭照顧假法案」的施行細則。法案中規定，「員工在 1 年 12 個月中能有

12 個星期的停薪假期、休假範圍包括生小孩、哺育期、以及照顧生病的小孩、配偶、父母或者員工本身重病的休假。」家庭照護假確實對於家庭照顧老人提供極大的幫助，同時也降低了兩代之間期待與現實的差距。然而，這樣的政策能否落實，仍有賴於企業界能否配合及法案的適當性、適用對象及成本效益分析等因素的考量。

因為解組家庭的現象逐漸增加，因此福利服務工作者本身必須改變原有對於家庭組成的因素、常態家庭關係等概念。當然，社工員特別關心離婚之後、再婚之後對小孩的影響。因為離婚、再婚產生來自不同婚姻的兒童，有關此類兒童的情況如何，得有更多的研究投入。對於常態性關係、法律上關係的構成要素，以及權利與責任等意識都需要再加以概念化，以及義務上的再研究。

㈢社會福利對於就業市場的積極介入

未來社會福利在有關就業以及失業這領域，將更積極的介入，特別是對於一些就業能力薄弱，很難找到全職、永久性、感到滿意的工作的群體，譬如，⑴對於提早退休的人來說，雖然他們有意願且有需要找到全職的工作機會，但是他們通常只能找到兼職的工作，⑵對於臨時工來說，他通常只是短期性地獲得工作，然後就失業，⑶長期性失業的問題，⑷有工作仍然貧窮 (the working poor) 的問題，及雖然有工作但薪資卻無法滿足需求，以及婦女在勞動市場中所產生的問題，譬如：性騷擾、平等就業機會以及平等待遇的缺乏、兼職與暫時性工作的問題、女性天生較適合從事某一類工作的迷思。

㈣科技的運用與管理

在社會工作的領域裡科技的使用將會對社工員造成直接的影響。透過科技、資訊的儲存、取用以及傳播方面都會變得更快速、更完整、更有效、個案管理對於問題複雜的案主而言將有很大的簡化作用。電

腦輔助決策模式 (computer-aided
decision making) 的成長將被視為
理所當然。具有互動性質的方案也
允許案主使用電腦去給予或獲得
一些資訊，以便去釐清他的選擇，
並作下決定。社工員也必須瞭解電
腦科技的使用以及它可能被濫用
的情形。社工員將被要求會操作電

圖 14-2　科技帶來便利，也造成限制。

腦，以便快速、完整地提供服務。社工員將需要保護案主免於電腦過度
使用，造成人性化不足的問題、服務的標準化問題、違反隱私權的問題。
社會工作機構中的人員也必須規劃相關電腦方案的課程，以進行訓練、
再訓練。社會福利必須超越電腦本身的能力，進一步瞭解電腦能夠作什
麼與其限制性。

　　除了上述議題之外，另外兩個逐漸受到重視的問題是愛滋病問題與
難民、移民的問題。

　　愛滋病已成為世界各國共同面臨的新問題，
其對於人類生存與健康的威脅，有日益嚴重的趨
勢，已不能單靠醫藥衛生界的治療與預防，亟需
社會各界與各種服務行業聯合起來，共同努力，
從各方面去應付此一問題。社會福利是一種助人
的專業，且一向與醫療衛生工作聯合作戰。如今，
面臨此一艱鉅的問題，社會工作人員自不能置身
事外。然而，在社會工作人員從事防治工作之際，
其對於愛滋病的性質、特徵、來源、傳染、預防
以及對患者的特別照顧等種種知識，以及如何運
用社會工作的專業方法對愛滋病人提供直接服務
與間接服務等，是亟待準備與充實的。

圖 14-3　面對愛滋
病問題，誰都不能置
身事外。

　　難民與移民雖屬於區域性的問題，但以全球互依的觀點亦有其共同的理論與政策及安置的服務與策略。早期就已存在的國際人權會議在此問題上有長期的關注，社會福利的專業不僅應對於難民安置的國際知識、難民與移民及其服務工作、戰爭災難與移民、外籍勞工引進的服務體系要有瞭解。此外，對於多文化之移民、新舊社區移民的整合問題，以及都市更新中遷移人口之安置與服務問題更應有系統性的研究和發展。

二、回到未來？

　　上述的社會變遷在需求多元化，以及服務群體異質化 (diversified) 的情況下，這些轉變並不是憑空存在的，而是與下列十點大環境的變化同時發生，對於社會福利的推動有其助力與阻力：

⑴工業社會進入資訊社會。

⑵高科技的發展尤其是生化科技。

⑶全球經濟相互影響。

⑷民間社會力量產生。

⑸多元化民主參與。

⑹組織科層結構分化重組。

⑺單一價值變成多元選擇。

⑻民營化產生。

⑼女性主義抬頭。

⑽對於宗教與靈修生活的追尋。

　　民營化為未來社會福利事業之主要演變趨勢。1996 年初在澳洲舉行的「亞太地區社會福利發展研討會」特別以伙伴關係 (partnership) 為主題，針對政府與民間、不同專業間以及專業與非專業之間的伙伴關係發表了數百篇的文章。具體而言，民營化的一般發展趨勢下，又可分為民營化、企業福利化和私營化等三個不同的變遷走向，分別敘述如下：

㈠民營化

民營化在社會福利事業發展的過程中，可以說並非完全是一個新的產物或新的趨勢，事實上溯至早期志願性的慈善之階段，政府向來即對民間的非營利或營利部門提供諸如補助、獎助、委託辦理、賦稅優待等措施，藉以鼓勵民間興辦社會福利事業或其他各種公共行政事務。

目前由於各福利國家在社會福利事業快速成長與擴充，復加上近年來世界經濟發展停滯和人口結構老化之影響，使各國政府財政負擔日益加重，為求減緩社會福利預算之繼續成長，故大多紛紛考慮採取市場化的經營策略，及希望以外包或委託經營的方式，鼓勵營利性的企業投入和拓展新的社會福利之服務市場，藉由服務供給者之間的自由競爭，以及改採消費者部分負擔費用或服務收費的原則，以取代傳統福利服務的經營僅以消費者的需求與權益為主的理念，如此期能降低福利服務供給的成本，和減輕整個社會福利事業的財務負擔。在社會福利走向市場化之經營趨勢下，新興的營利性福利企業或集團顯然較傳統的非營利性之慈善機構，更能符合自由市場競爭之條件與要求。

㈡企業福利化

企業福利可說是民營化後的具體產物，譬如美國醫療保健和福利服務之民營企業的快速成長，且已在市場上占有一席之地，如護理之家、健康保健組織 (Health Maintenance Organization, HMO)、托兒照顧、居家看護均是。

按照施教裕的分析，企業福利快速成長的原因，除了上述民營化的一般趨勢之影響外，至少可以含括下列因素：

(1)二次世界大戰後服務業的快速成長；

(2)在 1970 年代以後中產階級對於服務的需求增加；

⑶政府鼓勵營利性企業投入福利服務的市場，以及人性服務或福利

服務的市場事實上均有相當的利潤可圖；

⑷多數的營利性福利事業逐漸合併為資本雄厚的企業集團，以利於

市場的競爭和占有。

　　未來企業福利的發展將以第三者付費或按服務收費的方式經營。針
對原已享有較好的員工福利之大企業員工提供更好的服務，或甚至彼等
大企業將以收購或合併的方式，逕行由關係企業本身提供員工所需要的
各項福利服務，而毋需向其他企業或非營利的福利事業購買相關的福利
服務。如此均將使志願性的慈善事業喪失其服務供給者的市場地位。

　　又當企業福利和員工福利結合時，由於企業本身已經可以直接提供
員工所需要的各項福利服務，則企業和員工對過去向來贊助或捐助慈善
事業的意願和金額，將均告降低，如此更使非營利的慈善事業之財源更
形窘困，而面臨被營利性的福利事業或企業福利淘汰的威脅。尤其是未
來營利性事業和企業福利事業中所雇用的社工員，將不復享有昔日在非
營利慈善事業中專業人員的充分自由裁量權，而需受制於企業的科層體
系之種種束縛，以及面對商業化企業管理以生產力和利潤為主要權衡之
價值衝突。乃至於企業福利的角色和功能亦將和企業內原有的人力資源
管理結合，而使企業福利被期許在工業社會工作或勞資關係及人事管理
上，所分擔之組織內部的協調與溝通角色及作用，益加凸顯。

㈢私營化

　　儘管以提供社會服務而收費用之營利行為，在社會工作歷史上早已
存在，譬如著名社會個案工作鼻祖瑪琍・李查蒙即亦接受個案並收取費
用（施教裕，1993），不過早期社會工作界對個別開業的行為並不鼓勵或
亦不贊同，美國社會工作員協會第一任會長的就職演說中即質疑私人開
業是否為社會工作的行徑。以美國為例，自 1958 年美國社會工作員協會

始正式承認可私人開業而成為社會工作正當的行徑，嗣後並訂定私人開業的最低標準，以及籌組私人開業者的團體和印發開業者的名冊以供大眾參考。臺灣第一家社會工作師事務所野百合於 2005 年成立。至 2007 年，雖然在臺北縣市、臺中市、彰化縣、臺南縣、南投縣、花蓮縣、宜蘭縣與高雄市紛紛成立社會工作師公會，然而事務所的設立卻非常緩慢，全臺灣不超過 10 家。究其原因不外乎以下三點：(1)通過社工師考試的人不多，而這些少部分人大多在公部門工作；(2)大部分在觀望的階段，因為自行開業的風險遠比受雇來得大；(3)受限於社會工作的傳統觀念，認為自己是弱勢的代言人、倡導者，而不是市場上的服務業。

　　在社會福利民營化和市場化之趨勢下，私人開業原有相當的服務市場，不過在前述的企業福利的日益擴展和兼併之情況下，個別開業或聯合開業的市場空間可能並不樂觀，甚至開業收入是否可以維繫生存，亦有潛在的危機。儘管如此，私營化在社會工作愈臻專業化之未來，仍有其一定的服務供給者的角色與定位。

思索

　　任何一個專業發展到現在的風貌，一定有其脈絡可循，不論是歷史發展還是因應時代潮流，臺灣社會福利過往的 40 多年，受到以下三種思維的影響：(1)傳統慈善觀念；(2)歐美社工專業學派理論，如臨床實務的處遇等策略；(3)私有化和委外式服務對社會福利機構之衝擊。從正面影響來看，帶動社會福利機構的經營管理與責信態度，同時也能將社會工作帶往以理論和實務為基礎的專業發展。然而，這樣的思維在面對多元之價值和後現代、後結構主義的衝擊之下，必須要謹慎思考以下三個問題：

(1)人際之間、制度之間和結構之間的多元價值衝突。

(2)面對不確定和不可預測性的社會變遷，如何掌握最新資訊和動向，以滿足弱勢族群的即時需要。

⑶社會工作專業擺盪在實證主義和經驗主義兩者之間，如何掌握？

前者強調理性思維和科學研究；後者強調身歷其境與共同經驗。兩者之間不是不能妥協，而是在助人的方法上如何相互為用。

社會工作從過去到現在一直是較站在政府立場去執行福利政策與服務，同時也透過國家考試制度來肯定其證照資格和專業地位。這樣的發展從某個角度來看是進步，但從多元的發展來看是限制、是窄化、是吾道一以貫之的政策執行，缺乏批判的精神更沒有逆向思考操作的聯結。最後的結果是離真正需要的人愈來愈遠，與社會工作原本的人文主義、慈善關懷背道而馳；也與多元尊重的理念相互違背，成為典型社會控制的機制而喪失了社會工作的靈魂。當我們談論社會工作多元性的時候，指的是助人的方法多元、機構的特質多元，但基本的理念是相同的：提升生活品質、追求幸福和理想；所談的方法多元指的是學派和策略；而特質多元指的是有無限的可能性，從任何一個角度切入做社會工作，美髮沙龍、酒吧茶棚未嘗不可。只要他能看到他人的渴望、帶給人們希望就有存在的意義和價值。以人為中心的照顧模式 (person-centered care)，近年來在社工界和理論界一再被強調，但是到底如何操作？如何呈現？國內沒有太多的文章論述。在 2003 年 17 卷的《老年研究期刊》(*Journal of Aging Studying*) 中，有一篇很有趣的文章 (Dignity in dementia: Person-centered care in community)，作者是諮商輔導背景，目前在加拿大多倫多大學社區發展和成人教育系傳教。他以自己患有糖尿病的失智母親晚年生活為主題，重新反省以人為中心社區照顧的實踐。文中作者提到二位朋友給予母親去世前難忘的照顧與陪伴，而且是真正做到了以人為中心的關懷。一位是社區的美容沙龍小姐，她同時也是手部足部照顧 (hand and foot care) 的專業人員；另一位是老奶奶孫子的高中同學，與奶奶成了忘年之交。這兩位與一般所謂專業人士最大的不同是：老奶奶對他們的意義不是個案編號、不是案

家，而是對人真正的重視與完整的對待。社工專業如果在強調效率和管理目標的同時，能學習到以人為中心的精神是所有人的福氣。

　　社會福利最令人佩服之處不在於治療學派的深奧或對於國家社會有多大的貢獻，而在於以下三點：

(1)對於被忽略的人（不談有意或無意）之需求有敏銳的洞察力。

(2)對不公義的社會有宏觀的理解和勇氣去做些努力。

(3)對於人的本質（不談論是矛盾或是率性）有足夠的毅力去面對。

　　這是我對未來社會福利的深深期許。

參考書目

一、中文

中華民國憲法增修條文。2000 年 4 月 25 日總統 (89) 華總一義字第 8900108350 號令修正。

內政部 (2004)。《內政部統計年報》。

內政部兒童局 (2005)。《中華民國九十四年臺閩地區兒童及少年生活狀況調查報告分析》。上網日期：2007/4/24。

內政部兒童局 (2006)。《兒童保護執行概況》。臺中：內政部兒童局。

內政部統計處 (2003)。《中華民國九十二年身心障礙者生活需求調查報告分析摘要》。上網日期：2007/04/27。

內政部統計處 (2005)。《中華民國九十四年老人狀況調查結果》。上網日期：2007/4/24。

內政部統計處 (2007)。《中華民國九十六年第十週內政統計通報 (95 年底人民團體概況)》。上網日期：2007/4/24。

內政部統計處 (2007)。《中華民國九十六年第十四週內政統計通報 (95 年底老人長期照護、養護及安養機構概況)》。上網日期：2007/05/10。

王正 (1993)。〈我國社會安全財源籌措之理念與原則〉，載於王國羽主編，《社會安全問題之探討》，頁 81–100。嘉義：中正大學社會福利研究所。

王正、鄭清霞 (2007)。〈降低貧窮與國民年金〉，《社區發展季刊》，第 116 期，頁 50–74。

王增勇 (1995)。〈社工員在社會運動中的角色定位——兼論臺灣社工員在體制內改革的限制與倫理困境〉，《社會工作倫理研討會實錄》，內政部社會司獎助，輔仁大學社會工作系主辦。

王篤強 (2007)。《貧窮、文化與社會工作：脫貧行動的理論與實務》。臺北：洪葉文化。

古允文 (1990)。〈福利國家危機——本質與脈絡〉，《中山社會科學季刊》，第 3 期第 5 卷，頁 45–56。

古允文 (2004)。〈巨靈或螳螂：全球化下的台灣社會與福利政策〉，載於張世雄等合著，《社會正義與全球化：福利與自由主義的反思》，頁 37–66。臺北：殷海光基金會。

江東亮 (2004)。〈健保問題不在財務在品質〉，民生報 23 版，11 月 18 日。

行政院主計處 (2003)。《九十二年臺灣地區婦女婚育與就業調查統計》。上網日期：2007/3/28，行政院主計處網頁 (http://www.dgbas.gov.tw/ct.asp?xItem=8886&ctNode=3303)。

行政院主計處 (2007)。《行政院主計處 96 年 4 月人力資源調查統計結果》。上網日期：2007/6/10，行政院主計處網頁 (http://www.stat.gov.tw/public/Attachment/75229204571.doc)。

行政院主計處 (2007)。歲出政事別科目歸類原則與範圍。上網日期：2007/3/27，行政院主計處網頁 (http://www.stat.gov.tw/public/data/dogbas03/bs1/handbook/other/p6-6+.x1s)。

行政院研究發展考核委員會 (1990)。《我國社會福利支出之研究》。臺北。

行政院研究發展考核委員會 (1995)。《遊民問題之調查分析》。臺北。

行政院勞委會職訓局 (1989)。《因應開辦失業保險——就業服務及職業訓練之應採措施》（行政院勞工委員會職業訓練叢書，就業輔導類第 26 輯）。臺北。

行政院衛生署 (1995)。《全民健康保險實施六個月評估報告——問題及因應措施》。臺北。

何華國等 (1994)。《臺灣地區殘障者支持性就業適應問題之研究》。國立臺南師範學院特殊教育學系研究，行政院勞工委員會職業訓練局委託。

呂建德 (2001)。〈從福利國家到競爭式國家?：全球化與福利國家的危機〉，《台灣社會學》，第 2 期，頁 263–313。

李易駿 (1990)。《社會福利中的企業福利——臺灣地區企業福利的檢證與未來發展》。臺灣大學社會學研究所碩士論文。

李美珍 (1993)。《臺灣地區醫院社會工作者之組織承諾與專業承諾之研究》。東吳大學社會工作研究所碩士論文。

李淑容 (1995)。〈國家和家庭的關係——兼論我國應有的家庭政策〉，《社區發展季刊》，第 70 期，頁 160–171。

李雲裳 (2005)。〈臺灣地區早期社會福利工作回顧——臺灣基督教福利會 1946–1974 年工作紀實〉，《社區發展季刊》，第 109 期，頁 245–257。

李誠等 (2003)。《誰偷走了我們的工作：一九九六年以來臺灣的失業問題》。臺北：天下遠見。

周永新 (2003)。〈全球化與社會福利〉，《社會政策與社會工作學刊》，第 2 期第 7 卷，頁 1–13。

周玟琪、劉進興 (2002)。〈積極性的社福政策〉，自由時報，5 月 20 日。

林昭文 (1996)。《殘障者工作滿足與社會支持網絡之研究——以臺北市支持性就業殘障者為例》。陽明大學衛生福利研究所碩士論文。

林惠生 (1994)。〈從臺灣的社會經濟變遷、人口轉型探討婚姻與家庭的變遷〉,《研考雙月刊》,第 6 期第 18 卷,頁 12–17。

林華德 (1994)。《財政學要義》(第 5 版)。臺北: 大中國圖書公司。

林萬億 (1992)。〈從社會安全預算看我國社會政策〉,《理想雜誌》,第 1 期,頁 5–12。

林萬億 (2005)。〈1990 年代以來臺灣社會福利發展的回顧與展望〉,《社區發展季刊》,第 109 期,頁 12–36。

花蓮縣長期照護管理中心 (2006)。《花蓮縣長期照護管理中心長期照護資源手冊工作人員版》。花蓮: 長期照護管理中心。

柯三吉、萬育維 (1994)。《臺北市政府社會局委託式福利服務提供模式之研究: 社會局與受委託機構間互動關係的探討》。臺北市政府社會局委託研究報告。

孫健忠 (1988)。〈民間參與社會福利的理念與方式〉,《社區發展季刊》, 第 42 期。

孫健忠 (1995)。《臺灣地區社會救助發展之研究》。臺北: 時英出版社。

徐震 (1985)。《社區發展——方法與研究》。臺北: 中國文化大學出版部。

徐震 (1993)。〈全球互依: 社會工作教育的新挑戰——第二十六屆社會工作教育國際會議摘要〉,《社區發展季刊》, 第 61 期,頁 42–46。

徐震、萬育維 (1995)。《爭議年代中老人對家庭認知與需求之探究——兼論家庭政策之規劃》。國科會委託研究報告,東吳大學社會工作研究所執行。

許博雄 (1995)。〈福利需求意識類型式與意向模式: 以臺北市的調查研究為例〉,《中國社會學刊》, 第 18 期,頁 153–192。

許濱松、施能傑 (1992)。《臺北市政退休公務人生活之研究》。臺北市政府研究發展考核委員會。

郭登聰 (1995)。〈社會福利發展新趨勢——另一種典範的思考〉,《社區發展季刊》,第 69 期,頁 147–157。

郭華龍 (1995)。《少年教養機構員工組織溝通與組織承諾關係之研究——以臺北縣市為例》。中國文化大學兒童福利研究所碩士論文。

郭靜晃 (2007)。〈我國兒童保護服務與展望〉,《社區發展季刊》,第 116 期,頁 98–122。

陳昭妏 (1993)。《接受家庭補助案家特徵與補助對案家生活影響之研究——以臺北市困苦失依兒童少年家庭補助為例》。東吳大學社會工作研究所碩士論文。

陳寬政 (1995)。〈臺灣地區的人口變遷與社會安全〉,《社區發展季刊》,第 70 期,頁 98–115。

陳燕禎 (2005)。〈臺灣社會福利發展——日治時代社會福利機構的歷史探討〉,《社區
　　發展季刊》, 第 109 期, 頁 226–244。

傅立葉 (2002)。〈積極性社會福利政策的內涵: 思索台灣福利政策下階段的發展方
　　向〉,〈台灣智庫通訊〉, 第 6 期, 頁 5–7。

彭懷真等 (1995)。《發展中途輟學青少年福利服務支持網絡研究方案》。內政部委託
　　研究報告。

馮燕 (1995)。《托育服務——生態觀點的分析》。臺北: 巨流圖書公司。

黃明聖 (1994)。〈國民年金與財政負擔〉, 國民年金保險制度系列演講座談, 中華民
　　國社會福利學會主辦。

黃彥宜 (1988)。《臺灣社會工作發展之研究》。臺灣大學社會學研究所應用社會學組
　　碩士論文。

黃琢嵩, 吳淑芬, 劉寶娟 (2005)。〈社會福利團體承接政府公設民營服務之省思〉,
　　《社會發展季刊》, 第 108 期, 頁 147–154。

黃進豐 (1984)。〈先秦社會福利思想的起源與發展〉,《社會學與社會工作》, 第 6 期,
　　頁 49–61。

楊瑩、詹火生 (1994)。《英國社會安全制度——改革與現況探討》(勞工保險研究叢
　　書之 23)。臺北: 勞工保險局。

萬育維 (1991)。〈社會正義與社會福利政策的再反省〉,《社會工作學刊》, 創刊號,
　　頁 41–48。

萬育維 (1992)。〈福利政策規劃中的價值抉擇〉,《社區發展季刊》, 第 58 期, 頁 31–39。

萬育維 (1993)。〈美國貧窮政策的演進與省思——兼論貧窮政策上的爭議〉,《經社法
　　制論叢》, 第 11 期, 頁 93–116。

萬育維 (1994)。《社工員在社會救助業務中應有的責任與專業知能》(社會工作叢書)。
　　臺灣省政府社會處。

萬育維 (1994)。〈專業整合與老人長期照護之規劃〉,《經社法制論叢》, 第 14 期, 頁
　　67–83。

萬育維 (1994)。《福利計畫與評估》(社會工作員訓練叢書之 48)。中華民國社區發展
　　研究訓練中心。

萬育維 (1995)。〈以美國醫療照顧為例分析低收入戶醫療補助與醫療保險之間的關
　　係〉,《福利社會雙月刊》, 第 46 期, 頁 41–45。

萬育維 (1995)。〈兩代之間的研究議題與反省: 兼論相關政策的配合策略〉,《1995 年
　　老人學學術研究年鑑》, 頁 207–222。

萬育維 (1995)。《社會學——社會學與社會工作者的反省》。臺北：五南圖書公司。

萬育維 (1995)。〈勞工年金制度之財務設計〉，勞工年金制度探討學術研討會，行政
院勞工委員會主辦。

萬育維 (1995)。〈福利政策策略的新取向——由福利國家實施的經驗談起〉，《社區發
展季刊》，第 70 期，頁 201–216。

萬育維、莊凰如 (1995)。〈從醫療與福利整合的角度探討我國發展遲緩兒童之早期療
育制度之規劃〉，《社區發展季刊》，第 72 期，頁 48–61。

萬育維、蔡宏昭 (1993)。《老人消費行為與老人福利產業研究》。臺北市政府社會局
委託研究報告。

萬育維、賴資雯 (1996)。〈專業認同與工作滿意之間的關係探討——以從事兒童保護
社會工作人員為例〉，《東吳社會工作學報》，第 2 期。

萬育維、羅詠娜 (1993)。〈臺北市居家照顧服務人力資源之研究〉，《社區發展季刊》，
第 62 期，頁 34–42。

萬育維、羅詠娜 (1993)。〈臺北市推展老人居家照顧的現況、困境與展望〉，1993 年
北美華人學術研討會論文發表，July 2–5, Chicago, Illinois.

萬育維等 (1994)。《邁向二十一世紀社會福利之規劃與整合——社會救助需求初步評
估報告》。內政部委託研究報告。

詹火生 (1988)。《社會福利理論》。臺北：巨流圖書公司。

廖偉君 (1992)。《臺北市有工作的貧窮雙親家庭之研究》。東吳大學社會工作研究所
碩士論文。

臺北市政府社會局 (1994)。《迎接國際家庭年——推動以家庭為中心的社會福利體系
研討會資料》。臺北。

趙碧華 (2003)。〈社會福利民營化的迷思：公部門的困境？私部門的願景？——社會
福利資源配置的思考〉，《東吳社會工作學報》，第 9 期，頁 1–44。

潘淑滿 (2005)。〈漂浪人生：遊民、家與公共政策〉，《臺灣社會工作學刊》，第 4 期，
頁 171–210。

蔡青龍、莊慧玲、黃芳玫 (1994)。〈人力動態研究——國內的課題與國外的經驗〉，
《臺灣經濟預測與政策》，第 25 期第 1 卷，頁 39–92。

鄭麗珍 (2004)。《遊民問題調查、分析與對策研究》。內政部社會司委託研究報告。

盧政春 (1992)。〈邁向人性化的社會安全制度〉，《理想雜誌》，第 1 期，頁 13–36。

蕭肅科 (2006)。〈新移民女性人權問題：社會資本／融合觀點〉，《應用倫理研究通訊》，
第 39 期，頁 33–45。

賴資雯 (1995)。《影響社工員從事兒童保護工作的滿意度之相關因素探析——以臺北市社會局社會福利服務中心為例》。陽明大學衛生福利研究所碩士論文。

薛承泰、黃文鳳 (2005)，〈臺北市政府社會局推動公設民營二十年〉，《社區發展季刊》，第 108 期，頁 25–26。

二、西文

Barker, R. L. (1987). *Social Work Dictionary*. Maryland: NASW.

Barry, J and C. Jones (1991). *Medicine and Charity Before the Welfare State*. US: Routledge.

Beverly, D. P. and E. A. McSweeney (1987). *Social Welfare and Social Justice*. US: Prentice-Hall, Inc.

Blau, J. (1989). 'Theories of the Welfare State', *Social Service Review*, 63(1); 26–38.

Bradshaw, J. (1972). 'The Concept of Social Need', in N. Gilbert and H. Specht (eds.), *Planning for Social Welfare*, pp. 290–296.

Brandt, R. B. (1976). 'The Concept of Welfare', in N. Timms and D. Watson (eds.), *Talking About Welfare: Readings in Philosophy and Social Policy*, pp. 64–87. London: RKP.

Bronfenbrenner, U. (1979). *The Ecology of Human Development*. Cambridge, Mass.: Harvard University Press.

DiNitto, D. M. (1991). *Social Welfare: Politics and Public Policy*. US: Prentice-Hall, Inc.

Fitzpatrick, T. (2005). *New Theories of Welfare*. N. Y.: Palgrave Machillan.

Forder, A. (1974). *Concept in Social Administration: A Framework for Analysis*. London: Macmillan.

Freeden, M. (1996). *Ideologies and Political Theory*. Oxford: Oxford University Press.

Gilbert, N., H. Specht and P. Terrell (1993). *Dimensions of Social Welfare Policy*. US: Prentice-Hall, Inc.

Goodin, R. and M. Rein (2001). 'Regimes or Pillars: Alternative Welfare State Logics and Dynamics', *Public Administration*, 79 (4): 769–801.

Heffernan, J., G. Shuttlesworth and R. Ambrosino (1992). *Social Work and Social Welfare*. US: West Publishing Company.

Hill, M. and G. Bramley (1986). *Analysing Social Policy*. Oxford: Basil Blarkwell, Ltd.

Johnson, N. (1990). *Reconstructing the Welfare State*. Great Britain:

Harvester/Wheatsheaf.

Miller, J. A. (1991). *Community-Based Long-term Care—Innovative Models.*, p.20. CA: Sage Publications, Inc.

Monk, A. (1990). *Handbook of Gerontological Services.* CA: Columbia University Press.

O'Connell, M. E. (2003). 'Responding to Homelessness: An Overview of US and UK Policy Interventions', *Journal of Community & Applied Psychology*, 13: 158–170.

O'Higgins, M. (1985). 'Welfare, Redistribution, and Inequality—Disillusion, Illusion, and Reality', in P. Bean, J. Ferris and D. Whynes (eds.). *In Defense of Welfare.* London: Tavistock.

Patti, R., J. Poertner and C. A. John (1988). *Managing for Service Effectiveness in Social Welfare Organizations.* US: The Haworth Press.

Posavac, E. and R. Carey (1992). *Program Evaluation.* NJ: Prentice-Hall.

Reamer, F. G. (1994). *Social Work Malpractice and Liability.* US: Columbia University Press.

Soriano, F. I. (1995). *Conducting Needs Assessments: A Multidisciplinary Approach.* US: Sage Publications, Inc.

Taylor D. and S. Balloch (2005). *The Politics of Evaluation: Participation and policy implementation.* Bristol: The Policy Press.

Thayer, R. (1973). 'Measuring Need in the Social Services', *Social and Economic Administration,* 7 (May): 91–105.

Titmuss, R. (1973). *Commitment to Welfare.* London: George Allen & Unwin.

Titmuss, R. (1985). *Essays on the Welfare State.* London: George Allen & Unwin.

Trattner, W. I. (1989). *From Poor Law to Welfare State.* US: The Free Press.

Weil, M., J. M. Karls and Associates (1989). *Case Management in Human Service Practice.* CA: Jossey-Bass, Inc., p. 155.

圖片出處

圖 2–5：中國時報資料照片，林勝發攝

圖 3–3：Courtesy of Neil Gilbert

圖 5–3，6–5，8–4，12–2：聯合報系提供

圖 9–3：AFP

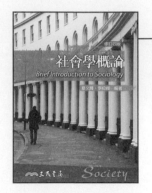

社會學概論　蔡文輝、李紹嶸／編著

　　誰說社會學是一門高深、難懂的枯燥學科？本書由社會學大師蔡文輝與李紹嶸聯合編著，透過簡明生動的文字，搭配豐富有趣的例子，帶領讀者進入社會學的知識殿堂。本書特色在於：採取社會學理論最新的發展趨勢，以綜合性理論的途徑，精闢分析國外與臺灣的社會現象與社會問題；此外，每章結尾並附有選擇題和問答題供讀者複習與反思之用，是一本值得您一讀再讀的社會學入門書。

非營利組織管理　林淑馨／著

　　本書是專為剛接觸非營利組織的讀者所設計之書籍。全書共分四篇十六章，有系統地介紹非營利組織，希望能藉此提供讀者完整的概念，並提升其對非營利組織的興趣。本書除配合每一單元主題介紹相關理論外，盡量輔以實際的個案來說明，以增加讀者對非營利組織的認知與了解。另外，章末安排的 "Tea Time"，乃是希望藉由與該章主題相關的非營利組織小故事之介紹，來加深讀者對非營利組織的認識與印象。